법화경을 선물 받으신 분은 경문을
10번 쓰십시오.
108번 읽으십시오.
10명에게 전하십시오.

_____ 불자님께

서기 20   년   월   일

_____ 드림

묘법연화경

법화경 통의(法華經通義)[1]

감산덕청(憨山德淸) 대사

우주만법은 중생의 분별심이 나타난 모습

이 경전의 제목을 『묘법연화경(妙法蓮華經)』이라고 명칭을 붙인 이유는 우리의 일심진여와 세계가 여래장심[一眞法界如來藏心]의 이치임을 바로 지적하여 수립하였기 때문입니다.

불교에서 말하는 일심(一心)의 '일'은 하나, 둘이라는 숫자적인 의미가 아니라 절대보편평등의 의미가 담겨 있습니다. 하나의 마음, 즉 일심은 네 마음과 내 마음이 서로 각각 따로 있는 것이 아니며, 일심진여의 이치로 떠오른 우리의 마음을 떠난 밖에 우주도 따로의 차별적인 모습으로 존재하지 않는다는 것입니다.

요컨대 모든 중생들은 물론 중생들이 의지하는 한량없는 우주 법계가 전부 내 마음과 하나의 이치, 즉 일심진여법계로서 동일한 생명체라는 것입니다. 이러한 일심자리야말로 우주생명체의 진실한 근원자리입니다.

---

1) 이 글은 명나라 말기 4대 고승 중의 한 분인 감산 덕청(憨山 德淸) 대사의 『법화경통의(法華經通義)』 중 석제(釋題) 부분을 동현 송찬우(1951~2015) 거사가 의역한 것임을 밝힙니다.

'여(如)'는 비유하면 내 옷이 내 몸에 딱 맞듯이 우주와 내 마음이 일심진여의 이치로서 일심진여법계라는 것입니다. 한량없는 우주가 전부 내 마음 속에 떠오른 우주이지 내 마음 밖의 상대적인 우주가 아니라는 것입니다.

쉽게 이야기하면 우주와 나는 하나로 연관된 동일한 생명체라는 것입니다. 우주와 내 마음 하나의 생명체가 바로 일심자리이고 바로 진여자리라는 것입니다. 그러므로 법계는 내 일심진여가 떠오르는 모습으로서 우주법계입니다.

'법(法)'은 사물, 도리라는 뜻입니다. 우주 삼라만상의 모든 사물들과 그 속에 내재해있는 모든 이치가 전부 내 마음 일심 진여의 이치로서 떠오른 사물이며 도리라는 의미입니다.

대체로 모든 사람들은 광대한 우주 속에 내 몸이 있고 내 몸 속에 마음이 따로 들어 있다고 생각합니다. 이는 진여법계의 이치를 미혹한 망상견해입니다.

그러므로 부처님께서는 이러한 생각들은 모두 망상이고 집착이며 실제로는 우주만상이 모두 내 마음 속에 떠오른 그림자일 뿐이라고 말씀하셨습니다. 그것을 일심진여법계라 하고 다시 줄여서 일진법계(一眞法界)라고 합니다. 그 자리를 여래장(如來藏)이라 합니다.

왜 '여래장'이라 할까요? '여래(如來)'란 진여법계의 이치를 완전히 깨닫고 이 세상에 출현했다는 뜻입니다. '장(藏)'은 우리의 마음이 항상 이러한 여래를 간직하고 있다는 뜻입니다. 결론적으로 모든 중생이 본래 부처라는 것입니다. 이에 대해 『대승기신론(大乘起信論)』에서는 다음과 같이 설명하고 있습니다.

우주만법은 중생의 분별심이 나타난 모습이다. 이 마음은 세간과 출세간 모든 법을 총체적으로 포섭한다.[2]

이를 부연하면 눈앞에 보이는 한량없는 우주가 전부 중생의 분별심을 떠나지 않은 상태에서 마음의 모습으로 이 세계에 떠올라 있다는 것입니다. 비유하면 은하수가 아무리 멀리 있다 해도 중생 마음속의 은하수지 중생 마음을 벗어난 은하수가 아니라는 것입니다.

세계는 마음 밖에 따로 있는 것이 아니다

우주만법은 중생의 마음이 발현해서, 중생의 마음이 어느 쪽으로 분별을 일으켰느냐에 따라 세계의 차별이 일어납니다. 중생 마음 밖에 따로의 극락과 불세계가 있고 지옥이 있고 천당이 있는 것이 아닙니다. 중생이 어느 쪽으로 마음을 쓰느냐에 따라 이 세계의 모습이 천차만별로 나타난다는 것입니다.

지옥·아귀·축생을 3악도(三惡道)라 합니다. 또 축생 위에 수라·인간·천상이 있는데, 이것은 3선도(三善道)라 합니다. 3선도와 3악도를 합해 6도(六道)라고 하고 세간(世間)이라 칭합니다. 세간이란 생사가 있는 세계를 말하는 것입니다. 생사의

---

2) 『妙法蓮華經通義』권1, 「釋題」(『卍續藏』 31책, 525면 上), "所言法者 謂眾生心 是心總攝世出世間一切諸法."; 원문 출처는 『大乘起信論』권 1(『大正藏』32책, 575면 下)이다.

세계를 벗어난 세계를 출세간(出世間)이라 하는데, 출세간은 성문(聲聞)·연각(緣覺)·보살(菩薩)·부처님의 세계입니다.

세간 6도에 출세간 4승(四乘)을 합해 한량없는 우주를 총체적으로 10법계(十法界)로 분류합니다. 이 10법계가 중생의 마음을 따라 일어나는 것입니다. 중생의 마음이 10법계 전체의 이치라는 것입니다. 다시 말해 10법계라는 오염된 6도의 세계와 청정한 4승을 포함하여 전체 우주가 우리의 중생의 마음에서 벗어나지 않는다는 것입니다.

한 생각 부처의 마음을 일으키면 부처의 세계가 건설되고, 보살의 마음을 일으키면 보살로서의 인과가 형성되며, 연각·성문의 마음을 일으키면 연각·성문의 인과가 일어나고, 3선도의 마음을 일으키면 3선도가 일어나며, 악한 마음을 일으키면 3악도가 바로 현재 이 마음에서 일어난다는 것입니다.

이처럼 마음이 세계 전체의 모습으로 떠올랐으며 그 세계를 의지하고 있는 일체 성인의 정법(淨法)과 모든 범부의 염법(染法)의 인과관계를 모두 포함하고 융합하여, 출세간 성인의 세계에 있다 해도 증가하지 않고 세간 범부에 있어서도 감소하지 않습니다. 따라서 마음의 이치는 오염된 생사의 세계에 있다 해도 더럽혀지지 않고 청정한 출세간에 있다 해도 더 청정해지지 않습니다.

비유하면 물은 탁한 물이든 맑은 물이든 젖는 성질에 있어서는 변함이 없습니다. 어떤 물이든 평등하게 젖는 성질이 있듯이 우리 마음 근본 자리는 절대 하나로서 평등이라는 것입니다. 그것을 일심이라 합니다.

우주와 내가 하나의 마음, 하나의 이치라고 한다면 이 우주는 하나의 생명체입니다. 한량없는 부처님도 내 마음 분별의 모습으로서의 부처님이고, 한량없는 중생도 내 마음 분별의 모습으로서의 중생이며, 한량없는 국토도 전부 내 마음 분별의 모습으로서의 한량없는 국토라는 것입니다.

"기이하고 기이하다 중생은 여래의 지혜덕상을 본래 갖추었건만"

이러한 이유 때문에 모든 공덕과 지혜를 원만하게 갖추신 노사나불은 법신의 이치를 끝까지 추구하고 증오(證悟)하였습니다.

부처님 법신은 형체가 없습니다. 우주만유가 전부 내 몸이기 때문에 따로 어떤 형상이 없기 때문에 법신이라 합니다. 이러한 이치를 깨우쳤기 때문에 나타난 모습이 복덕과 지혜가 쌍족한 원만보신입니다.

그 때문에 내 마음과 내 마음에 보이는 상대적인 경계로서 이 세계는 하나의 이치로서 두 모습이 아니며[三界一心] 성인과 범부도 평등하여 모든 중생들은 이러한 부처의 마음과 세계의 이치를 본래 갖추고 있는 것입니다. 따라서 중생이 지금 아무리 무명번뇌에 쌓여있다 할지라도 그 실체는 본래 부처입니다. 그러므로 부처님은 보리수하에서 성불하시고 이와 같이 탄식하셨습니다.

기이하고 기이하구나! 일체중생은 여래 지혜덕상을 본래 갖추었건만 단지 망상으로 전도하고 집착함으로써 자기 본래 마음의 이

치를 증득하지 못한다.[3]

이는 『화엄경(華嚴經)』「여래출현품(如來出現品)」에 나오는 말씀입니다. 『화엄경』은 원만보신 노사나불의 가르침입니다. 원만보신불의 설법은 대승의 근기인 보살의 경지에서만 보고 들을 수 있으며, 대승의 근기가 아직 성숙하지 않은 3승인이나 중생들은 단지 천백억화신 석가모니부처님의 설법만 들을 수 있습니다.

모든 부처님은 평등한 여래지혜덕상의 이치를 깨달아 지혜광명이 우주에 보편한 보광명지(普光明智)가 되었는데, 이를 부처님 마음작용인 불지견(佛知見)이라 합니다. 그러나 중생은 미혹하여 여래의 보광명지가 무명업식(無明業識)이 되고 이것이 생사의 근본이 되었습니다.

중생은 왜 무명(無明)에 가려졌는가?

중생은 왜 본래의 마음자리에서 벗어나 무명에 가려졌는가 하는 문제에 대해 살펴보겠습니다.

우리의 마음은 형체가 없어서 물질의 일어남을 의지하고 동시에 일어나는 것이지, 물질을 떠나 마음만이 홀로 일어나는 경우는 절대로 없습니다.

'내가 보고 듣지도 않고 눈을 감고 있는데도 생각이 일어나더라.' 이런 이야기를 하는 사람이 있을 것입니다. 그러나 하나

---

3) 『妙法蓮華經通義』권1,「釋題」(『卍續藏』31책, 525면 上), "故曰奇哉奇哉 一切眾生具有 如來智慧德相 但以妄想顛倒執著 而不證得."; 원문의 내용 출처는 『大方廣佛華嚴經』권 51,「如來出現品」(『大正藏』10책, 688면 上)에서 비롯되었다.

의 사물이라도 마음 속에 형성이 되어야 그것을 대상으로 마음이 일어나는 것입니다.

다시 말해 형체가 끊어진 마음자리는 도구를 이용해서 일어나는데, 그 도구를 안이비설신의(眼耳鼻舌身意)인 6근(六根)이라 합니다. 이 6근을 의지해서 알아야할 대상이 있어야 마음이 일어나는데, 이를 6진경계(六塵境界)라 합니다. 내 마음이 반드시 6근이라는 도구를 의지하여6진경계를 흡수해서 인식을 한다는 것입니다.

6근과 6진은 동시에 내 마음과 하나의 이치로서 떠오른 것이지 마음이 먼저 일어나고 6진이 뒤에 일어나고 하는 일은 없습니다. 6근이 일어나는 순간이 동시에 6진이 떠오르는 순간입니다. 그 순간 우리의 마음은 경계를 마주하면 본래적으로 알게 되어 있습니다. 그것을 '각(覺)'이라 합니다. 각은 지각(知覺)이라고도 할 수 있습니다.

우리는 눈으로 대상을 접하면 바로 '저것이 색깔이구나'하고 바로 알게 되어 있습니다. '이 색깔인지 저 색깔인지 알아봐라' 하고 시킨 뒤에 아는 것이 아닙니다.

그렇다면 물질과 내 마음은 원래 하나도 아니지만 다른 것도 아닙니다. 하나라고 하려니 물질 속에 내 마음이 있는 것도 아니요, 물질을 떠나 따로 있다고 하려니 물질을 떠나서는 따로 내 마음을 검증할 수도 없습니다. 물질과 내 마음이 원래 하나의 이치기 때문에 분별을 일으키지 않아도 본래 그 대상을 있는 그대로 알 수 있는 것입니다.

눈으로 보고 귀로 듣고 코로 냄새 맡고 혀로 맛을 보고 몸으

로 감촉을 느끼고 하는 이러한 5진경계(五塵境界)를 우리의
의식으로 그것이 구체적으로 어떤 사물인지 통일적인 법으로
써 이해하고, 모든 사물을 분별없이 본래적으로 알게 되어 있
습니다.

중생들은 내 마음과 물질이, 다시 말하면 6근과 6진이 상대
적인 모습으로 떠오르는 것처럼 보이니까 '아 내 마음은 안에
있고 6진 경계로서의 세계는 밖에 따로 있구나'하고 착각을
일으켜 망상을 일으킵니다.

그런데 부처님은 6근과 6진이 본래 하나의 이치라는 것을 바
로 깨달았기 때문에 망상이 끊어진 자리에서 6근으로 지각이
일어나는데, 그것을 불지견(佛知見)이라 합니다. 다시 말해 현
재 보는 마음 밖에 따로 경계가 있는 것이 아니라는 것입니
다. 그것이 부처자리입니다. 6근과 6경이 하나의 이치, 내 마
음과 세계가 하나의 이치를 미혹하면 중생이고 깨달으면 부
처일 뿐, 출발한 자리는 한 자리입니다.

 예를 들면 파도가 일어난 자리가 다르고 물자리가 다른 것
이 아닙니다. 파도가 일어난 자리가 물자리이고, 파도가 가라
앉은 자리도 똑같은 물자리입니다.

그렇다면 바탕은 똑같은데 단지 한 생각 차이에 한 쪽은 부
처이고 한 쪽은 중생이라는 것입니다.

연화장세계는 의보(依報)와 정보(正報)로서 천차만별 장엄

이처럼 부처님의 보광명지와 중생의 무명업식이 근원자리에
서는 하나의 마음이라는 이치를 보는 순간 바로 그 자리가

각(覺)의 의미인 부처입니다. '묘(妙)'자는 바로 이러한 마음의 오묘한 이치를 의미합니다. 여기까지는 내 마음의 측면에서 '묘심(妙心)'에 대한 설명입니다.

우주만법이 내 마음의 모습이라면, 마음을 자체로 의지해서 삼라만상으로서 모든 법이 일어났기 때문에 참 마음도 오묘하고 법도 오묘하다는 것입니다. 그렇다면 『묘심묘법연화경』이라 해야 하는데, 왜 『묘법연화경』이라고 했을까요? 법을 떠난 마음이 없고 마음을 떠난 법이 없기 때문에, 즉 체(體)와 용(用)이 둘이 아니기 때문에 마음과 법을 합해 『묘법연화경』이라고 한 것입니다.

다음으로는 '묘법(妙法)'의 측면에서 이야기해보겠습니다.

우리의 근본 마음의 이치는 불생불멸하면서 처렴상정(處染常淨)한 모습입니다. 이를 다시 연꽃에 비유하여 연화장(蓮華藏)이라 합니다.

이 세계는 전부 연꽃을 간직한 세계라고 합니다. 연꽃을 간직했다는 것은 우리 근본 마음이 세계와 둘이 아닌 이치라는 뜻입니다. 아무리 오염된 세계라 할지라도 영원히 오염되지 않는 근본 일심의 세계이므로 불세계(佛世界)를 화장(華藏)세계라고 하는 것입니다. 깨달아서 청정한 세계가 나타났다 할지라도 그 역시 내 일심의 모습으로서 세계입니다.

이 세계는 의보(依報)와 정보(正報)를 떠난 밖에 아무것도 없습니다. 부처의 의보정보가 됐든, 사람의 의보정보가 됐든, 짐승의 의보정보가 됐든 이 연화장 세계는 전부 의보와 정보로 천차만별로 장엄하다는 것입니다.

정보라는 것은 우리 생명체, 내 몸을 말합니다. 왜 보(報)라고 할까요? 자기의 마음을 어떻게 쓰느냐에 따라 과보(果報)로서 나타났기 때문에 정보라고 합니다. 의보라는 것은 내가 의지하고 사는 세상을 말합니다. 이 국토 역시 내 몸과 같이 지은 업만큼 그 과보로서 나타났다고 해서 의보라고 합니다.

연화장의 장엄한 세계, 즉 우리가 의지하고 사는 의보(依報)와 의지의 주체인 정보(正報)의 두 모습은 자타(自他)가 중중무진(重重無盡)하며 미묘하고 원만하게 융합하여 무정물인 세계와 축생과 초목과 겨자씨까지도 서로가 털끝만큼도 장애함이 없습니다.

이처럼 오묘한 일심을 의지하여 세계는 성립합니다. 이것이 세계의 실상(實相)입니다. 즉 마음과 세계는 따로의 모습이 없습니다. 이것이 우리의 마음에 떠오른 세계의 오묘함입니다.

우리의 마음과 그 마음에 떠오른 세계는 따로의 두 모습이 아닌 순수한 일진법계의 세계입니다. 그러므로 마음과 세계 이 두 가지 오묘함이 일심진여법계로서의 하나의 의미라는 뜻에서 제목을 '묘법(妙法)'이라 한 것입니다.

그러나 내 마음과 세계가 두 이치가 아닌 오묘한 묘법을 중생들은 미혹하여 마음과 세계가 상대적으로 분별대립하면 이를 진심에 망상을 간직했다는 의미에서 여래장식(如來藏識)이라 하고, 모든 부처님이 내 마음과 세계가 둘이 아닌 이치를 깨달으면 불생불멸한 진실한 이치만을 간직하였다 하여 '여래장(如來藏)'이라 명칭합니다.

이를 요약하면 마음과 세계는 본래 하나의 이치였건만 그 이치를 미혹하는 순간이 중생의 생사이고, 깨닫는 찰나가 불생불멸로서 여래라는 의미입니다. 이러한 진여일심을 의지해서 건립된 세계를 연화장이라 하는데, 연화는 불생불멸의 비유입니다.

다시 정리하면 부처님[如來]이 간직한 마음을 '여래장(如來藏)'이라 하고, 중생의 마음을 식장(識藏)이라 합니다. 여래장의 이치는 시간의 흐름이 단절되고 공간적인 피차가 끊어진 자리에서 발생합니다. 이를 불교에서는 '3계일심(三界一心)'이라 합니다.

그런데 중생은 3계일심 여래장의 이치를 미혹해 만법유식(萬法唯識)을 일으키는 것입니다. 내 마음과 세계는 차별이 없지만 고락(苦樂)·선악(善惡)·시비(是非)·장단(長短)·고하(高下)·흑백(黑白) 등이 생긴 것입니다. 차별이 일어난 것은 중생분별의 차별이지 세계의 차별은 아닙니다.

우리의 진여일심에는 진심과 망상이 동시에 함축

부처님은 49년간 8만4천법문을 설파하셨는데, 불법의 종지를 한 마디로 요약하면 '3계일심 만법유식(三界 一心 萬法惟識)'입니다.

『대승기신론(大乘起信論)』에서는 전자를 진여문(眞如門), 후자를 생멸문(生滅門)이라 합니다. 중생의 본마음 근본은 불생불멸하는 여래장이었는데 무명망상으로 식장으로 유전한 것입니다.

그렇다면 우리가 『법화경』을 배우는 목적은 무엇일까요? 바로 제법실상의 이치, 여래장의 이치를 깨달아 진여세계로 환원하는 것입니다. 『법화경』뿐만 아니라 부처님의 8만장경이 모두 이 가르침을 전하는 것입니다. 이러한 마음자리, 중생의 식장과 부처님이 깨달으신 여래장이 둘이 아닌 일심 자리를 의지하여 한량없는 차별적인 법계가 건립되었다는 것입니다.

부처님은 일심진여의 이치를 깨달아 불세계를 건설하였고, 중생은 미혹해서 본래 없는 6도세계가 건립되어 10계(十界) 삼라만상의 차별이 생긴 것입니다. 그런데 중요한 것은 마음에서 분별이 일어나느냐, 깨달음이 일어나느냐의 차이입니다. 세계는 일어난 일도 없고 없어진 일도 없습니다. 일어난 것도 없어진 것도 모두 마음일 뿐입니다.

이러한 이유 때문에 우리의 일심에서 부처님의 진실한 마음[眞]과 중생의 망상[妄]이 하나의 이치로 교대로 사무치고, 번뇌의 오염[染]과 지혜의 청정함[淨]이 하나로 융통하며, 중생의 마음[因]과 일심의 이치를 깨달은 부처의 마음[果]이 동시(同時)이고, 시작[始]과 끝남[終]이 일제히 하나로 맞닿아 있다는 것입니다.

다시 말해 차별적인 현상세계가 우리의 여래장에서 미혹을 일으킨 여래장식을 의지해서 건립된다는 것입니다. 요컨대 우리의 진여일심에는 여래와 망상식이 동시에 서로를 함축한다는 것입니다.

연화는 더러움과 깨끗함이 둘이 아니고
시작과 끝이 하나인 이치

그러므로 여래장과 망상식의 이치가 일심을 떠나지 않았다는 것을 비유해서 처렴상정하는 연꽃에서 형상을 취하여 '연화(蓮華)'라 하였고, 도리의 측면에서는 마음자체를 곧바로 지적하여 '묘법(妙法)'이라 하였습니다.

그렇다면 제목에서 묘법은 세계와 일심이 둘이 아닌 일심자체를 지적한 것이고, 그러한 묘법을 다시 연화에 비유한 것입니다. 따라서 경전의 이름을 『묘법연화경(妙法蓮華經)』이라고 호칭하였습니다.

부연하면 중생의 마음과 그 중생의 마음을 의지해서 건립된 한량없는 세계를 비유해서 연화장 세계라 합니다.

연꽃은 치열함의 상징입니다. 뿌리는 더러운 진흙에 있어도 꽃은 더러워지지 않습니다. 그러나 연꽃이 더러운 진흙탕을 떠난 일도 없습니다. 뿌리와 꽃은 하나로 연결되어 있기 때문입니다.

우리의 마음도 이와 같습니다. 부처와 중생이 하나로 연결되어있어 마음을 어떻게 쓰느냐에 따라 청정한 연꽃으로 발현할 수도 있고, 진흙탕 고해의 세계로 나타날 수도 있습니다. 하지만 고해의 세계에 있다 할지라도 연꽃과 같은 마음을 떠난 일이 없습니다. 따라서 묘법을 비유하여 연화라고 한 것입니다.

이러한 묘법일심연화가 깨달은 부처의 분상에 있어서는 보광명지(普光明智)라 하고, 세계 실상의 측면에서는 보광명지가 세계를 일으킨 근본자체라는 의미에서 근본실지(根本實智)라 합니다. 절대평등하고 공적한 마음[一切智]에서 떠오른 차별적인 세계[道種智]가 원래 두 모습이 아니라는 이치를 빠뜨림 없이 비춰본다는 뜻에서 일체종지(一切種智)라고도 하며, 자기 스스로의 마음에서 자기 마음이 부처임을 스스로 깨닫는 성스러운 지혜라는 뜻에서 자각성지(自覺聖智)라고도 합니다.

모든 부처님은 일대사인연 때문에 세간에 출현

『법화경』에서는 이 같은 이치[根本實智]를 깨닫고 일으킨 지견[後得方便智]이라는 의미에서 불지견이라 합니다. 그러나 이를 미혹한 중생들은 도리어 생사의 근본이 되는데, 이는 무명번뇌인 중생지견으로 작용한다는 의미입니다. 왜냐하면 모든 중생이 부처님의 지견을 본래 갖추었건만 단지 무명망상에 뒤덮어 알지 못하기 때문입니다.

그러므로 시방3세 모든 부처님이 생사의 세간에서 벗어난 순간 홀로 이 마음의 이치를 높이 드러내 보이시고, 일체 중생들이 본래 불지지견이라는 것을 스스로의 마음에서 알고 자기 마음에서 이해하고 수행해서 깨달아 들어가도록 하였습니다. 이것이 『법화경』에서 이야기하는 개시오입(開示悟入)입니다. 본 경전 「방편품(方便品)」에서는 다음과 같이 말하고 있습니다.

시방 3세의 모든 여래는 오직 일대사인연(一大事因緣) 때문에 세간에 출현하셨다.[4]

이는 모든 중생의 근본마음자리는 본래 부처님의 지견임을 드러내고[開] 보임으로써[示] 그들 마음을 청정하게 하였다[悟] 시 한 것에 해당됩니다. 부처님께서는 오직 중생을 깨우쳐 그들 마음을 개·시·오·입하는 것만을 가장 큰 일로 여겼을 뿐 다시 다른 일은 없었습니다.

이를 다시 정리하면 부처님이 최초 『화엄경』을 설함으로부터 40여년 3승방편교를 시설하였으나 그 모든 가르침은 궁극적으로 중생의 마음이 본래 부처라는 이치를 열어 청정하게 하였고[開] 그들의 마음을 드러내어 청정하게 하였으며[示] 이러한 마음의 이치를 수행하게 함으로써 청정하게 하였고[悟] 끝내는 그들의 마음으로 깨달아 들어가 청정하게 하였다[入] 이것을 '개시오입 불지지견(開示悟入 佛之知見)'이라 합니다.

이처럼 여래께서 세간에 출현하신 근본 회포는 매우 심오하다고 할 수 있습니다. 49년 설법가운데 40여 년 동안 방편교를 시설한 것이 끝내는 법화로 회귀하려고 한 방법이었습니다. 이는 중생들이 마음의 이치를 깨닫기 어려운 이유 때문입니다.

일불승 화엄서 시작하여 끝내 법화 일불승으로 회귀

원만보신 노사나불께서는 최초로 정각을 이루시고 보리수아래 금광보좌에서 깨달은 내용을 중생에게 전체로 단박 제시하려고 최초에 『화엄경』을 21일간 설법하셨습니다.

---

4) 『妙法蓮華經通義』 권1, 「釋題」(『卍續藏』 31책, 532면 上) ; 『妙法蓮華經』 권1, 「方便品」(『大正藏』 32책, 7면 上), "諸佛以一大事因緣 故出現於世."

부처님이 깨달음을 이루시고 중생의 마음을 전체로 드러내
보인 것이 『대방광불화엄경(大方廣佛華嚴經)』입니다. 이 경을
연설하셨을 때 오직 대승근기가 성숙한 중생만이 노사나 여
래를 눈으로 뵙고 설법하시는 음성을 듣고 이익을 얻었습니
다. 열악한 견해를 지닌 하근기의 중생들은 몸소 정각을 성취
한 금강보좌 밑에 있었으나 단지 화신불인 석가모니부처님이
설하는 4제(四締)와 12인연(十二因緣) 법문만 들었을 뿐 노사
나불이 화엄경을 장엄하게 설법하는 모습을 보지도 듣지도
못하였습니다.

부처님께서는 동체대비(同體大悲), 즉 우주만유는 일심에 있어
서 하나의 생명체라는 의미를 깨닫고 일으키는 대자비심으로
보리수나무 밑을 걸으면서 화엄일승법문을 다시 중생근기에
맞게 3승으로 나누어 설하셨습니다.

천태종(天台宗)에서는 부처님 일대시교 49년을 다섯 시기로
나누어서 해석을 하는데, 이것을 천태 5시교판(五時敎判)이라
합니다. 그 내용을 게송으로는 다음과 같이 노래하고 있습니
다.

정각최초에는 화엄을 21일
아함(阿含) 12년, 방등(方等) 8년
다시 21년 동안 반야부(般若部)를
끝내 법화경을 8년 설하였다.[5]

5) 원문은 "初說華嚴三七日 阿含十二方等八 二十一載談般若 終說法華又八
  年."이다. 다만 반야부를 설한 시기는 22년이 일반적인 견해임을 밝힌
  다. 참고로 『四敎儀備釋』 권 上에서 "阿含十二方等八 二十二年般若談
  法華涅槃共八年 華嚴最初三七日 此是別五時更有通."이고 『四敎儀註彙

이를 다시 설명한다면 최초 화엄설법에서 우주전체의 이치를 있는 그대로 보이셨으나 그 설법은 오직 대승보살만 이해하고 나머지 소승근기는 이해하지 못하였으므로 이와 같이 점차를 밟아서 최후에 다시 일불승인 『법화경』을 설하였다는 의미입니다.

이것을 비유하면 『화엄경』은 동쪽에서 떠오른 태양이 서쪽을 비추는 것과 같고, 『법화경』은 서산에 지는 태양이 동쪽을 비추는 것과 같습니다. 이는 시작과 끝이 동일한 이치임을 의미합니다. 그 중간에 설했던 『아함』·『방등』·『반야』 이 세 부의 경전들은 모두가 3승으로 분류되는 방편교설입니다. 그렇다면 여래 49년 설법은 일불승 화엄에서 시작하여 끝내 법화 일불승으로 회귀했음을 알 수 있습니다.

그러므로 대승보살 근기에만 감응하시는 원만보신 노사나불과 그 분이 설한 일불승으로서의 화엄을 감추고 하열한 범부의 근기에 감응하는 천백억화신 석가모니부처님의 몸을 나타내 화엄과 법화를 두 시기로 나누어 보이셨습니다.

그러나 실제로 이 두 경전에서 설하고 있는 일불승의 이치는 시공을 초월하여 동시에 시작되고 동시에 끝났다고 할 수 있습니다.

따라서 천백억화신 석가모니 부처님은 녹야원(鹿野苑)에서 4제법문을 설하여 모든 성문을 제도하였으나 부처님의 근본회포는 단지 화엄에서 이해하지 못한 일불승의 이치를 최후 법

『輔宏記』 권1에는 "阿含十二方等八 二十二年般若談 法華涅槃共八年 華嚴最初三七日."라 하여 반야를 22년 동안 설한 것으로 보고 있다.

화에 이르러서 부처님의 지견을 개시오입(開示悟入) 하려는데 있었을 뿐입니다. 그 이유는 중생의 근성이 둔하였기 때문에 본래 없는 3승방편교가 일어나게 된 것입니다.

3승이 결국 일승으로, 회삼귀일(會三歸一) 사상이 핵심

처음 4제법문으로 시작하여 40년을 경유하는 동안 부처님께 서는 한량없는 갖가지 방편을 설하느라 수고하셨으나 모든 하열한 근기는 부처님의 참뜻이 어디에 있는지 깨닫지 못하 였으므로 부처님의 질책을 당하고 나서야 부처님이 출현하신 근본마음을 믿게 되었습니다.

모든 3승 중생들이 법화회상에 이르러서야 그 근기가 순수하 여 부처님이 출현하신 일대사인연을 믿는 마음은 진실하였습 니다. 이 때 부처님은 비로소 대승 근기가 성숙한 제자들에게 처음으로 근본회포를 드러내어 너희들이 앞으로 미래에 모두 가 성불하리라는 수기를 내리게 되었습니다. 이에 대해 『화엄 경』에서는 다음과 같이 말하고 있습니다.

일체법이 내 마음 자성과 상즉관계이며, 지혜법신을 성취하는 것 도 다른 사람을 따르지 않고 깨닫는다.[6]

이는 법화에서 석가여래가 세간에 출현하신 근본회포를 오늘

---

6) 『妙法蓮華經通義』 권1, 「釋題」(『卍續藏』 31책, 560면 中) ; 『大方廣佛 華嚴經』 권17, 「梵行品」(『大正藏』 10책, 89면 上), "知一切法卽心自性 成就慧身不由他悟."

에야 바야흐로 이루었다함과 그 의미가 하나로 일치합니다.

다시 요약하면 화엄에서 설했던 이치를 법화에서 비로소 이루었으므로 화엄은 일승의 이치를 설한 시작이고 법화는 그 시작된 법문을 끝마치는 의미가 있는데, 화엄과 법화를 설한 부처님의 마음이 원래 두 모습이 아니었습니다.

그 때문에 본 경전에서는 부처님께서 40여 년 동안 3승인과 한결같이 함께 고심했던 괴로운 마음을 차례로 서술하면서 이를 극진하게 토로하여 중생을 이익되게 할 수 있는 일을 모두 끝냈다 할 것입니다.

이 법회가 끝나고 오래지않아 열반에 드셨는데, 이 일을 두고 '석가부처님이 중생에게 감응하여 나타나셨던 자취의 끝이다'라고 말합니다. 법화설법을 끝내고 마지막으로 열반경을 설한 뒤에 사라쌍수간(沙羅雙樹間)에서 열반에 드셨던 일이 여기에 해당됩니다.

본 경전「비유품」에서 거부장자가 임종하면서 여러 아들들에게 가업을 부촉했는데, 이는 부처님이 중생을 이익되게 할 수 있는 일을 끝내고 열반에 드셨던 것과 같다고 할 것입니다.

이로써 알 수 있는 것은 이 경전은 마지막으로 거부장자가 가업을 자식들에게 부촉하는 유언장과 같다는 점이다.

본 경전은 49년 일대시교의 유통분에 해당됩니다. 왜냐하면 40년간 한결같이 출세본회인 불지지견을 설법하지 않았던 것은 『금강경』에서 말한 "너희 보살들은 발심한 마음을 흩어지지 않도록 잘 호념하라" 한 경우이며, 오늘 법화회상에 이르러서야 설법한 것은 『금강경』에서 말한 "훌륭하게 호념하면서 수행했던 마음을 단절 없이 잘 이어나가면서 부촉하라"한 경우에 해당됩니다.

그러므로 본 경전에서 일대사인연을 설파한 것은 과거 3승교까지 회괄하는데, 이 의미는 언어 밖에 있는 것입니다.

실로 이는 법계를 원만하게 관조하여 부처님마음에 오묘하게 일치하지 않고 좀스러운 문자에서 그 진실한 이치를 추구한다면 그것은 부처님이 출현한 일대사인연의 근본회포와 너무 아득히 멀어서 귀결할 곳이 없을 것입니다. 따라서 이 경전의 제목에 대한 의미를 명료하게 깨닫는다면 전체 경전의 뜻을 이미 절반을 알았다고 할 수 있을 것입니다.

일승의 최상승법문 「법화경」 개시오입(開示悟入) 서술

일불승(一佛乘)의 최상승 법문인 『법화경』은 총28품으로 구성되어 있는데, 그것을 크게 서분(序分)·정종분(正宗分)·유통분(流通分) 등 세 분야로 나눌 수 있습니다.

제일 처음 서품은 이 경전을 설법하게 된 동기를 설명하였으므로 서분이라 하며, 정종분은 27품으로 이 경전에서 주장하는 근본이치를 서술한 본론분에 해당되는데, 이를 다시 개(開)·示(시)·오(悟)·입(入) 네 글자로 분류할 수 있습니다.

서품 다음에 나오는 「방편품(方便品)」으로부터 「법사품(法師品)」에 이르기까지 9품은 부처님지견을 열어 들어내는 개불지견(開佛知見)에 해당되고, 「견보탑품(見寶塔品)」은 부처님지견을 제시하는 시불지견(示佛知見)에 해당되며, 「제바달다품(提婆達多品)」에서 「촉루품(囑累品)」까지 11품은 오불지견(悟佛知

見)에 해당되고, 「약왕보살본사품(藥王菩薩本事品)」으로부터 「보현권발품(普賢勸發品)」까지 6품은 입불지견入佛知見에 해당됩니다.

개(開)·시(示)·오(悟) 이 세 분야는 『화엄경』의 신해(信解)에 해당되고, 입(入)은 행증(行證)에 해당되어 『화엄경』의 설법순서인 신해행증(信解行證)과 개시오입은 그 의미가 하나로 일치합니다.

「촉루품」 끝의 몇 구절은 이 경전을 끝내는 유통분에 해당됩니다.

一聲南無佛
皆已成佛道

한 번 "나무불"하고 부르면,
모두가 이미 불도를 이룬 것이다
- 묘법연화경

부산 홍법사 아미타대불

목 차

묘법연화경[7] 제 1권

서품 제 1

① 이와 같이 내가 들었다.

어느 때 부처님께서 왕사성 기사굴산 중에
서 큰 비구 대중 일만 이천 인과 함께 계
셨으니, 그들은 다 아라한으로서 모든 새
어 흐름이 이미 다하여 다시 번뇌가 없었
으며, 자기의 이로움을 얻어 모든 존재의
결박이 없어지고 마음이 자유로워진 이들
이다.

그들의 이름은 아야교진여 마하가섭 우루
빈나가섭 가야가섭 나제가섭 사리불 대목
건련 마하가전연 아누루타 겁빈나 교범파

---

7) 이 경은 구마라집 대사가 한역(漢譯)한 것을 불승종에서 우리말로 다시
   번역한 경문을 저본으로 하였다.

제 이바다 필릉가바차 박구라 마하구치라
난타 손타라난타 부루나미다라니자 수보리
아난 라후라이니, 여러 사람이 잘 아는 대
아라한들이다. 또 유학 무학 2천인이 있으
니, 마하파사파제 비구니는 권속 6천인과
함께 있었고, 라후라의 어머니 야수다라
비구니도 권속들과 함께 있었다.

② 보살마하살이 팔만 인이니, 다 아뇩다
라삼먁삼보리에서 물러나지 않으며 다라니
와 말솜씨 있는 변재를 얻어 퇴전하지 않
는 법륜을 굴리었고 또 한량없는 백천 부
처님께 공양하여 여러 부처님 계신 데서
덕의 근본을 심었으며, 항상 여러 부처님
의 칭찬을 받았고 자비로 몸을 닦아 부처
님의 지혜에 깊이 들어갔으며, 큰 지혜를
통달하여 열반의 언덕에 이르고, 이름이
한량없는 세계에 널리 퍼져 수 없는 백천
중생들을 제도하는 이들이다.

그들의 이름은 문수사리보살 관세음보살 득대세보살 상정진보살 불휴식보살 보장보살 약왕보살 용시보살 보월보살 월광보살 만월보살 대력보살 무량역보살 월삼계보살 발타바라보살 미륵보살 보적보살 도사보살이니, 이러한 보살마하살 팔만 인이 함께 있었다.

③ 그때 석제환인이 그 권속 이만 천자와 함께 있었고, 또 이름하여 월천자 보향천자 보광천자 사대천왕이 그 권속 일만 천자와 함께 있었고, 자재천자 대자재천자가 그 권속 삼만 천자와 함께 있었고, 사바세계의 주인 범천왕인 시기대범 광명대범 등이 그 권속 일만 이천 천자와 함께 있었다.

여덟 용왕이 있으니 난타용왕 발난타용왕 사가라용왕 화수길용왕 덕차가용왕 아나바달다용왕 마나사용왕 우발라용왕 등이 각각 여러 백천 권속과 함께 있었다.

네 긴나라왕이 있으니 법긴나라왕 묘법긴나라왕 대법긴나라왕 지법긴나라왕 등이 각각 여러 백천 권속들과 함께 있었다.

네 건달바왕이 있으니 악건달바왕 악음건달바왕 미건달바왕 미음건달바왕 등이 각각 여러 백천 권속들과 함께 있었다.

네 아수라왕이 있으니 바치아수라왕 거라건타아수라왕 비마질다라아수라왕 나후아수라왕 등이 각각 여러 백천 권속들과 함께 있었다.

네 가루라왕이 있으니 대위덕가루라왕 대신가루라왕 대만가루라왕 여의가루라왕 등이 각각 여러 백천 권속들과 함께 있었다.

위제희의 아들 아사세왕이 여러 백천 권속들과 함께 있다가 각각 부처님 발에 정례하고 한쪽에 물러가 앉았다.

④ 그때 세존을 사부대중이 에워싸고 공양하고 공경하고 존중하고 찬탄하는데 보살들을 위하여 대승경을 말씀하시니 이름이 무량의경이라, 보살을 가르치는 법이며 부처님이 호념하시는 바이다.

부처님이 무량의경을 말씀하시고는 결가부좌 하시고 무량의처삼매에 드시어 몸과 마음이 동요하지 않으셨다.

이때 하늘에서 만다라꽃 큰 만다라꽃 만수사꽃 큰 만수사꽃을 내리어 부처님 위와 대중들에게 흩으며 여러 부처님 세계가 여섯 가지로 진동하였다.

그때 모여 있던 비구 비구니 우바새 우바이 천인 용 야차 건달바 아수라 가루라 긴나라 마후라가 사람과 사람 아닌 이와 모든 작은 왕과 전륜성왕들이 전에 없던 일을 만나 환희하여 합장하고 일심으로 부처님을 뵈옵고 있었다.

이때 부처님이 미간의 백호상으로 광명을 놓아 동방의 일만 팔천 세계를 비추시매 두루 하지 않은 데가 없어 아래로는 아비 지옥과 위로는 아가니타천까지 이르니, 이 세계에서 저 세계의 여섯 갈래 중생들을 볼 수도 있고, 또 저 세계에 계신 부처님들을 뵈오며 그 부처님께서 말씀하시는 경전을 듣기도 하였다.

또 저 세계의 비구 비구니 우바새 우바이들이 수행하며 도를 얻는 것을 보기도 하고 또 보살마하살들이 갖가지 인연과 갖가지 믿음과 갖가지 모양으로 보살도를 행함을 보았으며 또 저 부처님들의 열반에 드시는 일과 열반에 드신 뒤에 부처님의 사리를 받들기 위하여 칠보로 탑을 세우는 일을 볼 수 있었다.

⑤ 이때 미륵보살이 이렇게 생각하였다.

"지금 세존께서 신통한 변화를 나타내시

니, 무슨 인연으로 이런 상서가 있는가.

부처님께서 지금 삼매에 드셨으니, 이는 불가사의하고 희유한 일이라 누구에게 물어야하며, 누가 대답할 수 있을까.”

다시 이렇게 생각하였다.

“문수사리보살은 지난 세상에 한량없는 부처님을 친근히 모시며 공양하였으니, 반드시 이렇게 희유한 모양을 보았으리라. 내가 이제 그에게 물으리라.”

이때 비구 비구니 우바새 우바이와 천인과 용과 귀신들이 모두 이런 생각을 하였다.

‘이 부처님의 광명과 신통한 모양을 누구에게 물어야 하나….’ 그때 미륵보살이 자기의 의심을 해결하려 하며 또 비구 비구니 우바새 우바이와 천인과 용과 귀신 여러 대중의 마음을 살펴보고 문수사리에게 물었다.

"무슨 인연으로 이런 상서가 있으며 신통한 모양으로 큰 광명을 놓아 동방으로 일만 팔천 세계를 비추어서 저 부처님 세계의 장엄한 모양을 보게 되나이까?"

⑥ 이에 미륵보살은 이 뜻을 거듭 펴려고 게송으로 물었다.

문수사리보살이여, 도사께서 무슨 일로 양미간의 백호상에서 큰 광명을 두루 놓으시며, 만다라꽃과 만수사꽃이 비 오듯 내려오고 전단향 바람이 불어 대중의 마음을 기쁘게 하나이까? 이러한 인연으로 국토가 청정해지고 모든 세계가 여섯 가지로 진동하며, 이 사부대중들이 모두 기뻐하고 몸과 뜻이 유쾌하여 처음 보는 일이라 하나이다.

양미간의 백호 광명이 동방으로 일만 팔천 세계에 두루 비치어 금빛처럼 찬란하며, 아래로는 아비지옥 위로는 아가니타천까지 여러 세계에 있는 여섯 갈래 중생들이 나고 죽고 헤매면서 좋고 나쁜 업을 짓고 받게 되는 여러 과보, 에서 모두 보나이다.

사람 중에 사자이신 거룩한 부처님이 경전을 연설하니 미묘하여 제일이며 음성이 청정하고 부드러운 말씀으로 수 없는 여러 억만 보살을 가르치며 사람마다 좋아하는 깊고 묘한 범음으로 여러 세계에서 바른 법을 연설하며 가지각색 인연과 한량없는 비유로써 부처님 법 밝게 보여 많은 중생 깨우치네, 어떤 이가 늙고 병들고 죽는 고통을 싫어하면 열반의 묘한 법을 말씀하여 모든 괴로움 끊게 하며, 어떤 이는 복이 있어 부처님께 공양하고 훌륭한 법 구하거든 연각의 법문 일러주며 만일 어떤 불자들이 여러 가지 행을 닦아 위없는 지혜 구하거든 청정한 도를 말씀하나이다.

⑦ 문수사리보살이여, 내가 여기 있으면서

보고 듣는 일이 이러하오며 이 밖에도 수 없이 많은 천만 가지 많은 사실 대강 말씀 하오리다.

내가 보니 저 세계의 모래처럼 많은 보살 가지가지 인연으로 부처님 도 구하오며, 어떤 이는 보시를 행하는데 금과 은과 산 호이며 진주와 마니보배 차거며 마노들과 금강의 모든 보배 노비와 수레들과 보배로 꾸민 연을 환희하게 보시하고 불도로 회향 하여 삼계에 제일가는 좋은 법 빨리 얻어 부처님의 칭찬 받고 혹은 여러 보살들이 네 말 메운 보배 수레 난간 있고 일산 받 은 그것으로 보시하며 다시 보니 보살들은 몸과 살과 손발이며 처자까지 보시하여 더 없는 도 구하오며 또 어떤 보살들은 눈과 머리 이 몸까지 기쁜 마음으로 보시하여 부처님 지혜 구합니다.

문수사리보살이여, 내가 보니 여러 임금

부처님께 나아가서 더 없는 도 묻자올제 강산과 궁전이며 후비 신하 다 버리고 머리 깎고 가사를 수합니다. 또 보니 어떤 보살 비구니의 몸이 되어 고요한데 홀로 앉아 경전 읽기 좋아하며, 또 보니 어떤 보살 용맹하게 정진하며 깊은 산중에 들어가서 부처님 도 생각하고 또 어떤 보살들은 탐욕을 다 여의고 고요한 곳에서 선정 닦아 오신통 얻었으며, 또 보니 저 보살은 선정에 들어 합장하며 여러 천만 게송으로 부처님을 찬탄하고 또 어떤 보살들은 지혜 깊고 뜻이 견고하여 부처님께 법을 물어 듣는 대로 다 지니며 또 어떤 불자들은 선정 지혜 구족하여 한량없는 비유로서 대중에게 법을 연설 듣기 좋은 말솜씨로 모든 보살 교화하고 마의 군중 깨뜨리고 법 북을 크게 치네. 또 보니 보살들이 고요하게 앉아 있어 하늘용이 공경해도 기쁜 생각 전혀 없고 또 보니 보살들이 숲속에서 광명 놓아 지옥 고통 건지어서 부처님 도에 들게 하며, 또 보니 불자들이 잠을 자지 아니하고 숲속에 거닐면서 부처님 도를 늘 구하고 어떤 이는 계행을 구족하고 위의를 갖추어서 구슬같이 깨끗하게 부처님 도를 구합니다.

어떠한 불자들은 참는 힘에 머물러서 뛰어난 체 하는 이가 욕설하고 때리어도 모두 다 참고 참아 부처님 도를 구하오며 또 어떤 보살들은 희롱하고 웃는 일과 어리석음 다 여의고 지혜로운 이 친근하며 산란하지 않는 마음 산림 속에 정신 통일 억 천만년 지내면서 부처님 도를 구합니다.

또 보니 어떤 보살 좋은 반찬 음식들과 여러 가지 탕약으로 부처님과 대중에게 보시하고 천만 량 값이 가는 훌륭한 의복들과 값 칠 수 없는 못으로 부처님과 대중에게 보시하고 천 가지 만 가지 전단으로 지은 집과 여러 가지 방석과 돗자리로 부처님과 대중에게 보시하고 청정한 꽃동산에 화초 열매 무성하며 흐르는 물 고인 연못 부처님과 대중에게 보시하여 이렇게 보시하는 모든 것이 미묘커든 한량없이 기뻐하며 위없는 도 구합니다.

어떠한 보살들은 여러 가지 방법으로 적멸한 법 말하여서 수 없는 중생 교화하며 또 어떤 보살들은 여러 가지 법의 성품 허공 같이 원용하여 두 모양 없음을 관찰하고, 또 보니 여러 불자 마음에 집착 없고 미묘한 지혜로서 위없는 도구합니다.

⑧ 문수사리보살이여, 어떤 보살들은 부처님 열반하신 뒤에 사리에 공양하기도 하고 또 어떤 불자들은 수 없이 많은 탑을 쌓아서 국토를 장엄하는데 높고 묘한 보배탑 높이는 오천 유순 세로와 가로가 똑같아서 이천 유순 그 많은 탑마다 천 개의 당기

번기와 이슬처럼 반짝이는 구슬 휘장 보배 풍경 어울려 울리고 하늘들과 용과 귀신 사람과 사람 아닌 이들이 향과 꽃과 풍류 잡혀 항상 공양하옵니다.

문수사리보살이여, 모든 불자들이 사리를 공양하느라고 훌륭하게 탑을 꾸미오니 국토는 저절로 기특하고 묘해져서 천상의 원생수에 화사하게 꽃 핀 듯합니다.

부처님이 광명 놓으시니 이 세계의 여러 가지 훌륭한 모양을 나와 대중이 보나이다. 부처님의 신통과 지혜가 희유하여 조촐한 광명을 놓으사 한량없는 세계를 비추시며 우리들이 뵈옵고 전에 없던 일이라 합니다.

문수사리보살이여, 우리들의 의심을 풀어주소서. 이 사부대중이 당신과 나를 첨앙합니다. 세존이 무슨 일로 이런 광명을 놓으십니까?

보살께서 대답하여 우리들을 기쁘게 하소서. 장차 무슨 이익이 있으려고 이 광명을 놓으십니까? 부처님이 도량에서 얻은 미묘한 법을 말씀하시려는 것입니까? 수기를 주시려는 것입니까?

모든 부처의 세계가 보배로 장엄함을 보겠으며 여러 부처님을 뵈옵게 되오니 작은 인연이 아닌가 합니다. 문수사리보살이시여, 사부대중과 용과 귀신들이 모두 당신을 앙모하오니 무슨 뜻인지 말씀하소서.

⑨ 이때 문수사리보살이 미륵보살과 여러 대중에게 말씀하였다.

"착한 남자여, 나의 생각으로는 아마 부처님께서 큰 법문을 말씀하시며 큰 법비를 내리시며 큰 법소라를 부시며 큰 법북을 치시며 큰 법의 뜻을 연설하시리라 믿소.

여러 착한 남자들이여, 내가 과거에 여러

부처님 계신 곳에서 이런 상서를 보았으니, 이 광명을 놓으시고는 큰 법문을 말씀하셨소.

그러므로 오늘 부처님이 광명을 놓으심도 그와 같아서 중생들로 하여금 모든 세간들이 믿기 어려운 법문을 듣고 알게 하시려고 이 상서를 나타내심인 줄로 아오.

여러 착한 남자들이여, 지난 세상 한량없고 그지없고 불가사의한 아승지 겁 전에 부처님이 계셨으니 이름이 일월등명여래 응공 정변지 명행족 선서 세간해 무상사 조어장부 천인사 불 세존이 있었소.

바른 법을 연설하시니 처음도 선하고 중간도 선하고 나중도 선하며, 이치는 깊고도 멀고 말씀은 공고하고 묘하며, 순일하고 잡되지 않았으며, 맑고 깨끗한 범행을 갖추었소. 성문을 구하는 이에게는 네 가지 진리를 알맞게 말씀하여 나고 늙고 병들고 죽음을 벗어나서 끝끝내 열반하게 하시고 벽지불을 구하는 이에게는 열두 가지 인연을 알맞게 말씀하고, 보살들을 위하여서는 여섯 가지 바라밀다를 알맞게 말씀하시여 아뇩다라삼먁삼보리를 얻어 갖가지 지혜를 이루게 하시었소.

⑩ 다음에 부처님이 계시었으니 역시 이름이 일월등명이시고, 그 다음에 또 부처님이 계시었으니 역시 이름이 일월등명이셨소.

이와 같이 이만 부처님이 계시었는데 다 같이 이름이 일월등명이시었고, 성도 같으시어 파라타이었소.

미륵보살이여, 첫 부처님이나 나중 부처님의 이름이 다 같아서 일월등명이시고 열 가지 명호가 구족하셨고, 말씀하시는 법문도 처음과 중간과 나중이 모두 선하시었으며, 맨 나중 부처님이 출가하기 전에 여덟 왕자가 있었으니, 맏이는 유의 둘째는 선의 셋째는 무량의 넷째는 보의 다섯째는 증의 여섯째는 제의의 일곱째는 향의 여덟째는 법의였소. 이 여덟 왕자는 위업과 덕이 자유자재하여 각각 사천하를 거느렸더니, 이 왕자들이 부왕이 출가하여 아뇩다라삼먁삼보리를 얻으신 줄을 알고는, 모두 왕위를 버리고 따라서 출가하여 대승심을 내었고, 항상 범행을 닦아 법사가 되었으며 천 만억 부처님 계신 데서 여러 가지 선한 근본을 심었소.

⑪ 이때에 일월등명불이 대승경을 말씀하셨으니 이름이 무량의경이라, 보살들을 가르치는 법이며 부처님이 호념하시는 바이었소. 이 경을 말씀하시고는 대중이 모인 가운데서 결가부좌하시고 무량의처삼매에 드시어 몸과 마음이 동요하시지 아니하였소.

그때 하늘에서 만다라꽃 큰 만다라꽃 만수사꽃 큰 만수사꽃을 내리어서 부처님 위에, 또 대중들에게 흩었으며, 여러 부처님 세계가 여섯 가지로 진동하였소.

그때 모여 있던 비구 비구니 우바새 우바이 천인 용 야차 건달바 아수라 가루라 긴나라 마후라가 사람과 사람 아닌 이와 모든 작은 왕과 전륜성왕들이 전에 없던 일을 만나 환희하여 합장하고 일심으로 부처님을 뵈옵고 있었소.

이때 부처님이 미간의 백호상으로 광명을 놓아 동방의 일만 팔천 세계를 비추시매 두루 하지 않은 데가 없는 것이, 지금에 보는 저 세계들과 같았소.

미륵이여, 그때 모인 가운데 이십억 보살들이 있어 법문을 듣자 오려 하더니, 그 보살들이 이 광명이 여러 세계에 비침을 보아 전에 없던 일을 얻고는 이 광명의 인연을 알고자 하셨소.

그때 묘광보살이 팔백 제자를 데리고 있었더니, 일월등명불이 삼매에서 일어나 묘광보살을 인하여 대승경전을 말씀하셨으니 이름이 묘법연화경이라, 보살들을 가르치는 법이며 부처님이 호념하시는 바였소.

⑫ 육십 소겁 동안을 자리에서 일어나지 않으시었고, 듣는 이들도 한곳에 앉아서 육십 소겁 동안 몸과 마음을 동요하지 않고 부처님의 말씀을 들으면서 밥 한 그릇 먹는 동안 밖에 아니 된다고 하였는데, 그때 대중 중에 한 사람도 몸이나 마음에 해태함을 내는 이가 없었소.

일월등명불이 육십 소겁 동안 이 경을 말씀하시고는, 즉시 범천과 사문과 바라문과 하늘과 사람과 아수라들에게 이렇게 말씀하셨소.

'여래는 오늘 밤중에 남음 없는 열반에 들리라.'

그때 덕장보살이 있었는데, 일월등명불이 그에게 수기를 주시면서 비구들에게 이렇게 말씀하셨소. '이 덕장보살이 이 다음에 성불하여 이름을 정신 다타아가도 아라하 삼먁삼불타라 하리라.'

부처님이 수기를 마치시고 그날 밤중에 남음 없는 열반에 드시었소.

⑬ 그 부처님이 열반하신 뒤에 묘광보살이 묘법연화경을 가지고 팔십 소겁동안을 사람들에게 연설하셨는데, 일월등명불의 여덟 왕자가 모두 묘광보살을 스승으로 삼았고, 묘광보살은 그들을 교화하여 아뇩다라 삼먁삼보리가 견고하게 하였소.

그 왕자들이 한량없는 백천만억 부처님께 공양하고서 모두 부처가 되었는데, 맨 나중에 부처 된 이의 이름이 연등불이었소.

묘광의 팔백 제자 중에 한 사람의 이름이 구명이니, 이양을 탐하고, 여러 경전을 읽기는 하지마는 뜻을 분명하게 알지 못하고 많이 잊어버리므로 구명이라 이름 하였소.

이 사람도 착한 뿌리를 심은 인연으로 한량없는 백천만억 부처님을 만나서 공양하고, 공경하고, 존중하고, 찬탄하였소.

⑭ 미륵보살이여, 그때의 묘광보살은 딴 사람이 아니라 곧 내 몸이며, 구명보살은 그대의 몸이었소.

이제 이 상서를 보니 예전과 다르지 아니하므로, 오늘 여래께서 마땅히 대승 경전을 말씀하시리니 이름이 묘법연화경이며, 보살들을 가르치는 법이며 부처님께서 호념 하는 바일 것이라 생각하오.”

⑮ 그때 문수사리보살이 대중 가운데서 이

뜻을 거듭 펴려고 게송을 말하였다.

생각하니 지나간 세상 한량없고 수 없는 겁 전에 부처님 세존이 계셨으니 이름은 일월등명불이네. 세존이 법을 말씀하여 한량없는 중생들과 수 없는 보살들 제도하여 부처님 지혜에 들게 하였고 그 부처님 출가하기 전에 여덟 왕자를 두었더니 부왕이 출가함을 보고 따라서 범행을 닦았네. 부처님이 대승경을 말씀하니 그 이름은 무량의경으로 여러 대중 가운데서 널리 분별하여 해석하였네. 그 경을 말씀하시고 곧 그 법상 위에서 결가부좌 하고 삼매에 드시니 이름이 무량의처 삼매일세. 하늘이 만다라 꽃비 내리고 하늘 북이 저절로 울리며 천인과 용과 귀신들 세존께 공양하나니. 모든 부처님 세계들 그때에 크게 진동하고 부처님은 미간의 광명 놓아 희유한 상서 나타내시니,

⑯ 그 광명 동방으로 일만 팔천 세계를 비추어 모든 중생들이 지은 업으로 나고 죽는 곳 보이었소. 어떤 세계는 온갖 보배로 장엄했는데 유리빛 파려빛들을 부처님 광명으로 보게 되고 또 보니 천상의 사람, 인간사람 용과 귀신과 야차와 건달바, 긴나라들이 모두 부처님께 공양하며 또 보니 모든 여래 자연히 성불하시니 몸은 황금산 같고 단정하고 미묘하시어 깨끗한 유리병 속에 진금의 상호 나투신 듯 세존이 대중 가운데에서 깊은 법과 뜻 연설하시며 여러 부처님 국토들마다 수 없는 성문의 대중들 부처님의 광명이 비치어 저 대중을 보게 됩니다.

또 어떤 비구들은 산림 속에 있으면서 정진하고 계행 가지기를 맑은 구슬 보호하듯 또 여러 보살들 보시도 하고 욕됨을 참기도 하는 이 그 수효 항하사 같음을 부처님 광명으로 보게 되며 또는 보니 모든 보살들 모든 선정에 깊이 들어가 몸과 마음을 동하지 않고 위없는 도를 구하기도 하고 또 어떤 보살들은 법의 적멸함을 알고 제각기 그 국토에서 법을 말하여 불도 구하네,

⑰ 그때 사부대중들, 일월등명불께서 큰 신통 나투심 보고 마음이 매우 기뻐서 제각기 서로 묻기를 무슨 인연으로 이 일 있는가. 천상 인간 사람들 받드는 세존 때마침 삼매에서 일어나 묘광보살을 찬탄하시되 '그대는 세상의 눈 모든 사람들 귀의하리니, 부처님 법의 광 받들어 지니라. 내가 말한 법문은 오직 그대만이 아니니라.' 세존은 묘광보살을 칭찬하여 기쁘게 하였소. 법화경 말씀하실 때 육십 소겁 동안을 그 자리에서 일어나지 않고 말씀하신 더없이 묘한 법 묘광법사가 모두 다 받아 지

니었나니, 이 법화경 말씀하여 대중을 기쁘게 하고 그날로 즉시 천상 인간 대중에게 말하기를 모든 법의 참 모양을 너희에게 말하였노라. '나는 이제 오늘밤 중에 열반에 들 터이니 너희는 일심으로 정진하여 방일을 여의어라. 부처님 만나기 어려워 억만 겁에 어쩌다 만나나니.' 여러 불자들은 부처님께서 열반하신단 말씀을 듣고 제각기 슬퍼하며 부처님 열반 이렇게 빠르신가 하였네.

⑱ 거룩하신 법왕께서 대중을 위로하시기를 '내가 열반하는 것 너희는 걱정하지 말라. 이 덕장보살이 샘이 없는 참 모양 모두 다 통달하였고 이 다음에 부처 되어 이 몸이 정신 여래 무량중생 건질 것이니.' 이날 밤 부처님 열반하시니 섶이 다하고 불이 꺼지듯 사리를 나누어 가지고 가서 수 없는 탑 조성하였고 항하사 같이 많은

비구와 비구니 몇 갑절 더 노력하여 위없는 도를 구하였소.

이 묘광법사가 부처님 법의 광을 받들어 팔십 소겁 동안 법화경을 선포 했나니 여덟 왕자들은 묘광법사의 교화 받고 위없는 도를 굳게 지니어 수없는 부처님 뵈오며 모든 부처님께 공양하고 가르침 따라 큰 도를 행하여 서로 잇달아 성불하고 차례차례 수기하시니 최후의 부처님 그 이름 연등불 여러 신선들의 도사로서 한량없는 중생 제도하였네. 그때 묘광법사에게 한 제자가 있어 마음은 항상 게으르고 명예와 이양을 탐하여 명예를 구하기 그칠줄 몰라 대갓집만 따라 다니매 수행하던 것 모두 버리어 모두 잊고 알지 못하니 이런 탓으로 이름을 구명이라. 그래도 착한 업 지어 무수한 부처님 만나 뵈옵고 부처님께 공양하며 가르침 따라 큰 도 행하고 여섯 가지

바라밀도 갖추어 지금 석가 부처님 뵈었
네. 이 다음에 부처 되어 그 이름 미륵부
처님 많은 중생을 제도하여 그 수효 한량
없으리.

⑲ 연등불 열반하신 뒤 게으른 이는 그대
요, 묘광법사는 이 내 몸이요. 일월등명불
의 이러한 상서 보았으므로 이제 석가부처
님께서도 법화경을 말씀하실 줄 아오, 오
늘 이 상서 등명불과 같으니 이것은 부처
님들의 방편. 이제 광명을 놓아 참 모양을
발명하시니 여러분들 그런 줄 알고 일심으
로 합장하시오. 부처님이 법비를 내리어
구도자를 만족케 하며 삼승을 구하는 이들
어떤 의심이라도 부처님께서 모두 끊으시
어 남음이 없게 하리라.

묘법연화경 서품 종

방편품 제 2

⑳ 그때 세존께서 삼매로부터 조용히 일어나서 사리불에게 말씀하시었다.

"모든 부처님의 지혜는 매우 깊고 한량이 없으며, 그 지혜의 문은 이해하기도 어렵고 들어가기도 어려워서, 모든 성문들이나 벽지불들이 알 수가 없느니라.

무슨 까닭인가 하면, 부처님은 한량없는 백천만억의 부처님들을 친근하게 모시면서 모든 부처님의 한량없는 법을 모두 수행하고, 용맹하게 정진하였으므로 명성이 널리 퍼졌으며, 미증유한 깊은 법을 성취하고서, 마땅한 대로 말씀한 것이므로 그 뜻을 알기 어려우니라.

사리불이여, 내가 성불한 후로 갖가지 인

연과 갖가지 비유로서 여러 가지 교법을 많이 말하여 수 없는 방편으로 중생들을 인도하여 집착을 여의게 하였으니, 무슨 까닭이냐.

여래의 방편 바라밀다와 지견 바라밀다를 모두 구족한 연고이니라.

㉑ 사리불이여, 여래의 지견은 넓고 크고 깊고 멀어서, 한량없는 마음과 걸림 없는 변재와 힘과 두려움 없음과 선정과 해탈과 삼매의 끝없는 데까지 깊이 들어가 온갖 미증유한 법을 성취하였느니라.

사리불이여, 여래는 가지가지로 분별하여 모든 법을 공교롭게 말하는 것이므로 말이 부드러워 대중의 마음을 기쁘게 하느니라.

사리불이여, 주요한 것을 들어 말하면 한량없고 그지없는 미증유한 법을 부처님이 모두 성취 하였느니라.

그만두어라. 사리불이여, 다시 말할 것 없느니라.

왜냐하면, 부처님이 성취한 제일이고 희유하고 알기 어려운 법은 부처님과 부처님만이 모든 법의 참 모양을 연구하여 다하였나니, 이른바 모든 법의 이러한 모양, 이러한 성품, 이러한 본체, 이러한 힘, 이러한 작용, 이러한 원인, 이러한 연, 이러한 결과, 이러한 갚음, 이러한 근본과 끝과 필경 등이니라."

㉒ 이때 세존께서 이 뜻을 거듭 펴려고 게송으로 말씀하였다.

세상의 영웅을 요량 못하여 천상이나 이 세상 여러 사람과 여러 가지 종류의 모든 중생들 부처님 을 알사람 아무도 없고 부처님의 힘이나 두려움 없음, 해탈과 여러 가지 삼매들이며 그밖에 부처님의 모든 법들을 누구도 측량하지 못 하느니라. 본래

부터 수 없는 부처님 따라 구족하게 모든 도행 하였음에 매우 깊고 현미한 묘한 그 법은 보기도 어렵지만 알기 어려워 한량없는 백천만의 오랜 세월에 이와 같은 모든 도 닦아 행하고 도량에서 이루신 저러한 과보 내가 이미 다 보고 모두 아노라. 이러히 엄청난 크신 과보 가지가지 성품과 모양과 뜻을 오직 나와 시방의 부처님만이 이 일을 능히 알고 보시느니라.

이 법은 누구에도 보일 수 없고 말로도 형용할 수 전혀 없나니, 이 밖에 여러 종류 중생들로는 아무라도 이해할 도리가 없어 믿는 힘이 남달리 견고하오니, 그러한 보살들을 제해 놓고는 그 외 부처님의 여러 제자들 일찍이 많은 부처 공양도 하고 여러 가지 번뇌가 모두 다하여 최후의 몸을 받아 태어난 이도 이러한 사람들의 힘으로서는 어떻게도 감당할 수가 없나니, 이 세

상에 가득 찬 수없는 사람, 사리불의 지혜
와 모두 같은 이 온갖 꾀 다 짜내어 헤아
린대도 부처님의 지혜는 측량 못하고 시방
의 모든 세계 가득 찬 이들 모두 다 사리
불의 지혜와 같고 그 밖에 수가 없는 모든
제자도 시방의 여러 세계에 가득하여서 온
갖 꾀 짜내어서 헤아린대도 그래도 부처님
지혜 알지 못하리. 벽지불의 영특한 지혜
가지고 샘이 없는 최후신 받아 난 이가 시
방의 모든 세계 가득히 차서 그 수효 대
수풀과 같다 하여도, 이런 이가 한마음 함
께 하여서 한량없는 억천만 오랜 겁 동안
부처님의 참 지혜 생각한대도 아주 적은
부분도 알지 못하고 처음으로 발심한 보살
들로서 수 없는 부처님께 공양하였고 모든
법의 이치를 분명히 알며 설법도 훌륭하게
잘하는 이가 볏짚 삼밭 대 수풀 같이 많아
서 시방의 여러 세계 가득 찬 이들 한결같
은 마음과 묘한 지혜로 항하의 모래처럼

많은 겁 동안 생각을 함께하여 헤아린대도
부처님의 지혜는 알지 못하고 불퇴전의 지
위에 오른 보살로 항하의 모래처럼 많은
이들이 일심으로 생각하여 함께 찾아도 그
래도 부처님 지혜 알 수 없나니, 또 다시
사리불께 말을 하노니 샘이 없고 헤아릴
수가 없으며, 매우 깊고 현미한 묘한 법문
을 내 이제 구족하게 얻었으므로 나만이
이 모습을 자세히 알고 시방의 부처님도
그러하니라.

㉓ 사리불아, 그대는 마땅히 알라. 부처님
의 말씀은 다르지 않나니 부처님께서 말씀
한 깊은 법문에 크게 믿는 힘과 마음 모두
내어라. 세존이 설법하기 오랜 뒤에야 진
실한 참된 법문 말하느니라.

성문법을 구하는 여러 대중과 연각들께 분
명히 말을 하노라. 그 동안에 괴로운 속박
을 벗고 열반에 이르도록 지도한 것은 부

처님의 편의한 방법으로써 삼승의 교법으로 가르침이니 중생이 간 데마다 집착하기에 이끌어서 나오게 한 것이니라.

㉔ 그때 대중 가운데 성문으로서 번뇌가 없어진 아라한인 아야교진여 등 일천 이백 사람과 처음으로 성문 벽지불의 마음을 낸 비구 비구니 우바새 우바이가 있다가 모두 이렇게 생각하였다.

'지금 세존께서 무슨 뜻으로 은근하게 방편을 칭찬하시며 말씀하시기를 부처의 얻은 법은 매우 깊어서 이해하기를 어려우며, 말씀하는 취지도 알기 어려워서 모든 성문이나 벽지불로서는 미칠 수 없느니라 하시는가. 부처님의 말씀하신 한 해탈의 이치는 우리들도 그 법을 얻어서 열반에 이르렀는데, 이제 그 말씀하는 뜻을 알 수 없구나.'

이때에 사리불이 사부대중의 의심을 알고,

자기도 분명히 알지 못하여 부처님께 아뢰었다.

"세존이시여, 무슨 인연으로 '여러 부처님의 제일 방편이신 매우 깊고 현미하고 묘하여 이해하기 어려운 법'이라고 은근하게 찬탄하시나이까. 제가 예전부터 지금까지 한번도 부처님께서 이렇게 말씀하심을 듣지 못하였사오며, 지금 사부대중이 모두 의심하오니, 바라옵건대 세존께서 이 일을 말씀하여 주소서.

세존께서 무슨 일로 매우 깊고 현미하고 묘하여 이해하기 어려운 법이라고 은근히 찬탄하시나이까."

㉕ 그때 사리불이 이 뜻을 거듭 펴려고 게송으로 말하셨다.

지혜의 햇빛이신 거룩한 세존 오랜만에 이 법을 말씀하시네, 이와 같은 힘이며 두려움 없음, 여러 가지 삼매와 선정과 해탈 생각도 할 수 없고 말 못할 법을 얻었노라 스스로 말씀하시며, 도량에서 얻으신 이러한 법을 아무도 물어보는 사람이 없고 내 뜻을 측량하기 어렵건마는 아무도 이런 일을 묻는 이 없어 묻는 이 없는데도 말씀하시며 수행하던 바른 길 찬탄하시고 매우 깊고 미묘한 이런 지혜는 부처님들 얻으신 바라하시네, 샘이 없는 법을 얻은 아라한들과 열반법 구하려는 여러 사람들 이제 모두 의심에 떨어졌나니 무슨 일로 이런 말씀하시나이까.

연각법을 구하는 여러 사람과 출가한 비구거나 비구니거나 여러 하늘 사람과 용과 귀신과 건달바와 그 밖의 여러 신중들 망설이고 서로들 쳐다보면서 부처님 양족존을 첨앙하오니 이 사연이 어떠한 까닭이온지 원컨대 부처님은 말씀하소서. 부처님은 여러 성문 대중 가운데 내가 제일이라고 말씀하시나 오늘날 제가 얻은 지혜로써도 의심하고 분명히 모르옵니다. 이것은 가장 높은 법이오니까. 이것이 닦아 행할 길이오니까. 부처님의 입으로 생긴 제자들 합장하고 우러러 고대하오니 바라건대 미묘한 음성으로써 이때에 사실대로 말씀하소서. 모든 하늘 사람과 용과 귀신들 그 수효가 항하의 모래와 같고 부처 되기 원하는 모든 보살들 대충 들어 팔만이 넉넉하오며 또 여러 백천만억 세계로부터 이 자리에 나아온 전륜성왕들 합장하고 공경하는 마음으로써 구족한 그 도리를 들으려 합니다.

이때에 부처님이 사리불에게 말씀하였다.

"그만두자, 그만두자, 다시 말할 것이 아니다. 만일 이 일을 말한다면 모든 세간의 천상 인간 사람들이 모두 놀라고 의심하리라."

사리불이 다시 부처님께 사뢰었다.

"세존이시여, 원컨대 말씀하소서, 원컨대 말씀하소서. 그 까닭을 말하오면 이 회상에 있는 수 없는 백천만억 아승지 중생들은 일찍이 여러 부처님을 뵈었사와 모든 근이 날카롭고 지혜가 명료하오며, 부처님의 말씀을 듣사오면 능히 공경하고 믿으리이다."

㉖ 이때 사리불이 이 뜻을 거듭 펴려고 게송을 말하였다.

위없는 법왕이신 세존이시여, 말씀하여 주시고 염려 마소서. 여기 모인 수 없는 여러 대중들 공경하고 믿을 이 있사옵니다.

부처님은 또 사리불에게 '그만두어라' 하면서 말씀하셨다.

"만일 이 일을 말한다면 모든 세간의 천상

인간 사람과 아수라들이 모두 놀라고 의심하며 뛰어난 체 하는 비구들이 큰 구렁에 떨어지리라."

이때 부처님은 다시 게송으로 말씀하였다.

그만두자 그만둬, 말하지 말자 내 법은 미묘하고 불가사의하여 뛰어난 체 교만한 여러 사람들 들으면 믿지 않고 공경 않으리.

이때에 사리불이 다시 부처님께 아뢰었다.

"세존이시여, 원컨대 말씀하소서. 원컨대 말씀하소서. 이 모임에 있는 저와 같은 백천 만억 사람들은 지나간 세상마다 부처님의 교화를 받았사오며, 이 사람들은 반드시 공경하고 믿사오며, 긴긴 밤 중에 편안하여 이익이 많으리이다."

이때 사리불이 이 뜻을 거듭 펴려고 게송으로 말하였다.

위없으신 양족존 부처님이여 제일가는 그

법을 말씀하소서. 이 몸은 부처님의 장자이오니 원컨대 분별하여 말씀하소서, 여기 모인 수없는 여러 대중들 이 법을 공경하고 믿사오리다.

부처님이 지나간 여러 세상에 이러한 무리들을 교화하심에 모두 다 일심으로 합장하옵고 부처님의 말씀을 받사오리니, 우리들 일천 이백 여러 대중과 그밖에 부처님 도구하는 이들 원컨대 이 대중을 위하시어서 분별하여 말씀해 주시옵소서. 이네들이 이 법을 듣기만 하면 모두 다 환희심을 내오리다.

㉗ 이때 세존이 사리불에게 말씀하셨다.

"네가 이제 은근하게 세 번이나 청하였으니 어떻게 말하지 않을 수 있느냐. 너는 자세히 듣고 잘 생각하여라. 내 이제 너를 위하여 분별하여 해설하리라."

이렇게 말씀하실 때에 회중에 있던 비구 비구니 우바새 우바이들 오천 사람이 자리에서 일어나 부처님께 절하고 물러갔다.

왜냐하면, 이 무리는 죄업이 깊고 뛰어난 체 하는 이여서 얻지 못하고도 얻었노라 하고, 깨닫지 못하고도 깨달았노라 하는 이들이라, 이런 허물이 있으므로 머물러 있지 아니하였으며, 세존께서도 잠자코 말리지 아니하였다.

이때에 부처님이 사리불에게 말씀하였다.

"이제는 이 대중이 잎새와 가지는 없고 순전한 고갱이 뿐이다.

사리불이여, 저러한 뛰어난 체 하는 사람들은 물러가도 결국 내가 구하리라. 그대는 자세히 들으라. 그대에게 말하리라."
사리불이 말하였다.

"그러하겠나이다. 세존이시여, 반가이 듣고

자 하나이다."

부처님이 사리불에게 말씀하였다.

"이렇게 미묘한 법은 부처님 여래들이 시절이 되어야 말씀하나니 마치 우담화가 때가 돼야 한 번 피는 것과 같으니라.

사리불이여, 그대들은 반드시 부처의 말을 믿으라. 말이 허망하지 아니하니라.

㉘ 사리불이여, 부처님들이 마땅한 대로 법을 말하는 그 뜻을 이해하기 어려우니라.

왜냐하면, 내가 수없는 방편과 갖가지 인연과 비유와 갖은 말로 법을 연설하는 것임에, 이 법은 생각하고 분별함으로는 이해할 수 없나니, 오직 부처님들만이 아시느니라.

그 까닭을 말하면, 부처님 세존은 오직 한 큰일 인연으로 세상에 나타나느니라.

사리불이여, 무엇을 말하여 '부처님 세존은 오직 한 큰일 인연으로 세상에 나타난다.' 하느냐.

부처님 세존은 중생들로 하여금 부처의 지견을 열어서 청정케 하기 위하여 세상에 나타나며, 중생에게 부처의 지견을 보여 주기 위하여 세상에 나타나며, 중생으로 하여금 부처의 지견을 깨닫게 하기 위하여 세상에 나타나며, 중생으로 하여금 부처의 지견의 길에 들어가게 하기 위하여 세상에 나타나느니라.

사리불이여, 이것을, 모든 부처님이 한 큰일 인연을 위하여서 세상에 나타나는 것이라 하느니라."

㉙ 부처님이 사리불에게 말씀하셨다.

"모든 부처님 여래는 다만 보살만을 교화하시므로, 하시는 일이 항상 한 가지 일

뿐이니, 오직 부처의 지견을 중생에게 보여서 깨닫게 함이니라.

사리불이여, 여래는 다만 일불승으로써 중생에게 법을 말씀하시는 것이요, 이승이나 삼승의 다른 법이 없느니라.

사리불이여, 모든 시방세계의 여러 부처님의 법도 그러하니라.

사리불이여, 과거의 여러 부처님들이 한량없고 수 없는 방편과 갖가지 인연과 비유와 갖은 말로써 중생을 위하여 모든 법을 연설하였으니, 이 법은 모두 일불승이므로 모든 중생들이 부처님께 법을 듣고는 필경에 갖가지 지혜를 얻었느니라.

사리불이여, 미래의 여러 부처님들도 세상에 나타나시면 또한 한량없고 수없는 방편과 갖가지 인연과 비유와 갖은 말로서 중생을 위하여 모든 법을 연설하리니, 이 법은 모두 일불승이므로 모든 중생들이 부처님께 법을 듣고는 필경에 갖가지 지혜를 얻으리라.

사리불이여, 현재 시방세계의 한량없는 백천만억 국토에 계시는 여러 부처님 세존께서 중생들을 이익케 하고 안락케 하거니와 이 부처님들도 한량없고 수 없는 방편과 갖가지 인연과 비유와 갖은 말로서 중생을 위하여 모든 중생들이 부처님께 법을 듣고는 필경에 갖가지 지혜를 얻느니라.

사리불이여, 모든 부처님은 오직 보살만을 교화하시나니, 부처의 지견을 중생에게 보이려는 연고며 부처의 지견으로 중생을 깨닫게 하려는 연고며 중생들로 하여금 부처의 지견에 들어가게 하려는 연고니라.

㉚ 사리불이여, 지금 나도 그와 같아서, 여러 중생들의 가지가지 욕망에 집착함을 알고 그 본 성품을 따라서 갖가지 인연과

비유와 갖은 말과 방편으로써 법을 말하노라.

사리불이여, 이렇게 하는 것은 모두 일 불승과 갖가지 지혜를 얻게 하려는 연고이니라.

사리불이여, 시방 세계에는 이승도 없거든 하물며 삼승은 있겠느냐.

사리불이여, 부처님이 다섯 가지 흐린 나쁜 세상에 났으니, 이른바 겁의 흐름, 번뇌의 흐림, 중생의 흐림, 사상의 흐림, 명의 흐림이니라.

사리불이여, 겁이 흐린 어지러운 시대에는 중생의 번뇌가 많고 간탐하고 질투하여 나쁜 근성을 이루었으므로 부처님들이 방편으로써 일불승에서 나누어 삼승을 말하느니라.

㉛ 사리불이여, 만일 나의 제자로서 아라

한이나 벽지불을 얻었노라 하는 이들이 부처님 여래가 보살만을 교화하는 줄을 듣지 못하고 알지 못한다면, 이 사람은 부처의 제자도 아니고 아라한도 아니고 벽지불도 아니라.

또 사리불이여, 이 비구 비구니들이 스스로 말하기를 '이미 아라한을 얻어 최후의 몸이 되었으니, 마침내 열반에 이르리라' 하고, 다시 아뇩다라삼먁삼보리를 구하지 않으면, 이런 무리는 모두 뛰어난 체 하는 사람인 줄을 알아야 하나니, 왜냐하면, 만일 비구로서 참으로 아라한을 얻고도 이 법을 믿지 않는다면 옳지 아니 하나라.

다만 부처님이 열반한 뒤에 부처님이 없을 때는 제외할 것이니, 왜냐하면, 부처님이 열반한 뒤에는 이런 경전을 받아 지니고 읽고 외우고 뜻을 해석하려는 사람을 만나기 어려우니, 이 사람이 만일 다른 부처님을 만나면 이 법문을 결정코 통달하리니라.

사리불이여, 그대들은 마땅히 일심으로 부처의 말씀을 믿고 이해하고 받아 지니라.

부처님 여래의 말씀은 허망하지 않나니, 다른 법은 없고 오직 일불승 뿐이니라."

㉜ 이때 세존께서 이 뜻을 거듭 펴려고 게송을 말씀하였다.

비구나 비구니로서 우바새로서 교만하거나 우바이로서 믿지 않는 이, 이와 같은 사부대중들 그 수효 오천 사람. 제 허물을 스스로 보지 못하고 계행에도 잘못 됨이 있으면서 자기의 허물을 감추려는 이, 이런 잔 꾀 가진 이들 다 나갔으니 대중 중의 지게미로서 부처님의 위덕 때문에 갔느니라. 이 사람들은 복이 적어서 이 법을 들을 수 없나니, 이 대중 이제 지엽이 없고 오직 고갱이 뿐이라. 사리불아, 잘 들으라.
부처님들 얻은 법문 한량없는 방편으로 중
생 위해 말씀하나니 중생들의 마음에 생각
하는 일 갖가지로 행하는 도. 그러한 욕망
과 성품, 전생에 지은 착하고 나쁜 업, 부
처님이 이미 다 알고 여러 가지 인연과 비
유와 갖은 말과 방편으로 그들을 기쁘게
하려고 혹은 수다라를 말하고 가타와 본사
도 말하고 본생과 미증유며 인연도 말씀하
고 비유와 기야며 우바제사경을 말하네.

㉝ 아둔한 사람, 소승을 좋아하고 나고 죽
는 일에 탐을 내어 한량없는 부처님 만나
도 깊고 묘한 도, 행하지 않고 모든 고통
에 시달리거든 그들에게 열반을 말하나니,
이런 방편을 마련한 것은 부처의 지혜에
들게 함이요. 너희들이 성불하리라고 한
번도 말하지 않았노라. 내가 그런 말 아니
한 것은 말할 때가 되지 않은 탓. 지금 때

가 되었기에 대승법을 말하는 것이다.

내가 이 구 부경 말함은 중생의 성질을 따른 것이니, 대승에 이르는 근본을 삼으려고 이 구 부경을 말하였노라.

㉞ 불자의 마음 깨끗하고 부드럽고 총명하여 한량없는 부처님 계신 데서 깊고 묘한 도, 행했으면 이런 불자들에게는 대승경을 말해 주고 이 사람 오는 세상에 성불하리라 수기하노니 깊은 마음으로 염불하고 깨끗한 계행 닦은 연고이니라.

이 사람들 이 말을 듣고 기쁜 마음 몸에 가득하리라. 부처님은 저들의 마음 알고 대승경을 말하는 것이며 성문이나 보살들까지도 내가 말하는 법문을 듣고 한 게송만 기억하여도 성불할 것이 의심 없나니, 시방의 수 없는 세계에 없고 삼승도 없나니 부처님의 방편은 말할 것 없어 삼승의 이름을 빌려서 중생을 인도한 후에 부처님 지혜를 말하는 연고. 부처님들 세상에 나심은 이 한 가지만이 참이고 다른 두 가지는 참되지 못해 마침내 소승법으로 중생을 제도하지 않나니.

㉟ 부처님 대승에 머물러 있어 그의 얻은 법과도 같고 선정 지혜로 장엄하여 이로써 중생을 제도하나니 스스로는 위없는 길인 대승의 평등한 법을 얻고 만일 소승법으로써 한 사람만이라도 교화한다면 나는 곧 간탐에 떨어지리니, 그것은 옳지 못한 일. 사람이 만일 부처님께 귀의하면 여래는 속이지 않고 탐욕과 미워하는 생각도 없어 모든 나쁜 일을 끊었나니 그래서 부처님은 시방세계에 홀로 두려움이 없고 잘생긴 모습으로 몸을 장엄하며 광명이 세간에 비치어 중생들의 존중을 받고 참모양의 인을 말해 주나니. 사리불이여, 이렇게 알라. 내가 본래 세운 서원은 모든 중생으로 하여

금 나와 다름이 없게 하려고 내가 세운 옛
날의 서원 오늘날 이미 만족하여서 모든
중생들 교화하여 부처의 도에 들게 하노
라.

㊱ 내가 중생을 만나는 대로 모두 부처의
도로 가르치건만 지혜 없는 이 잘못 알고
미혹하여 교화를 받지 않네.

나는 아노라, 이런 중생들 일찍이 착한 근
본 심지 못하고 다섯 가지 욕락에 집착하
며 어리석은 탐욕으로 번민하여서 모든 애
욕의 인연으로 세 나쁜 길에 떨어지고 여
섯 갈래로 헤매이면서 온갖 고통을 받나니
태중에 들어 미미한 형상 날 적마다 항상
자라며 박덕하고 복이 없어서 모든 괴로움
에 시달리고 나쁜 소견의 숲속에 들어, 있
다 없다 분별하는 이런 사상에 의지하여
육십이 소견을 구족하며 허망한 법에 집착
하여 굳게 믿고 버리지 못하며 교만하고

잘난 체하여 아첨하는 마음 참되지 못해 천만 억 겁 지내도록 부처님 이름 듣지 못하고 바른 법도 못 들었으매 이런 이들은 건질 수 없느니라.

사리불아, 그래서 내가 편리하고 알맞은 방법으로 괴로움이 없어짐을 말하여 열반의 길을 보였나니 내 비록 열반이라 말했으나 참된 열반은 아니니 모든 법이 본래 부처, 언제나 고요한 모양. 불자들이 이런 도 행하면 오는 세상에 부처 되리라. 내가 비록 방편으로써 삼승법을 말하였으나 모든 세존들은 일승법만을 말하느니라.

이제 이 대중들 모두 다 의혹을 풀라. 부처님의 말씀 다르지 않아 일승 뿐이고 이승은 없어.

㉝ 지나간 세상 수없는 겁에 열반하신 수없는 부처님 백만 억 천만 억 이어서 그 수효 헤아릴 수 없어. 이러한 여러 세존들

갖가지 인연과 비유와 수없는 방편으로써
모든 법 연설하시니, 이러한 여러 세존들
모두 다 일승법 말하여 한량없는 중생을
교화, 부처의 도에 들게 하시고 또 여러
거룩한 이들 시방의 모든 세계에 있는 천
상과 인간의 중생들 마음의 욕망 아시고
또 다시 다른 방편으로 가장 높은 뜻 나투
시었나니. 어떤 중생들 지난 세상에 부처
님 만나 뵈옵고 법문 듣고 보시 행하며 계
행을 갖고 참고 견디고 정진도 하고 선정
과 반야 갖가지 복과 지혜 닦았으면 이런
사람들 벌써 성불하였고, 여러 부처님 열
반하신 후 마음 착하고 부드러우면 이와
같은 여러 중생들 벌써 성불하였고, 여러
부처님 열반하신 후 사리에 공양하는 이
천만 억 탑을 만들 제 금과 은과 파려로
하고 차거와 마노와 매괴 유리 진주 등으
로 만들고 깨끗하고 훌륭한 장엄거리로 찬
란하게 탑을 꾸미며, 또 돌로 불당을 짓기

도 하고 전단향 침수향으로도 짓고 목밀나
무나 다른 재목이나 벽돌과 도기로 짓거나
넓은 벌판에 흙을 쌓아서 불당을 짓거나
아이들 장난으로 모래를 쌓아 탑을 만든
이들, 이런 사람들은 모두 성불하였나니.

㊳ 어떤 사람이 부처님 등상불을 조성하거
나 불상을 조각한 이들이 모두 성불하였고
칠보로 형상을 조성하거나 황동이나 백동
으로나 함석이나 연이나 주석이나 철 나무
흙으로 만들거나 아교나 칠과 천으로 탱화
를 조성한 이들. 이러한 여러 사람 모두
성불하였고 채색으로 불상을 그려 원만한
탱화를 이룩하되 제가 하거나 남을 시킨
이들 모두 다 성불하였고 어린이들 소꿉장
난 풀대 꼬챙이 붓이나 또 손가락 등으로
불상을 그린 이들 이런 여러 사람들도 점
점 공덕을 쌓으며 대자비심을 구족하여 모
두 성불하였나니, 오직 보살들을 교화하여

한량없는 중생 제도하였느니라.

㊴ 어떤 사람이 탑에나 등상불에나 탱화에 꽃과 향과 번기와 일산으로 공경하고 공양하였거나 악공을 시켜 풍악 잡히고 북 치고 소라 불고 퉁소 저 거문고 공후 비파 징 요령 이런 여러 가지 음악으로 불상에 공양하였거나 환희한 마음으로 부처님 공덕 노래하며 작은 음성으로 공양한 이들 모두 성불하였고, 어떤 사람 산란한 마음 하다못해 꽃 한 송이로 불상에 공양한 이들 수 없는 부처님 뵈었으며 어떤 사람 절 한번 하고 합장만 한번하거나 손만 한번 들거나 머리만 조금 숙이어 불상에 공양한 이 한량없는 부처님 뵙고 자신이 위없는 도 이루고 무수한 중생을 제도하여 남음 없는 열반에 들게 하기, 섶이 다하고 불이 꺼지듯 또 어떤 사람 산란한 마음으로 탑 속에 들어가 '나무불'하고 염불한 이들 모

두 다 성불하였고 지나간 세상 부처님들 생존 때나 열반한 뒤에 법문을 들은 이들 모두 다 성불하였느니라.

㊵ 오는 세상 여러 세존 그 수효 한량이 없어 이 여러 여래들도 방편으로 법을 말하나니, 모든 여래들께서 한량없는 방편으로 중생을 제도하여 샘이 없는 부처의 지혜에 들게 하나니, 이런 법 들은 이는 성불하지 못한 이 없어. 이것이 부처님들의 근본 서원. 내가 행하는 도도 여러 중생들로 이 도를 얻게 하나니, 오는 세상 부처님들이 수없는 백천 억 법문을 말하더라도 실로는 일불승을 위할 뿐 부처님 양족존께서 법이 항상 성품 없음을 알지만 부처 종자는 인연으로 일어나므로 그래서 일승을 말하나니, 이 법이 법의 자리에 머물러 세간의 모양이 항상 있음을 도량에서 이미 알았지만 도사께서 방편으로 말할 뿐이라.

천상 인간의 공양을 받는 시방에 계신 부처님들 그 수효 항하의 모래. 이 세상에 나타나시어 중생을 편안케 하려고 이런 법 말씀하나니 제일이요 고요한 줄 아시고 오직 방편으로써 갖가지 길을 보이지마는 실제로는 일불승 뿐 이니라.

중생들의 모든 행과 마음으로 생각함이며 과거에 익힌 업과 욕망 성품 정진한 힘, 근성이 총명하고 노둔함을 알고 갖가지 인연과 비유와 갖은 말로 방편으로 알맞게 말하나니.

㊶ 지금 나도 그와 같아서 중생을 편안케 하려고 갖가지 법문으로 불도를 연설하는데 나의 지혜로 중생의 성품과 욕망을 알고 방편으로 여러 법 말하여 그들을 환희케 하노라. 사리불아, 이렇게 알라. 내가 부처의 눈으로 여섯 갈래 중생을 보니 빈궁하고 복과 지혜가 없어서 나고 죽는 험

한 길에서 계속되는 고통 끊이지 않고 다
섯 가지 욕락에 집착하기 모우가 꼬리 아
끼듯 탐욕과 애정에 가리워져서 캄캄하여
보지 못하며 큰 힘을 갖추신 부처님과 고
통 끊는 법 구하지 않고 사특한 소견에 깊
이 빠져서 괴로움으로 괴로움을 버리기에
이런 중생을 위하여 가엾은 마음 내었나
니. 내가 처음 도량에 앉아 나무를 보고
거닐면서 세 이레 동안 이렇게 생각했노
라. 내가 얻은 이 지혜 미묘하기 제일이지
만 중생들이 노둔하여 어리석은데 눈이 어
두워 이런 무리들 어떻게 제도하려나.

㊷ 이때에 여러 범천왕 제석천왕들과 이
세상 보호하는 사천왕 대자재천왕과 여러
하늘 대중과 그 권속 백천만 사람이 합장
하고 예배하면서 나에게 법륜을 굴리라 청
하니, 내 스스로 생각하기를 만일 일불승
만 찬탄하면 괴로움에 빠진 저 중생들 이

법을 믿을 수 없어 법을 파괴하고 믿지 않
으면 세 나쁜 갈래에 떨어지리니. 내 차라
리 법문을 그만두고 빨리 열반에 들까. 마
침내 과거 부처님께서 방편을 행하던 일
생각하고 내가 얻은 도에도 삼승을 알맞게
말하리라. 이렇게 생각할 적에 시방세계의
부처님 나타나 범음으로 찬탄하시되 착하
여라, 석가모니불. 제일가는 도사로서 위없
는 법 얻었건만 모든 부처님을 따라 방편
법을 쓰고 우리 부처들도 가장 묘한 법 얻
었지만 여러 종류 중생을 위하여 삼승법을
나누어 말했나니, 잔꾀 가진 이들 소승을
좋아하고 부처 될 줄 믿지 않을세. 그래서
방편을 써서 나누어 여러 승을 말했노라.
비록 삼승을 말했으나 오직 보살을 교화할
뿐일세. 사리불이여, 거룩한 사자들의 깨끗
하고 미묘한 말씀 듣고 나무불 나무불 하
고서 또 생각하기를 '내가 흐린 세상에 났
으니 다른 부처님 말씀하신 일 나도 그렇

게 하리라.’ 이렇게 생각하고는 곧 바라나
로 가서 모든 법의 고요한 모양, 말로는
형용할 수 없지만 편리한 방법으로 다섯
비구에게 연설 했으니, 이것이 법륜을 굴
린 것. 이에 열반이란 법과 아라한이라는
이름이 있어 법보 승보라 차별하였느니라.

㊽ 오랜 세월 두고두고 열반을 찬탄하여
생사의 고통 아주 없어진다고 나는 항상
이렇게 말했노라.

사리불이여, 나는 여러 불자들이 부처님
도를 구하는 한량없는 천만 억 사람 모두
다 공경하는 마음으로 부처님 계신 곳에
와서 방편으로 말씀한 법을 부처님께 들음
을 보고 나는 생각하기를, 여래가 세상에
나타나심은 부처의 지혜 말하려 함이니,
지금이 바로 그때이니라.

사리불아, 이런 줄 알라. 노둔한 저 잔꾀
가진 이들은 상에 집착하는 교만한 사람,

이 법을 믿을 수 없나니. 나는 이제 두려울 것 없어 여러 보살들에게 바로 방편을 버리고 위없는 도를 말하리라. 보살들 이 법 들으면 의심의 그물 모두 없애 버리고 천 이백 아라한들 모두 부처님 되리라. 세세상 부처님들의 법을 말씀하던 규모대로 나도 그들과 같이 분별없는 법을 말하리라.

㊹ 부처님 이 세상에 오시는 일 매우 드물어 만나기 어렵고 설사 오신다 해도 이 법문 말하기 또 어렵고 한량없이 오랜 겁에 이 법문 듣기 더욱 어렵고 이 법문 얻어 듣는 그 사람 또 다시 어려워 마치 우담발화, 모든 사람들 사랑하건만 천상 인간에 매우 희유하여 때가 되어야 한번 피나니 이 법문 듣고 기뻐서 찬탄 한 마디만 하더라도 그는 벌써 삼세의 부처님께 공양한 것이니, 이 사람 매우 희유해 우담발화 보

다 지나가리라. 너희들 의심 말아라. 나는 모든 법의 왕이라 대중들에게 두루 선언하노니. 나는 다만 일불승 법으로 보살들을 교화하는 것, 성문 제자는 있을 수 없다.

㊺ 너희들, 사리불아. 성문과 보살들아. 이 미묘한 법은 부처님의 비밀한 법문. 다섯 가지 나쁜 이 세상 사람, 여러 가지 욕락만 좋아하니. 이런 중생들은 불도를 구하지 않고 오는 세상 악한 사람들 부처님의 일승법 들어도 의혹하고 믿지 않으며 법을 파하고 나쁜 갈래 떨어지고, 부끄러움 아는 청정한 사람 불도에 뜻을 두는 이, 이런 이들 위하여 일불승을 찬탄하오니, 사리불이여 부처님들은 으례히 천 만억 방편으로써 알맞게 말하는 법을 배워 익히지 않는 이는 이 도리 모르거니와 너희들은 이미 세상을 지도하는 부처님들 방편으로 하신 일 알고 조금도 의혹 없나니 매우 즐

거운 마음으로 장차 성불할 줄을 알라.

묘법연화경 방편품 종

묘법연화경　제 1권 종

묘법연화경 제 2권

비유품 제 3

㊻ 이때 사리불이 기뻐서 뛰놀며 일어나 합장하고 부처님 존안을 우러러 보면서 부처님께 사뢰었다.

"이제 세존의 이러한 법문을 듣사옵고 기뻐 뛰놀며 전에 없던 일을 얻었나이다.

그 까닭을 말하오면, 제가 예전에 이런 법문을 들었사온데 보살들은 수기를 받아 성불하리라 하였으나, 저희는 그 일에 참여하지 못하여 매우 슬퍼하면서 여래의 한량없는 지견을 잃었다 하였나이다.

세존이시여, 저는 항상 산림에나 나무 밑에 홀로 있어 앉기도 하고 거닐기도 하면서, 생각하기를 '우리들도 법의 성품에 함께 들어갔는데, 어찌하여 여래께서는 소승법으로 제도하시는가. 이것은 우리의 허물이요 세존 탓이 아니라' 하였나이다.

그 까닭을 말하오면, 우리들도 원인까지 말씀하기를 기다려서 아뇩다라삼먁삼보리를 성취하였더라면, 반드시 대승법으로써 제도하였을 것인데, 저희들이 방편으로 마땅하게 말씀하심인 줄을 알지 못하고 부처님의 법문을 처음 듣고는 곧 믿삽고 그대로 과보를 증득하려 하였나이다.

세존이시여, 제가 예전부터 지금까지 밤낮으로 스스로 책망하였삽더니, 이제부터 부처님으로부터 듣지 못하던 미증유의 법문을 듣삽고, 모든 의혹과 뉘우침을 끊고 몸과 마음이 태연하여 편안함을 얻었사오니, 오늘에야 참으로 부처님의 아들인지라 부처님의 입으로 났으며, 법문으로부터 화생하여 불법의 일부분을 얻은 줄을 알았나이다."

㊼ 이때 사리불이 이 뜻을 거듭 펴려고 게송을 말하였다.

내가 이 법문 들어 전에 없던 일인 줄 알고 마음이 매우 즐거워 의심이 모두 없어졌어요.

예전에 부처님 법문 듣고 대승법 잃지는 않았지만 부처님 말씀 매우 희유하여 중생의 번뇌 덜었사오며 나는 번뇌가 이미 다 하였지만 듣고는 역시 걱정 없나니. 내가 산골짜기에도 있고 나무 밑에도 있어서 앉기도 거닐기도 하면서 항상 이 일을 생각하기를, 내가 왜 스스로 속았던가 항상 나를 책망 했나니. 우리도 부처님의 아들로 샘이 없는 법에 함께 들었건만 오는 세상에서 위없는 도 말하지 못하며 삼십이 가지 금빛 모습과 열 가지 힘, 여러 해탈,

매 한가지 불법인데 이런 일 못 얻는가.
팔십 가지 잘 생긴 몸매 팔십 가지 함께
하지 않는 법 이런 공덕들을 나는 다 잃었
구나. 나 혼자 거닐면서 보니 부처님 대중
가운데 계시나 명성이 시방에 가득 차 중
생들을 이익케 하거늘 나는 이런 이익 잃
었으니 이것은 스스로 속음이라. 내가 밤
에도 낮에도 이 말을 늘 생각하고 참으로
잃었는가 잃지 않았는가 세존께 물으려 하
였네. 세존께서 여러 보살들을 칭찬하심
내가 보았으므로 그래서 밤으로 낮으로 이
렇게 생각했더니,

㊽ 이제 부처님의 음성 알맞게 말씀하심
들으니 샘이 없고 불가사의 하여 중생을
도량에 이르도록 내가 본래 삿된 소견으로
범지의 스승이 되었더니 세존께서 내 마음
아시고 열반에 가는 길 말씀하시니 나는
삿된 소견 없애고 공한 법을 증득하고서

나 혼자 생각하기를 열반에 이르다 하였더
니, 이제 와서 깨닫고 보니 이것은 참된
열반 아닌 것을.

만일 부처가 되었다면 삼십이 거룩한 모습
갖추고 천상 사람 야차들과 용과 귀신이
공경하리니, 그때에야 아주 다 없어진 남
음 없는 열반이라 할 것을. 부처님 대중에
말씀하기를 나도 성불하리라 하시니 이 말
씀을 듣고서야 의심과 뉘우침 없어졌노라.

㊾ 처음 부처님 말씀 듣고 매우 놀라고 의
심하기를 '아마 마가 부처 되어서 나를 시
끄럽게 함인가' 했더니, 부처님 갖가지 인
연과 비유와 방편으로 말씀하시니 그 마음
바다 같이 편안하매 나의 의심 그물 아주
찢어지네. 부처님 말씀하시기를 과거의 한
량없는 열반하신 부처님 방편에 머물러 계
시면서 모두 이 법문 말씀하시고 현재와
미래의 여러 부처님 그 수효 한량없는 이

들 역시 모든 방편으로 이러한 법문 말한다 하며, 지금 세존께서도 탄생하고 출가하여 도를 이루고 법륜을 굴리는데 또한 방편으로 말씀하시니, 세존께서만 진실한 도 말씀하시고 파순은 이런 일 없으리라. 그러므로 나는 정녕코 마가 부처 된 것 아닌 줄 알았네. 내가 의심 그물에 떨어져서 마의 소위라 하였거니와 부처님 부드러운 말씀으로 깊고 멀고 미묘하게 청정한 법 말씀함을 듣고는 내 마음 매우 환희하여 의심과 뉘우침 아주 없어지고 참 지혜에 머물러 있느니 나는 정녕코 부처 되어서 천상 인간의 존경받으며 더없는 법륜을 굴리어 여러 보살을 교화하오리.

㊿ 이때 부처님이 사리불에게 말씀하였다. "내가 이제 천상 사람, 인간 사람과 사문과 바라문 등 가운데서 말하노라.

내가 옛적에 이만 억 부처님의 처소에서

위없는 도를 위하여 너희들을 항상 교화하였고, 너희들도 캄캄한 밤중에 있으면서 나의 가르침을 받았거니와, 내가 방편으로 너희를 인도하여 나의 법 가운데 나게 하였느니라.

사리불이여, 내가 일찍 너를 가르쳐서 불도를 이루기를 지원하라 하였건마는 네가 모두 잊어버리고 스스로 생각하기를 이미 열반을 얻었다 하느니라.

그러므로 내가 이제 너로 하여금 본래의 서원으로 행하려던 도를 다시 염원하게 하려고 성문들에게 대승경을 말하노니, 이름이 묘법연화경이며 보살을 교화하는 법이요 부처님의 호념 하시는 바니라.

사리불이여, 너는 오는 세상에 한량없고 그지없는 불가사의한 겁을 지나면서 수많은 천만 억 부처님께 공양하고 바른 법을 받아 지니며 보살의 행하는 도를 구족하여, 마땅히 성불하리니, 이름은 화광여래 응공 정변지 명행족 선서 세간해 무상사 조어장부 천인사 불 세존이라 하리라.

나라 이름은 이구라 하리니, 그 땅이 평정하고 청정하게 꾸며졌으며 안락하고 풍족하여 천상 사람, 인간 사람이 치성할 것이며, 유리로 땅이 되고 여덟 갈래 길이 있는데 황금 줄로 길가에 경계를 치고, 길 곁에는 칠보로 된 가로수가 있어 꽃과 과실이 항상 있거든, 화광여래도 역시 삼승법으로 중생을 교화하리라.

사리불이여, 그 부처님 나는 때가 나쁜 세상은 아니지마는 본래의 서원으로 삼승법을 말할 것이며, 그때 겁의 이름은 대보장엄이라 하리니, 어째서 대보장엄이라 하느냐 하면, 그 나라에서는 보살로써 큰 보배를 삼는 연고이니라.

(51) 그 보살이 한량없고 그지없고 불가사의 하여 산수나 비유로 헤아릴 수 없으며, 부처님의 지혜가 아니고는 알 사람이 없으리라.

그들이 다니려 하면 보배 연화가 발을 받들며, 그 보살들은 처음으로 발심한 이가 아니고, 오래 전부터 공덕의 근본을 심었으며, 한량없는 백천만억 부처님 처소에서 범행을 닦아 여러 부처님의 칭찬을 받았으며, 항상 부처님의 지혜를 닦아 큰 신통을 갖추었으며, 온갖 법의 문을 잘 알았고, 질박하고 정직하여 거짓이 없으며, 뜻이 견고하니, 이런 보살들이 그 국토에 가득 차느니라.

사리불이여, 화광불의 수명은 십이 소겁이니 왕자로 있어 성불하기 전 세월은 제외한 것이며, 그 나라 백성들의 수명은 여덟 소겁이니라. 화광여래가 십이 소겁을 지내고는 견만보살에게 아뇩다라삼먁삼보리의 수기를 주면서, 여러 비구들에게 말하기를 '이 견만보살이 이 다음에 부처가 되리니, 이름이 화족안행 다타아가도 아라하 삼먁삼불타이며, 그 부처님의 국토도 역시 지금과 같으리라' 하리라.

사리불이여, 이 화광불이 열반한 뒤에 정법이 세상에 머무름은 삼십이 소겁이요 상법도 삼십이 소겁을 머물 것이니라.

(52) 이때 세존이 이 뜻을 거듭 펴려고 게송을 말하였다.

사리불이 오는 세상에 정변지이신 부처 이루어 그 이름은 화광여래불. 한량없는 중생을 제도하리니 수없는 부처님 공양하면서 보살의 행과 열 가지 힘, 공덕 갖추고 더없는 도를 증득하리라. 한량없는 겁을 지나서 대보장엄겁이 되면 세계의 이름 이

구라 하며 청정하고 흠이 없으며 유리로
땅이 되었고 황금 줄을 길가에 쳤으며 칠
보로 된 가로수에는 언제나 꽃과 과실이
가득하리라. 그 나라의 보살들 생각이 항
상 견고하고 신통과 바라밀다를 모두 구족
했으며 무수한 부처님의 처소에서 보살의
도를 배웠나니 이러한 보살은 모두 화광여
래가 교화한 것. 그 부처님 왕자 되었다가
나라와 영화 모두 버리고 최후의 몸으로
출가하여 성불하리라. 화광불의 세상에 머
무는 수명이 십이 소겁 그 나라 백성들은
수명이 팔 소겁이며 그 부처님 열반한 뒤
정법이 세상에 머무는 삼십이 소겁동안 많
은 중생 제도하고 정법이 다한 뒤에는 상
법도 삼십이 소겁, 사리가 널리 유포되어
천상 인간의 공양 받으리. 화광불의 하시
는 일 이와 같은 것이며 양족존 부처님 훌
륭하기 짝이 없나니 그는 곧 그대의 몸 마
땅히 경사스러워 기뻐하라.

(53) 그때에 사부대중인 비구 비구니 우바새 우바이 하늘 용 야차 건달바 아수라 가루라 긴나라 마후라가들은 사리불이 부처님 앞에서 아뇩다라삼먁삼보리의 수기 받는 것을 보고 매우 기뻐서 한량없이 뛰놀면서, 제각기 몸에 입었던 웃옷을 벗어서 부처님께 공양하고, 제석천왕 범천왕들도 수없는 천자와 함께 묘한 하늘의 옷과 하늘의 만다라꽃과 마하 만다라꽃들로 부처님께 공양하였다.

그 뿌린 하늘 옷은 허공에 머물러서 빙글빙글 돌고, 백천만 가지 하늘 풍악은 허공중에서 한꺼번에 잡히며, 하늘 꽃들이 비 내리듯 하면서 이렇게 말하였다. "부처님께서 옛적에 바라나에서 처음 법륜을 굴리시더니, 이제 또 위없는 가장 큰 법륜을 굴리시네."

(54) 이때 여러 천자들은 이 뜻을 거듭 펴려고 게송을 말하였다.

옛적에 바라나에서 네 가지 진리의 법륜 굴리시며 모든 법과 다섯 가지 쌓임의 생멸함을 말씀하시더니, 이제 다시 가장 묘하고 위없는 큰 법륜 굴리시니, 이 법이 깊고 오묘하여 믿을 이가 많지 못하리. 우리들 예전부터 세존의 말씀 자주 들었지만 이렇게 깊고도 묘한 가장 높은 법 듣지 못했네.

세존께서 이 법 말씀하시니 우리들 따라 기뻐하오며 큰 지혜 사리불이 이제 세존의 수기 받으니 우리들도 사리불 같이 반드시 부처 이루어 모든 세간에서 가장 높아 위가 없으리. 부처님의 도 불가사의 하거늘 방편으로 알맞게 말씀하시니, 이 세상과 지난 세상에 내가 지은 복덕의 업과 부처님 뵈온 공덕을 모두 부처님께 도(道)로 회향할까나.

(55) 이때 사리불이 부처님께 사뢰었다. "세존이시여, 저는 이제 다시 의심이 없사오며, 친히 부처님 앞에서 아뇩다라삼먁삼보리의 수기를 받았나이다.

그러나 마음이 자유자재 하여진 이 일천이백 사람들은 옛날 배우는 처지에 있을 적에 부처님께서 교화하시기를 '내 법은 나고 늙고 병들고 죽는 일을 떠나서 필경에 열반 하느니라' 하시오매, 이 학인과 무학인 이들도 제각기 '나'라는 소견과 '있다' '없다' 하는 소견을 떠나고서, 열반을 얻었노라 하였사온데, 지금 세존의 앞에서 일찍 듣지 못하던 말씀을 듣고 모두 의혹에 빠졌나이다.

거룩하신 세존이시여, 원컨대 사부대중을 위하여 그 인연을 말씀하여 의혹을 여의게 하소서.”

이때 부처님이 사리불에게 말씀하였다.

“내가 먼저 말하지 않았느냐. 부처님 세존은 갖가지 인연과 비유와 이야기와 방편으로 법을 말하는 것은 모두 아뇩다라삼먁삼보리를 위함이었다고, 이렇게 말하는 것이 모두 보살을 교화하기 위한 것이니라. 그러니까, 사리불이여, 이제 다시 비유를 들어서 이 이치를 밝히리니, 지혜 있는 이들은 비유로써 이해시킬 수 있느니라.

사리불이여, 어떤 나라의 한 마을에 큰 장자가 있었는데, 나이 늙었으나 재물이 한량없고 전답과 가옥과 시중들이 많았느니라. 그 집이 매우 크건마는 문은 하나뿐이고 식구가 많아서 일백 이백으로, 내지 오백 인이 그 안에 살고 있었으며,

(56) 집과 누각은 낡았고 담과 벽은 퇴락하

고 기둥은 썩고 대들보는 기울어졌는데, 사면에서 한꺼번에 불이 일어나 방사들이 한창 타고 있었으며 장자의 자제들은 열 스물 내지 삼십 인이 그 집 안에 있었다. 장자는 불이 사면에서 타오르는 것을 보고 깜짝 놀라면서 이렇게 생각하였다.

'나는 비록 이 불붙는 집에서 무사히 나왔으나, 아들들은 불붙는 집에서 장난만 좋아하며, 알지도 못하고 놀라지도 않고 두려워하지도 않으면서, 불길이 몸에 닿아서 고통이 심하지마는 싫어하거나 걱정하거나 걱정할 줄도 모르고 나오려는 생각도 하지 않는구나.'

사리불이여, 장자는 또 이렇게 생각하였다. '내 몸에 힘이 있으니 옷 담는 함이나 등상을 앉혀서 들고 나오리라' 하다가 다시 생각하기를 '이 집에 문이 하나뿐이고 또 좁은데, 저 아이들이 철을 모르고 장난에만 정신이 팔렸으니 만일 떨어지면 불에 탈 것이 아닌가. 내가 이제 무서운 일을 말하되 이 집이 한창 불에 타는 터이니 이 때에 빨리 나와서 불에 타지 않게 하라' 하리라 하고, 생각한 대로 여러 아들에게 '너희들 빨리 나오너라'고 말하였다.

아버지가 딱한 생각으로 아무리 타일러도 아들들은 장난만 좋아하고 두려운 마음도 없어 나오려는 생각조차 없었다. 더구나 불이 무엇인지, 집이 무엇인지, 어떤 것이 타는 것인지도 모르고 동서로 왔다 갔다 하면서 아버지를 쳐다볼 뿐이었다.

(57) 이때 장자는 또 이런 생각을 하였다.

'이 집은 벌써 불이 훨훨 타는데, 나와 아들들이 이 시각에 나오지 아니하면 반드시 타버릴 것이니, 내가 방법을 내어 여러 아들로 하여금 피해를 입지 않게 하리라.'

아버지는 그 아들들이 미리부터 장난감으로 생긴 여러 가지 기이한 물건을 좋아하였으니, 그런 것을 보면 반드시 좋아할 것이라 하였다. 그래서 이렇게 말하였다.

'너희들이 좋아하고 갖고 싶어하던 희유한 장난감이 여기 있는데, 네가 지금 와서 갖지 아니 하면 뒤에는 반드시 후회하리라. 저렇게 좋은 양을 메운 수레, 사슴을 메운 수레, 소를 메운 수레들이 지금 대문밖에 있으니 타고 놀기 좋으니라. 너희들은 이 불타는 집에서 빨리 나오너라. 달라는 대로 너에게 주리라. 이때 여러 아이들은 아버지의 말하는 장난감이 마음에 들었으므로 매우 기뻐하면서 서로 밀치고 앞을 다투어 불타는 집에서 뛰쳐나왔다.

이때 장자는 여러 아들이 무사히 나와 네 길거리에서 한 곳에 앉아 있어 다시 거리낄 것이 없음을 보고, 마음이 흐뭇하여 뛰놀며 기뻐하였다. 이때 여러 아이들은 아버지에게 말하였다.

'아버지시여, 먼저 주시마 하던 메운 수레, 사슴 메운 수레, 소 메운 수레의 장난감을 지금 주십시오.'

(58) 사리불이여, 그때 장자는 아들들에게 다 같이 큰 수레를 나누어주었으니, 그 수레는 높고 크고 여러 가지 보배로 꾸미었으며, 주위에 난간을 두르고 사면에 풍경을 달았으며, 또 그 위에는 일산을 받고 휘장을 쳤는데 모두 귀중한 보배로 장식하였으며, 보배 줄을 얽어 늘이고 꽃과 영락을 드리웠으며, 포근한 자리를 겹겹이 깔고 깨끗하고 살졌으며 몸이 충실하고 기운이 세어 걸음이 평탄하고 바람 같이 빠르며, 또 여러 시중들이 시위하였다. 무슨 까닭인가 하면, 이 장자는 재물이 한량없어 창고마다 가득 찼으므로 이렇게 생각하

였다.

'나의 재물이 한량이 없으니 변변치 못한 작은 수레로 아이들에게 줄 것이 아니다. 이 어린 아이들이 모두 내 아들이니, 누구를 치우치게 사랑할 것이 아니며, 내게는 이렇게 칠보로 만든 큰 수레가 그 수효를 알 수 없으니 마땅히 평등한 마음으로 골고루 나누어 줄 것이고 차별이 있을 수 없느니라. 왜냐 하면, 내가 이런 것을 온 나라 사람에게 모두 주더라도 모자라지 아니할 것이어늘 하물며 내 아들일까 보냐.' 이때에 모든 아들들이 각각 큰 수레를 타고 전에 없던 즐거움을 얻었으매 본래 희망하던 것은 아니었느니라.

사리불이여, 너는 어떻게 생각하느냐, 이 장자가 여러 아들에게 훌륭한 보배수레를 똑같이 준 것을 허망하다 하겠느냐."

사리불이 말하였다. "아니옵니다. 세존이시

여, 이 장자가 여러 아들로 하여금 화재를 면하고 목숨만 보전하게 하였더라도 허망한 것이 아니옵니다. 그 까닭을 말 하오면, 목숨만 보전한 것도 이미 훌륭한 장난감을 얻은 것이옵거늘, 하물며 방편으로써 그 불붙는 집에서 구제함이오리까.

세존이시여, 만일 이 장자가 가장 작은 수레 하나를 주지 아니하였다 하여도 허망하다 할 수 없사오니, 그 이유는 이 장자가 처음에 생각하기를 '내가 방편으로써 이 아이들을 불붙는 집에서 나오게 하리라'한 것이오니 그러므로 허망함이 없을 것이온데 하물며 장자가 자기의 재물이 한량없음을 알고 아들을 이롭게 하려고 똑같이 큰 수레를 줌이오리까."

부처님이 사리불에게 말씀하였다. "착하다 착하다, 네 말과 같느니라.

(59) 사리불이여, 여래도 그와 같아서 모든 세상의 아버지로서 온갖 공포와 쇠잔하고 시끄러움과 근심 걱정과 무명과 어두움이 영원히 다하여 남음이 없으며, 한량없는 지견과 힘과 두려움 없음을 모두 성취하고 큰 신통한 지혜의 힘이 있으며, 방편바라밀다와 지혜바라밀다와 대자대비를 모두 구족하여 모든 중생을 이롭게 하느니라. 그래서 삼계의 낡고 병들고 죽고 근심하고 슬퍼하고 괴로워함과, 어리석고 우매한 세 가지 독한 불을 건지려고 그들을 교화하여 아뇩다라삼먁삼보리를 얻게 하려는 것이니라.

모든 중생이 나고 병들고 죽고 근심하고 슬퍼하고 괴로워하는 불에 타는 것을 보았고, 또 다섯 가지 욕망과 재물을 위하여 모든 고통을 받으며, 또 탐착하고 따라 구하려 하므로 현세에서 온갖 고통을 받다가 나중에는 지옥 축생 아귀의 괴로움을 받기도 하고, 어쩌다가 천상이나 인간에 나더라도 빈궁하고 곤고하며, 사랑을 여의는 괴로움, 미움을 만나는 괴로움 등 이러한 여러 가지 괴로움을 받으면서도, 중생들이 그 가운데 빠져서 기쁘게 유희하면서 깨닫지도 못하고 알지도 못하고 놀라지도 않고 무서워하지도 않고, 또 싫어할 줄도 모르고 해탈을 구하지도 않으며, 이 삼계라는 불붙는 집에서 동서로 왔다 갔다 하면서 그러한 큰 고통을 만나 곧 근심하지 않음을 보았느니라.

사리불이여, 부처님이 이런 것을 보고는 이렇게 생각하였느니라. '나는 중생의 아버지가 되었으니 마땅히 그 고통에서 건져내어 한량없고 그지없는 부처 지혜의 낙을 주어 유희케하리라.'

사리불이여, 여래는 또 이렇게 생각하였나

니, '내가 만일 신통의 힘과 지혜의 힘만으로 방편을 버리고, 중생에게 여래의 지견과 힘과 두려움 없음을 찬탄하면, 이 중생들은 이것으로는 제도되지 못하리라. 왜냐하면 이 중생이 나고 늙고 병들고 죽고 근심하고 슬퍼하고 괴로워함을 면치 못하여서, 삼계라는 불붙는 집에서 타게 되었으니, 어떻게 부처의 지혜를 이해할 수 있으랴'고.

(60) 사리불이여, 마치 저 장자가 몸에 큰 힘이 있지마는, 그것을 쓰지 아니 하고, 은근하게 방편으로써 아들들을 불붙는 집에서 건져낸 뒤에 훌륭하고 보배로운 큰 수레를 준 것과 같이, 여래도 그와 같아서 비록 힘과 두려움 없음이 있지마는 쓰지 아니하고, 다만 지혜와 방편으로써 삼계라는 불붙는 집에서 중생들을 제도하기 위하여 성문승, 벽지불승, 일불승을 연설하면서

이렇게 말하였느니라.

'너희들은 이 삼계라는 불붙는 집에 있기를 좋아하지 말며, 변변치 않은 빛깔, 소리, 냄새, 맛, 촉각을 탐하지 말라. 만일 탐을 내어 애착하면 반드시 타게 되느니라. 네가 이 삼계에서 빨리 나오면 마땅히 성문승, 벽지불승, 일불승을 얻으리라. 내가 지금 너희에게 이 일을 책임지고 보증하노니 끝까지 허망하지 아니 하리라. 너희들은 부지런히 정진하라'고."

여래는 이와 같은 방편으로 중생들을 달래어 나오게 하고서 또 말하였다. '너희들은 이런 줄을 알라. 이 삼승의 법은 성인들의 칭찬하는 바로서, 자유 자재하여 속박이 없고 의지하여 구할 것도 없나니, 이 삼승을 타면 샘이 없는 오근, 오력, 칠각지, 팔정도, 선정, 해탈, 삼매 등을 스스로 즐기면서 한량없이 편안하고 쾌락함을 얻게 되

리라.'

(61) 사리불이여, 어떤 중생이 안으로 지혜가 있으면서 부처님 세존의 법을 듣고 믿으며 부지런히 정진하여 삼계에서 빨리 벗어나려고 스스로 열반을 구하면, 이는 성문승이라 하나니, 저 아들들이 양 메운 수레를 가지려고 불붙는 집에서 뛰쳐나옴과 같으니라. 어떤 중생이 부처님 세존의 법을 듣고 믿으며 부지런히 정진하여 자연의 지혜를 구하며, 혼자 있기를 좋아하고 고요한 곳을 즐기며 모든 법의 인연을 깊이 알면, 이는 벽지불승이라 하나니, 저 아들들이 사슴 메운 수레를 가지려고 불붙는 집에서 뛰쳐나옴과 같으니라.

어떤 중생이 부처님 세존에게서 법을 듣고 믿으며, 부지런히 정진하여 온갖 지혜와 부처 지혜와 자연한 지혜와 스스로 깨달은 지혜와 여래의 지견과 힘과 두려움 없음을 구하고, 한량없는 중생을 가엾이 여기어 안락하게 하며, 천상 사람, 인간 사람들을 이롭게 하며 모든 사람들 제도하면 이는 대승보살이라 하며, 이 법을 구하므로 마하살이라 하나니, 저 아들들이 소를 메운 수레를 가지려고 불붙는 집에서 뛰쳐나옴과 같으니라.

(62) 사리불이여, 마치 저 장자가 여러 아들이 불붙는 집에서 무사히 나와 두려움이 없는 곳에 이르렀음을 보고, 자기의 재산이 한량없음을 생각하여 모든 아들에게 평등하게 큰 수레를 준 것과 같이, 여래도 그와 같아서 모든 중생의 아버지인지라 한량없는 억 천 중생이 불교의 문으로 삼계의 고해에서 나와 무섭고 험한 길에서 열반을 얻었음을 보고는, 여래께서 생각하기를 '나는 한량없고 그지없는 지혜와 힘과 두려움 없음 등 부처의 법의 광을 가졌는

데, 이 중생들은 모두 나의 아들이니 평등하게 대승을 줄 것이요, 한 사람이라도 홀로 열반을 얻게 하리라' 하고, 이 삼계를 벗어난 중생들에게 부처의 선정과 해탈의 장난감을 주었으니, 모두 한 모양 한 종류로서 성인들의 칭찬하는바이어서 청정하고 미묘하고 제일가는 낙을 내느니라.

사리불이여, 저 장자가 처음에 세 가지 수레로 아들을 달래어 나오게 하고, 뒤에 보물로 장엄하여 편안하고 제일가는 큰 수레를 주었으나, 저 장자에게 허망한 허물이 없는 것과 같이, 여래도 그와 같아서 처음에 삼승으로 중생을 인도하고, 뒤에 대승으로만 제도하여 해탈하게 함이 허망하지 않나니, 왜냐 하면, 여래에게는 한량없는 지혜와 힘과 두려움 없는 법의 광이 있어 모든 중생에게 모두 대승법을 줄 수 있지마는, 저들이 능히 모두 받지 못하리라.

사리불이여, 이러한 인연으로 부처님이 방편의 힘으로써 일불승에서 분별하여, 삼승을 말한 줄을 알아야 하느니라.”

(63) 부처님이 이 뜻을 거듭 펴려고 게송을 말씀하였다.

비유하면 어떤 장자 큰 저택을 가졌는데 그 집이 오래되어 낡고 또 퇴락하며 집채는 높고 위태로우며 기둥뿌리 점점 썩고 대들보는 기울어져 축대들이 무너지며 벽과 담은 헐어지고 발랐던 흙 떨어지고, 이엉 썩어 흩어지고 서까래가 드러나며 간곳마다 골목에는 더러운 것 가득한데 오백여명 식구들이 그 가운데 살고 있네. 솔개와 올빼미며 부엉이 독수리와 까마귀 까치들과 비둘기와 뻐꾸기며 뱀과 독사 살무사와 전갈과 지네들과 그리마 도마뱀과 노래기와 쥐며느리 족제비와 살쾡이와 여러 가지 쥐들이며 이러한 나쁜 벌레 달아나고 뛰어가고 똥오줌 구린 곳에 더러운 것 가득한데 말똥구리 벌레들이 그 위에 모여 있고 여우 이리 야간들은 주워 먹고 밟고 뛰며 죽은 송장 씹고 썰어 뼈와 살이 낭자하며

(64) 이런 곳에 뭇 개들 몰려와서 끌고 당겨 먹을 것을 찾느라고 갈팡질팡 다니면서 다투어서 서두르고 으르렁 짖어대니 무서운 그 집안의 변괴가 이러하며 이곳저곳 간 곳마다 도깨비 망량귀와 야차들과 나쁜 귀신 송장을 씹어 먹고 악독한 벌레들과 사나운 짐승들이 알을 까고 새끼 쳐서 간직하여 기르거든 야차들이 몰려와서 앞을 다퉈 잡아먹고 먹고 나서 배부르면 나쁜 마음은 더욱 치성하여 싸우고 짖는 소리 무섭기 한이 없고 구반도 귀신들은 흙더미에 걸터앉아 어떤 때는 땅 위에서 한 자, 두 자 솟아 뛰고 오고 가고 뒹굴면서 제멋

대로 장난하고 개의 두 발 붙잡고는 둘러
쳐서 캥캥하고 다리로 목을 눌러 겁내는
걸 좋아하며 또 다시 여러 귀신 키가 커서
구척이요 검고 야윈 헐벗은 몸 그 가운데
항상 있어 큰 소리로 악을 쓰며 먹을 것을
찾아가고 또 어떤 아귀들은 목구멍이 바늘
같고 또 어떤 귀신들은 머리가 쇠 대가리.
사람의 살 뜯어먹고 개도 잡아먹으면서 머
리털은 헝클어져 생긴 모양 흉악하며 기갈
이 막심하여 울부짖고 달아나며 야차와 아
귀들과 나쁜 새와 짐승들이 배고파서 다니
면서 문틈으로 엿보나니, 이와 같이 여러
가지 무서운 일 한량없네.

⑥⑤ 이렇게 낡은 집을 한 사람이 가졌더니
이 사람이 집 나간지 오래지 아니하여 그
뒤에 그 집에서 홀연히 불이 일어 사면으
로 한꺼번에 불길이 맹렬하여 보와 기둥
서까래가 튀는 소리 진동하며 꺾어지고 떨

어지며 담과 벽이 무너지니 모든 나쁜 귀신들은 큰 소리로 울부짖고 부엉이와 독수리며 구반도와 귀신들은 황급하고 얼이 빠져 나올 줄을 모르더라. 나쁜 짐승 독한 벌레 구멍 속에 숨어 있고 바사사 귀신들도 그 가운데 살더니만 복이 없고 박덕하여 불길에 쫓기면서 서로서로 잡아 죽여 살을 씹고 피 마시고 야간의 무리들은 죽은 지 오래거든 크고 악한 짐승들이 몰려와서 씹어 먹고 궂은 연기 자욱하여 간 곳마다 가득하고.

(66) 지네와 그리마며 독사의 무리들은 뜨겁고 불에 타서 구멍에서 나오거든 구반도 귀신들이 날름날름 주워 먹고 또 모든 아귀들은 머리 위에 불이 붙고 배고프고 뜨거워서 황급하게 달아나니 그 집이 이러하게 두렵고 무서우며 독한 재앙 성한 불길 여러 재난 한이 없네.

그때에 이 집주인 대문 밖에 서 있더니 이웃 사람 말하기를 '당신의 여러 아들 장난을 좋아하여 이 집안에 들어갔고 어린 것이 소견 없어 노는 데만 팔려 있소.'

장자가 이 말 듣고 불타는 집에 뛰어 들어 방편으로 구해 내어 불타 죽지 않게 하려 아들들께 타일러서 모든 환난 설명하되 '나쁜 귀신 독한 벌레 화재가 번져가며 여러 가지 괴로운 일 계속하여 안 끊이고 독사 전갈 살무사와 여러 가지 야차들과 구반도 귀신이며 여우들과 개와 야간 부엉이 독수리와 솔개 올빼미며 노래기와 쥐며느리 이러한 따위들이 굶주리고 목이 말라 다급하여 야단이니 무섭기가 짝이 없는 이런 고통 난리 속에 큰 불까지 일었으니 이 일을 어찌하랴.'

철없는 아들들은 아버지 말 들었으나 노는 데만 정신 팔려 나올 생각 전혀 없네.

(67) 이때에 그 장자는 이런 생각 다시 하니 '아이들이 이러하게 내 근심을 돋구누나. 이제 이 집에서는 즐거울 것 없건마는 철없는 어린것들 장난에만 팔려 있고 이내 말 안 들으니 불에 타고 말리로다.'

이렇게 생각하고 좋은 방편 지어내서 아이들에게 말하기를 '여기에는 여러 가지 보배로 만들어진 장난감 좋은 수레 양의수레 사슴수레 소 메운 수레들이 대문 밖에 쌓였으니 빨리 나아 가지어라. 내가 너희 위하여서 이런 수레 만들었다. 너희들 마음대로 타고 끌고 노닐어라.'

이런 수레 있단 말을 여러 아들 듣고 나서 다투고 밀치면서 그 집에서 뛰쳐나와 한 곳에 앉았으니 모든 환란 여의었네. 장자는 아들들이 불타는 집 빠져 나와 네거리에 있는 것을 사자좌서 바라보고 다행하여 하는 말이, 나는 이제 즐거워라 이 여러 아들들을 애를 써서 길렀는데 어린 것이 소견 없어 위험한 집 들었어라. 독한 벌레 득실득실 도깨비도 무서운데 맹렬한 불길 마저 사면에서 타건마는 철모르는 아이들이 장난에만 팔린 것을 내가 이제 구해내어 재앙을 면했으니 그러므로 여러분아, 나는 매우 즐거워라. 이때에 여러 아들 편안하게 앉아 있는 아버지께 나아가서 이렇게 여쭈었다.

'세 가지 좋은 수레 저희께 주옵소서. 아까 말씀하시기를 너희들이 나오면 세 가지 좋은 수레 주시마고 하셨으니, 지금 바로 그때 오니 나누어주옵소서.'

⑥⑧ 장자는 재산 많아 고방도 가지각색 금과 은과 유리하며 차거와 마노들과 여러 가지 보물로써 큰 수레를 만드는데 장식도 훌륭하게 주위에는 난간이요 사면에는 풍경 달고 황금 줄로 얽었으며, 진주로 만든

그물 그 위에 덮여 있고 금빛 꽃과 여러
영락 곳곳마다 드리우고 여러 가지 장식품
을 사방에 둘렀으며 부드러운 비단 보료
자리 삼아 깔아 놓고 억만 량 값이 가는
훌륭한 털 전으로 깨끗하고 결백한 것 그
위에 덮었으며, 크고 흰 소가 있어 살찌고
기운 세고 몸뚱이 잘 생긴 걸 수레에다 메
웠는데 마부와 하인들이 앞뒤에 모시었다
이러한 수레들을 아들에게 나눠주니. 아들
들이 좋아라고 환희하여 뛰놀면서 이 수레
타고 앉아 사방으로 달리어서 희희낙락 즐
겨하며 거침없이 다니더라.

사리불께 말하노니, 나도 또한 그와 같이
성인 중에 가장 높고 온 세상의 아버지이
니 일체의 중생들이 모두 나의 아들로서
세상 낙에 탐착하여 지혜마음 전혀 없고
삼계가 불안하기 불타는 집과 같고 모든
고통 가득하여 무섭기 한이 없고, 나고 늙

고 병나 죽는 여러 가지 근심 걱정 이러한 불길들이 맹렬하게 타건마는 삼계의 불붙는 집 나는 이미 벗어나서 고요하고 한가하게 산림 속에 있노매라. 지금 이 세상이 모두 다 내 것이요, 그 가운데 있는 중생 모두 나의 아들인데 지금 이 삼계 안에 모든 환난 충만해도 오직 나 한 사람이 구호할 수 있느니라.

내가 비록 타이르나 듣고 믿지 아니하고 다섯 가지 욕락에만 탐을 내는 까닭으로 방편을 베풀어서 삼승법을 말하는 것, 여러 가지 중생들께 삼계 고통 알리려고 세간에서 나올 길을 연설하는 바이니라. 이 모든 아이들이 결정한 마음 내면 세 가지 밝은 법과 여섯 신통 구족하며 불퇴전의 보살이나 연각승을 얻느니라. 사리불아 잘 듣거라. 나는 중생 위하여서 이러한 비유로써 일불승을 말하나니 너희들이 이내 말

을 능히 믿고 수행하면 누구든지 오는 세상 부처의 도를 이루리니,

(69) 이 법이 미묘하고 청정하기 제일이며 여러 가지 세간에서 더 좋은 것 없으므로 부처님도 기뻐하니 중생들은 더더구나 칭찬하고 공양하고 예배해야 할 것이며 한량없는 천만 가지 모든 힘과 해탈법과 선정이며 지혜이며 여러 가지 불법으로 이런 법을 얻고 나서, 저 여러 아들들론 오랜 세월 밤과 낮에 항상 유희하게 하고 여러 보살 마하살과 모든 성문 대중으론 이런 보배 수레 타고 도량에 이르도록 이러한 인과 연을 시방 세계 구하여도 부처 방편 제하고는 다른 법이 없느니라. 사리불에게 말하나니, 너희들 여러 사람 모두 나의 아들이요 나는 너의 아버지이니, 너희들이 오랜 겁에 고통 불에 타는 것을 내가 너를 제도하여 삼계에서 구해냈네. 먼저 네게

말하기를 열반했다 하였으나 생사가 다 했을 뿐 참말 열반 아니지만 이제 네가 지을 것은 오직 부처의 지혜니라. 만일 어떤 보살들이 이 대중 가운데서 한결같은 마음으로 진실한 법 듣는다면 부처님 세존들이 비록 방편 썼지마는 교화 받는 중생들은 모두 다 보살이라.

⑦⓪ 어떤 사람 지혜 적어 애욕에 탐착하면 이런 이들 위하여서 괴로움의 가르침 말하거든 중생들은 환희하여 미증유를 얻나니, 괴로움이란 부처 말씀 진실하여 틀림없다. 어떠한 중생들이 괴로움의 근본 모르고서 근본 원인 집착하여 잠시라도 못 버리면 그런 이를 위하여서 방편으로 인도하되 괴로움의 근본 원인 탐욕이라 말해주고 탐욕을 다 멸하고 의지할 데 없어져서 모든 괴로움 다 끊으면 셋째 진리라 이름하느니, 사라지는 진리 위해 도제(道諦)를 수행하여

괴로움의 속박 벗어나면 해탈 얻다 이름하네. 이 사람이 무엇에서 해탈을 얻었는가. 허망함 여읜 것을 해탈했다 하거니와 실지로는 일체 해탈 얻은 것이 아니므로 부처님은 이 사람이 참된 열반 아니라 하니, 이 사람은 위없는 도 아직 얻지 못했으매 열반에 이르렀다 나는 생각 않으려오. 내가 이미 법왕 되어 모든 법에 자유자재 중생을 건지려고 이 세상에 온 것이니 너희들 사리불아 내가 말한 이 법인은 세간사람 이익 주려 말하는 것이니라.

너희는 간 곳마다 허망하게 선전 말라 어떤 이가 이 법 듣고 기뻐하여 지니며는 이 사람은 퇴전하지 아니하는 보살이요.

(71) 만일 이 경 얻어듣고 믿는 이가 있다하면 이 사람은 지난 세상 부처님을 만나뵙고 공경하며 공양하고 경법까지 들었나니, 만일 어떤 사람들이 너의 말을 믿는다

면 그는 곧 나를 보고 너도 보는 것이 되고 비구승 대중들과 보살들을 봄 이니라. 법화경은 깊은 지혜 있는 이에게 말함이니, 천견한 이 듣게 되면 이해 못해 미혹하고 성문이나 벽지불은 이 경을 들을 힘이 없어 사리불 너희들도 믿는 마음 가지고야 이 경에 들겠거늘, 하물며 성문이랴. 그 남은 성문들 부처 말을 믿으므로 이 경을 따르지만 제 지혜가 아니니라. 사리불 너희들아, 교만하고 게으르고 나란 소견 있는 이에겐 이 경전 말을 말라. 범부는 소견 얕아 오욕에만 탐착하여 들어도 모르나니, 그에게도 말 말아라. 어떤 사람 믿지 않고 이 경전을 훼방하면 모든 세간 부처 종자 모두 끊어버리거나 혹은 얼굴 찌푸리며 의혹심을 품으리니 이 사람의 받을 죄보 말할 테니 들어 보라. 부처님이 계시거나 열반하신 뒤에라도 이러한 좋은 경전 비방하는 사람이나 이 경전을 배워 읽고

쓰고 외는 사람보고 천대하고 미워하며 원수 같이 생각하면,

(72) 그 사람은 죽은 뒤에 아비지옥 들어가서 한 겁 동안 죄를 받고 받은 뒤에 다시 나서 이와 같이 나고 나며 무수겁을 지내다가 지옥을 나와서는 축생 갈래 태어나되 개도되고 야간(野干)도 되어 바싹 말라 입술은 썩어들고 새까맣게 여윈 모양 간 데마다 발에 채며 사람들에게 미움 받고 천대받게 되오리라. 배는 항상 굶주리고 뼈와 살이 맞붙어서 살아서는 매를 맞고 죽을 때엔 돌에 묻혀 부처 종자 끊었으매 이런 죄를 받느니라. 어쩌다가 약대(낙타) 되고 당나귀로 태어나면 무거운 짐 몸에 싣고 채찍을 맞으면서 여물만 생각할 뿐 다른 것은 모르나니, 이 경 비방한 탓으로 이런 죄를 받느니라. 야간으로 생겨나서 마을에 들어오면 몸은 헐어서 썩어들고 한

눈은 애꾸 되어 장난꾼 아이들의 발에 채고 매에 맞고 갖은 고통 다 받다가 필경에는 죽게 되며 여기에서 죽어서는 구렁이 몸 다시 받아 징그러운 몸의 길이 오백 유순이나 되며 귀도 없고 발도 없어 굼틀굼틀 기어가면 온갖 작은 벌레들이 비늘 밑을 빨아먹고 밤낮으로 받는 고통 잠깐도 쉬지 못해 이 경 비방한 탓으로 이런 죄를 받느니라.

(73) 만일 사람 되더라도 여섯 감관 암둔하며 난쟁이 곰배팔이 절름발이 곱새 등이 눈 멀고 귀가 먹고 무슨 말하더라도 사람들이 믿지 않고 입에서는 나쁜 냄새 귀신들이 따라 붙고 빈궁하고 천덕군이 간 데마다 심부름꾼 병이 많고 바짝 말라 의지가지 할 데 없고 다른 이에게 친하려면 그 사람은 본체만체 받아 주지 않으리라 혹시 무엇 얻더라도 금방 다시 잃어지며 의술을

닦아 배워 방법대로 치료해도 다른 병이
더치거나 딴 실수로 죽게 되며 자기가 병
날 적엔 구호해 줄 사람 없고 좋은 약을
먹더라도 병이 더욱 악화되며 다른 이의
역적도모 강도죄와 절도죄에 이유 없이 걸
려들면 애매하게 형벌 받아, 이와 같은 죄
인들은 부처님을 못 뵈오며 법왕이신 부처
님이 법을 말해 교화해도 죄가 많은 이 사
람은 팔 난처에 항상 나며 귀먹고 심란하
여 법을 듣지 못하나니, 항하의 모래처럼
수 없는 겁 동안에 날 적마다 귀가 먹고
말 못하고 불구되며 지옥에 항상 있으면서
공원 같이 생각하고 나쁜 갈래 드나들기
자기 집 안방처럼 약대 나귀 개와 돼지 그
사람 다니는 곳, 이 경 비방한 탓으로 이
런 죄를 받느니라. 사람으로 태어나면 소
경 되고 귀가 먹고 벙어리에 가난뱅이 못
난 것이 자랑인 듯 수종다리 조갈증세 버
짐 피고 옴 오르고 연주창과 등창이며 이

와 같은 여러 병을 옷 삼아 입으리니 흉하기 짝이 없고 몸에서는 암내 나며 케케묵은 때가 많고 〈나〉란 소견 집착하여 성내는 일 더욱 많고 음탕한 맘 치성하여 새 짐승도 안 가리니, 이 경 비방한 탓으로 이런 죄를 받느니라. 사리불께 이르노니 이 경 비방한 사람의 이러한 죄 말하려면 무량겁도 끝이 없어 이러한 인연으로 네게 지금 말하노니, 지혜 없는 사람에겐 이 경 일러주지 말라.

(74) 어떤 사람 영리하여 지혜 있고 총명하고 많이 듣고 일람첩기 부처 도를 구하거든 이러한 사람들께 말하여 줄 것이며, 어떤 이가 지난 세상 백천만억 부처 뵈어 착한 뿌리 많이 심고 믿는 마음 견고하면

이러한 사람들께 말하여 줄 것이며, 어떤 이가 갖은 노력 자심을 항상 닦아 불석(不惜) 신명 하는 이면 말하여 줄 만하며, 어

떤 사람 공경하여 다른 마음 전혀 없고 어
리석음 멀리 떠나 산수간에 노닐거든 이러
한 사람들께 말하여 줄 만하며, 사리불아,
어떤 사람 나쁜 친구 내버리고 선지식을
친근하여 바른 길을 구하거든 이러한 사람
들께 말하여 줄 만하며, 만일 어떤 불자들
이 청정하게 계행 갖기 구슬처럼 보호하여
대승경전 구하거든 이러한 사람들께 말하
여 줄 만하며, 어떤 이가 성 안 내고 질직
하고 부드럽고 중생들을 사랑하며 부처님
을 공경하면 이러한 사람들께 말하여 줄
만하며, 또 어떤 불자들이 여러 대중 가운
데서 깨끗한 마음으로 가지가지 인연이며
비유와 좋은 구변 걸림없이 설법하면 이러
한 사람들께 말하여 줄만 하며, 만일 어떤
비구들이 온갖 지혜 얻으려고 사방으로 법
을 구해 합장하고 정대하되 오직 대승경전
만을 배워 읽기 좋아하고 다른 경은 한 게
송도 눈 떠 보지 아니하면 이러한 사람들

께 말하여 줄 만하며 어떤 이가 지성으로
부처의 사리 구하듯이 대승경전 구하여서
얻고 나선 정대하고 그밖에 모든 경전 뜻
도 두지 아니하며 외도의 서적들은 생각지
도 아니하면 이러한 사람들께 말하여 줄
만하니, 사리불께 말하노라. 부처 도를
구하는 이, 이런 종류 말하려면 무량겁에
못 다하리. 이와 같은 사람이야 이해하고
믿으리니 훌륭한 묘법연화경 그들에게 말
하여라.

묘법연화경 비유품 종

신해품 제 4

⑦⑤ 이때에 장로 수보리와 마하가전연과 마하가섭과 마하목건련이 부처님께 처음 보는 법을 들었으며 또 세존께서 사리불에게 아뇩다라삼먁삼보리 수기를 주심을 보고 희유한 마음으로 기뻐 뛰놀면서 자리에서 일어나 옷을 바로 하고 오른 어깨를 드러내고 오른 무릎을 땅에 대고 일심으로 합장하고 허리를 굽혀 공경하고 존안을 우러러 뵈오며 부처님께 사뢰었다.

"저희들이 대중의 우두머리로서 나이 늙었사오매 스스로 생각하기를 '이미 열반을 얻었으며 더 할 일이 없다' 하고, 다시 아뇩다라삼먁삼보리를 구하려 하지 않았나이다.

세존께서 지난 적에 법을 말씀하시기 오래 되오매, 그때 저희들이 자리에 있었으나 몸이 피로하여 공, 모양 없음, 지을 것 없음만 생각하고, 보살의 법과 신통에서 유희함과 부처의 세계를 깨끗이 함과 중생을 성취하는 일은 마음에 즐거워하지 않았나이다.

그 까닭을 말하오면, 세존께서 저희들로 하여금 삼계에서 벗어나 열반을 얻게 하였사오며, 또 나이 이미 늙었음으로 부처님이 보살을 교화하시는 아뇩다라삼먁삼보리에 대하여는 조금도 좋아하는 마음을 내지 아니 하였삽더니, 오늘 부처님 앞에서 성문들에게 아뇩다라삼먁삼보리의 수기 주심을 듣삽고, 마음이 환희하여 전에 없던 기쁨을 얻었나이다.

이제 홀연히 희유한 법을 듣사와 매우 다행하오며 큰 이익을 얻었사오니, 한량없는 보배를 구하지 않아도 저절로 얻은 듯 하여이다.

(76) 세존이시여, 제가 이제 비유를 들어서 이 뜻을 밝히오리다.

어떤 사람이 어린 시절에 아버지를 버리고 도망하여 나가서 다른 지방으로 다니면서 십년, 이십년 내지 오십년을 살았더니, 나이는 늙었고 곤궁하기 막심하여 사방으로 헤매면서 의식을 구하다가 우연히 고향으로 향하였습니다. 그의 아버지는 아들을 잃고 찾아다니다가 만나지 못하고, 중도에서 어느 도시에 머물러 살더니, 집이 점점 부유하여 재물이 한량없고 금, 은, 유리, 산호, 호박, 파려, 진주들이 창고마다 가득 찼으며, 노비, 상노, 청지기, 문객들이 많이 있고, 코끼리, 말, 수레, 소, 양이 수가 없으며, 전곡을 빌려 주고 받아들이는 일이 다른 지방에까지 퍼져서 장사치와 거간꾼들이 매우 많았습니다.

그때 빈궁한 아들이 이 마을 저 마을로 두루 다니고, 이 지방 저 지방을 지나다가 마침내 아버지가 살고 있는 도시에 이르렀습니다.

아버지는 매양 아들을 생각하되, 아들을 이별한 지가 벌써 오십년이 된 줄을 알지마는, 다른 이에게는 한번도 말하지 않았고, 마음속에 스스로 한탄하기를 나이는 늙었고, 재산은 많아서 금 은 진보가 창고에 가득한데 자손이 없으니, 어느 때던지 죽기만 하면 재산이 흩어져서 전할 데가 없겠구나! 그래서 아들을 만나서 재산을 전해준다면 무한히 쾌락하고 다시는 근심이 없으리라 하였습니다.

(77) 세존이시여, 이때에 궁한 아들은 품을 팔면서 이리저리 다니다가 우연히 아버지

가 사는 집에 이르러 대문 밖에 머물렀습니다.

문안으로 바라보니 그 장자가 사자좌에 앉아서 보배로 만든 궤로 발을 받들었고, 바라문과 찰제리와 거사들이 공경하여 둘러 모셨으며, 값이 천만 량이나 되는 진주와 영락으로 몸을 장엄하였고, 시중과 하인들이 흰 불자를 들고 좌우에 시위하며, 보배 휘장을 치고 번꽃과 기를 드리웠으며, 향수를 땅에 뿌리고 훌륭한 꽃을 흩었으며, 보물들을 벌려놓고, 내어 주고받아 들이며, 이러한 여러 가지 호화로운 일들이 있어 위엄이 높고 공덕이 훌륭하였습니다.

궁한 아들이 그 아버지가 큰 세력을 가진 것을 보고는 곧 두려운 생각을 품고 여기 온 것을 후회하면서 이렇게 생각하였습니다.

'저이는 아마 왕이거나 혹은 왕족일 터이

니 내가 품을 팔고 삯을 받을 곳이 아니다. 다른 가난한 마을을 찾아가서 마음대로 품을 팔아 의식을 구함이 좋으리라. 만일 여기 오래 있으면 나를 붙들어 다가 강제로 일을 시킬지도 모르는 일이다.'

이렇게 생각하고 빨리 그 곳을 떠났습니다.

⑦⑧ 그때 장자는 사자좌에서 아들인 줄을 알아보고 매우 기뻐서 이렇게 생각하였습니다.

'내 창고에 가득한 재산을 이제 전해줄 데가 있구나. 내가 이 아들을 항상 생각하면서도 만날 수가 없더니, 이제 스스로 왔으니 나의 소원이 만족하다. 내가 비록 나이 늙었으나 재산을 아끼는 마음은 변함이 없다.' 하고 곧 사람을 보내어 데려오게 하였습니다.

그때 그 사람이 빨리 따라 가서 붙잡으니, 궁한 아들은 놀라서 원통하다 하면서 크게 부르짖었습니다. '나는 아무 잘못이 없는데 왜 붙잡느냐.' 그 사람은 더욱 단단히 붙잡고 강제로 데려가려고 하였습니다. 그때 아들은 생각하기를 죄 없이 붙잡혀 가게 되니 반드시 죽게되리라 하고 더욱 놀라서 땅에 엎드려 기절하고 말았습니다.

아버지가 멀리서 이 광경을 보고 심부름꾼 에게 말하였습니다. '그 사람은 필요 없으 니 억지로 데려 오지 말고, 냉수를 낯에 뿜어서 다시 소생케 하고 더불어 말하지 말라.' 그 까닭을 말하면, 아버지는 아들의 마음이 용렬한 줄을 알았고, 자기의 부귀 가 아들에게 두려워함이 되는 줄을 알았기 때문입니다.

자기의 아들임을 분명히 알지만, 일종의 방편으로써 자기의 아들이란 말을 아무에게도 말하지 않고, 그 사람을 시켜 말하기를 '이제 너를 놓아 줄 터이니 마음대로 가거라.' 하였습니다.

궁한 아들은 좋아라고 기뻐하면서 일어나서 가난한 마을을 찾아가서 밥벌이를 하고 있었습니다.

⑦⑨ 그때 장자는 그 아들을 유인하여 데려오려고 한 방법을 생각하고, 모양이 초라하고 보잘것없는 두 사람을 가만히 보내면서 이렇게 일렀습니다. '너희들은 거기 가서 그 사람에게 넌지시 말하기를, 저기 품 팔 곳이 있는데 삯은 곱을 준다고 하라. 그래서 그가 듣고 가자고 하거든 데리고 오며, 무슨 일을 할 것이냐고 묻거든, 거름을 치는 일인데 우리들도 함께 일하겠노라 하라.' 그때 두 사람은 궁한 아들을 찾아가서 그렇게 말하였습니다.

그 후부터 궁한 아들은 장자의 집에 가서
삯부터 먼저 받고 거름을 치고 있었습니
다. 아버지는 아들의 하는 일을 보고 가엾
이 여기고 이상하게 생각하였습니다. 하루
는 방안에서 창틈으로 바라보니, 아들의
몸은 야위어 초췌하고, 먼지와 거름이 몸
에 가득하여 더럽기 짝이 없었습니다. 그
래서 곧 영락과 화사한 의복과 노리개 장
식품을 벗어버리고, 때가 묻고 허름한 옷
을 갈아입고, 흙과 먼지를 몸에 묻히고,
오른 손에 거름치는 기구를 들고 조심조심
일꾼들 있는 곳으로 가서 '그대들은 부지
런히 일하고 게으르지 말라' 하면서, 그러
한 방편으로 아들에게 가까이 하고, 또 말
하였습니다.

'가엾다 이 사람아, 그대는 여기서만 일하
고 다른 곳으로는 가지 말라. 품삯도 차츰
올려 줄 터이고, 지내기에 필요한 그릇,

쌀, 밀가루, 소금, 장 따위도 걱정하지 말
아라. 늙은 일꾼이 있어서 달라는 대로 줄
것이니 안심하고 있어라. 나는 너의 아버
지와 같으니 염려하지 말아라. 왜냐 하면
나는 늙은이요, 너는 아직 젊었으며, 너는
일할 적에 게으르거나 속이거나 성내거나
원망하는 말이 없어서, 다른 사람처럼 나
쁘지 아니 하더구나. 이제 부터는 내가 낳
은 친아들과 같이 생각하겠노라.' 하면서
장자는 그에게 이름을 다시 지어주고 아들
이라고 불렀습니다. 그때 궁한 아들은 이
런 대우를 받는 것이 기뻤으나 여전히 머
슴살이하는 사람이라 자처하였습니다. 그
러므로 이십년 동안을 항상 거름만 치고
있었으며, 그 뒤부터는 점점 마음을 믿고
뜻이 통하여 허물없이 드나들면서도 거처
하기는 역시 본래 있던 곳에서 하고 있었
습니다.

⑧⓪ 세존이시여, 한번은 장자가 병이 났습니다. 죽을 때가 멀지 않은 줄을 알고, 궁한 아들에게 말하기를 '나에게는 금 은 보배가 많아서 창고마다 가득하였으니, 그 속에 있는 재산이 얼마인지 네가 알고, 받고 줄 것도 모두 네가 맡아서 처리하여라. 나의 마음이 이러하니 너는 내 뜻을 받들어라. 왜냐 하면, 이제는 나와 네가 다를 것 없으니 더욱 조심해서 소홀하거나 실수하지 말아라'고 하였습니다.

이때 궁한 아들은 그 명령을 받고 여러 가지 금 은 보배와 창고를 맡았으니, 밥 한 때인들 그냥 먹을 생각도 없었고, 거처하는 데는 본래 있던 곳이었으며 용렬한 마음은 아직도 버리지 아니 하였습니다. 또 얼마 후에 아버지는 아들의 마음이 점점 나아져서 큰 뜻을 가지게 되어 예전에 못났던 생각을 스스로 뉘우침을 알았습니다.

그러다가 죽을 때가 다달아 아들을 시켜 친척과 국왕과 대신과 찰제리와 거사들을 모이게 하고 이렇게 선언하였습니다.

'여러분, 이 아이는 내 아들이요. 내가 낳아서 길렀는데 아무 해에 고향에서 나를 버리고 도망하여 여러 곳으로 유리하기 오십여 년이었소. 이 아이의 본명은 아무 것이고 내 이름은 아무요. 그때 고향에서 근심이 되어 찾느라고 애를 쓰던 터인데, 뜻밖에 여기서 만났소. 이 아이는 참으로 내 아들이고 나는 이 애의 아비요. 이제는 나의 가졌던 모든 재산이 모두 이 애의 소유이며 예전부터 출납하던 것도 이 애가 알아 할 것이요.'

세존이시여, 이때에 궁한 아들은 아버지의 말을 듣고 크게 환희 하여 뜻밖의 일이라 하면서 생각하기를 '나는 본래 이 재산에 대해서는 아무런 희망도 없었는데 이제 이 엄청난 보배 광이 저절로 왔구나 ' 하였습니다.

(81) 세존이시여, 큰 재산을 가진 장자는 곧 여래이시고, 저희들은 부처님의 아들 같사오니, 여래께서 언제나 저희들을 아들이라고 말씀하였습니다.

세존이시여, 저희들이 세 가지 괴로움을 인하여 생사하는 가운데서 여러 가지 시끄러운 번뇌를 받으면서도 미혹하고 지식이 없어 소승법만을 좋아하였나이다.

세존께서 오늘 저희들로 하여금 모든 법의 희롱거리인 거름을 치도록 하시오매 저희들이 그 가운데서 부지런히 정진하여 열반에 이르는 하루 품삯을 얻고서는 마음이 환희 하여 만족하다 하고, 스스로 생각하기를 '불법 가운데서 부지런히 노력한 소득이 매우 크다' 하였나이다. 그러나 세존께서는 저희들의 마음이 용렬하여 소승법을 좋아함을 아시었음에도 내버려두시고 '너희들도 여래의 지견인 보배 광이 있느니라.' 이같이 말씀하여 주시지 아니하시고, 세존께서는 방편으로써 여래의 지혜를 말씀하셨습니다. 그러나 저희들은 부처님으로부터 열반에 이르는 하루 품삯을 얻고는 대득이라고 만족하고 대승을 구하려는 생각이 없었나이다.

그리고 저희들은 또 여래의 지혜로써 모든 보살에게 말하여 주면서도 스스로는 이것에 뜻을 주지 않았사오니, 그 까닭은 부처님께서 저희들이 소승을 좋아함을 아시고 방편으로 저희의 뜻을 맞추어 말씀하시건만, 저희들은 참으로 불자인 줄을 알지 못하였나이다.

(82) 이제서야 세존께서 부처님의 지혜에 대하여 아낌이 없으신 줄을 알았나이다.

그 까닭을 말하오면, 저희들이 본래부터 참으로 부처님의 아들이면서도 소승법만을 좋아한 까닭이오니, 만일 저희들이 대승을 좋아하였더라면 부처님이 저희에게 대승법을 말씀하여 주었을 것입니다.

이 경에서는 일불승만을 말씀하시고, 예전에 보살들 앞에서 성문들은 소승법을 좋아한다고 나무라시었으나 부처님은 참으로 대승으로써 교화하시었나이다. 그러므로 저희들이 말하기를 '본래부터 희구하는 마음이 없었는데 이제 법왕의 큰 보배가 저절로 와서 불자로서 얻어야 할 것을 다 얻었다' 하나이다."

(83) 그때 마하가섭이 이 뜻을 거듭 펴려고 게송을 말하였다.

저희가 오늘날에 부처님의 말씀을 듣고 환희 하여 뛰놀면서 처음 본다 하나이다.

'성문들도 성불한다' 부처님이 말씀하니 위가 없는 보배더미 구하지 않고 얻노매라. 비유하면 어린 아들 유치하고 소견 없어 아비 떠나 도망하여 타도 타관 멀리 가서 여러 지방 떠돌기가 오십 년이 되었으니 그 아버지 걱정되어 사방으로 찾아 다녀 찾다 찾다 지친 끝에 어떤 도시 머물러서 큰집을 지어 놓고 다섯 욕락을 즐기나니, 그 집이 큰 부자로 금과 은이 한량없고 차거와 마노이며 진주 많이 있고 코끼리 말 소와 양들 연과 수레 역시 많고 논과 밭과 하인들과 문객들이 수가 없고 주고받는 많은 재산 타국까지 두루 퍼져 장사치와 거간꾼들 안 있는 곳 별로 없고 천만 억 사람들이 공경하여 시위하니, 왕족들의 사모함을 언제나 받았으며 벼슬아치 명문거족 존중함을 받고 있어 이러한 인연으로 오고가는 손이 많고 호부하기 이러하며, 큰 세력을 가졌으나 나이 점점 늙어 가매 아들

생각 더욱 간절 자나 깨나 생각는 일 죽을
때가 되었는데 어린 자식 나를 버리고 떠
나간 지 오십 여년 창고마다 많은 재산 어
떻게 하잔 말인가 그때에 궁한 아들 옷과
밥을 버느라고 이 마을서 저 마을로 이리
저리 다닐 적에 얻는 때도 있지마는 어떤
때는 소득 없어 굶주리고 여위었고 옴과
버짐 몸에 가득 이곳저곳 헤매다가 아비
사는 성에 와서 품을 팔고 다니던 길 아버
지의 집에 당도.

⑧④ 그때에 아비 장자 그의 집 문 안에서
보배 휘장 둘러치고 사자좌에 앉았는데 권
속들은 둘러싸고 시중들이 호위하며 어떤
이는 금은 보물 주판 들고 계산하고 쌀과
돈을 주고받고 문서에 치부하니, 아버지의
존엄함을 궁한 아들 바라보고 저이는 국왕
이나 혹은 왕족일 것인데 여기를 왜 왔던
가 스스로 놀라면서 또 다시 생각하되, 여

기 오래 있다가는 억지로 핍박하여 모진 노동시키리라 이렇게 생각하고 얼른 도망 달아나며 빈촌으로 찾아가서 품팔이를 하려는데, 이때에 아비 장자 사자좌에 높이 앉아 멀리서 바라보며 아들인 줄 인식하고 사람을 즉각 보내 붙들어 오게 하니 궁한 아들 크게 놀라 기절하고 넘어지며 이 사람이 날 붙드니 필연코 죽이리라. 의식을 얻으려고 내 어찌 여기 왔나. 장자는 짐작하되 자식이 용렬하며 내 말을 믿지 않고 아빈 줄도 모르도다. 방편을 다시 써서 다른 사람 보내는데 애꾸눈이 난쟁이로 못난이를 시키면서 네가 가서 말하기를 품 팔 데가 저기 있어 거름이나 치워 주면 품삯을 곱 주리라. 아들이 그 말 듣고 기뻐하며 따라 와서 거름치는 일도 하고 방과 마루 치워 주니,

(85) 장자가 문틈으로 아들을 내다보며 저

자식 어리석어 미천한 일만 하는구나. 이
때에 아비 장자 허름한 옷 바꿔 입고 거름
치는 삼태 들고 아들한테 가까이 가 방편
으로 말을 하되 부지런히 일 잘하면 품삯
도 올려 주고 손과 발에 바를 기름, 먹을
것도 넉넉하고 덮을 것도 따뜻하게 대우를
잘 하리니, 부지런히 일을 하라. 너는 나
의 아들 같다.

은근하게 말도 하고 장자가 지혜 있어 안
팎으로 드나들며 이십 년을 지내도록 집안
일을 보게 하고 금과 은과 진주 파려 있는
대로 보여주고 주고받는 모든 살림 모두
맡아 보게 하나 문간방에 자리 잡고 초막
에 거처하며 가난한 내 살림엔 이런 물건
없느니라. 아들 마음 자라남을 아버지가
알아보고 재산을 전하려고 친족들과 동리
사람 국왕 대신 찰제리와 거사들을 모아
놓고 '여러분들 내 말 듣소. 이 사람은 내

아들로 나를 떠나 멀리 가서 오십년을 지내더니 우연히 찾아와서 이십년이 다 되었소. 옛날에 고향에서 이 아들을 잃고 나서 싸다니며 찾느라고 여기까지 온 것이요, 이제는 나의 소유 집이거나 하인이나 모두 다 물려주어 마음대로 쓰게 하리.'

가난하던 아들 마음 못나고 용렬터니 오늘날 아버지의 큰 재산 맡게 되어 큰 집과 많은 재산 모두 내 것 되었으니, 기쁘기 한량없고 전에 없던 일 일러라.

⑧⑥ 부처님도 그와 같아, 나의 좁은 마음 알고 너도 성불하리라곤 말씀하지 않으시고 저희들께 이르기를, 무루법 네가 얻어 소승의 성문제자 성취하다 하시었고 또 다시 저희들께 최상 법을 말하시며 이 법을 닦는 이는 성불한다 하시기에 저는 부처님 말씀 따라 큰 보살을 위하여서 여러 가지 인연이며 갖가지 비유들과 갖은 말과 변재

로써 위없는 도(道) 말했더니 이에 여러 불
자들이 나에게서 법을 듣고 밤낮으로 생각
하여 꾸준하게 익히었소. 이때에 부처님이
그들에게 수기 주어 그대들은 오는 세상
성불한다 하시면서 시방 모든 부처님의 비
밀하게 간직한 법 보살들만 위하여서 참된
이치 연설하고 저희들껜 참 이치를 말씀하
지 않으시니, 저 아들이 아버지를 친근하
게 모시면서 모든 재산 맡았으나 가질 마
음 없는 듯이 저희들도 대승 법장 입으로
는 말하지만 원하는 뜻 없는 것이 또한 이
와 같나이다. 저희들이 번뇌 끊고 만족하
게 여기면서 이 일만을 통달하고 다른 일
은 없사오며 부처 국토 청정하고 중생 교
화하는 일을 저희들이 듣고서도 즐거운 맘
없었으니 그 까닭을 말하오면, 이 세상의
모든 법이 고요하고 비었으며 생도 없고
멸도 없고 작고 큰 것 모두 없고 샘도 없
고 하염없어 이러하게 생각하고 기쁜 마음

없었으며 저희들이 긴긴 밤에 부처님의 지
혜에는 탐착하는 일도 없고 원하지도 아니
하며 내가 얻은 이 법만이 최상이라 했나
이다.

저희들이 긴긴 밤에 공한 법을 닦아 익혀
삼계에서 벗어나서 모든 괴로움 해탈하고
남음 있는 열반법의 최후 몸에 머물면서
이만하면 부처님의 가르친 도 얻었으니 부
처님의 깊은 은혜 보답하다 했나이다.

㊽ 저희들이 불자들께 보살법을 연설하여
부처 도를 구하라고 은근하게 말했지만 스
스로는 이 법에서 원하는 맘 없사올세, 도
사께서 버려두고 참된 이익 권하여서 말씀
하지 않으심을 저희 마음 아신 까닭. 아들
뜻이 용렬함을 장자가 이미 알고 방편의
힘으로써 그 마음을 조복하고 그런 후에
모든 재물 물려주심 같사오니 부처님도 그
와 같이 희유한 일 나타내어 스승 좋아하

는 이에게 방편의 힘으로써 마음 조복한 연후에 대승 지혜 교화하니 저희들이 오늘에야 미증유를 얻사오매 바라지도 않던 것이 저절로 왔사오니, 궁한 아들 뜻밖에도 많은 보배 얻어진 듯. 세존이시여, 제가 지금 도를 얻고 과를 얻어 샘이 없는 보리법에 청정한 눈 얻은 것은 저희들이 긴긴 밤에 청정 계율 지니다가 오늘에야 처음으로 그 과보를 얻었으며 부처님의 교법에서 오랜 세월 범행 닦아 이제야 샘이 없는 큰 과보를 얻사오니 저희들이 오늘에야 참된 성문 되온지라 불도의 소리로써 모든 중생 듣게 했고 저희들이 오늘에야 참 아라한 되온지라 모든 세간 하늘이며 사람들과 마와 범천 여러 대중 가운데서 공양을 받게 되니,

(88) 세존의 크신 은혜 희유하온 일이오며 저희들을 사랑하사 교화하여 주신 은덕 한

량없는 세월엔들 누가 능히 갚으리까. 수족 되어 받드옵고 머리 조아 예경하며 온갖 것을 공양해도 갚을 길 없사오며 머리 위에 받들거나 두 어깨에 업고 다녀 항하사의 겁 동안에 정성 다해 공양하고 훌륭하온 음식이며 한량없는 보배 의복 비단 보료 이부자리 탕약을 받드오며 우두 전단 좋은 향과 가지각색 보배로써 높은 탑을 세워 놓고 옷을 벗어 땅에 깔아 이러한 온갖 일로 항하사 겁 오랜 세월 정성 다 해 공양해도 다 갚을 길 없나이다.

(89) 부처님 희유하사 크고 크신 신통이니 한량없고 그지없어 생각할 수 없사오며 샘이 없고 하염없는 모든 법의 왕으로서 용렬한 저희 위해 이런 일을 참으시고 상에 착한 범부들께 마땅하게 말씀하고 부처님은 모든 법에 자유자재하시어서 중생들의 모든 욕락 속속들이 아시옵고 그들의 뜻과

힘에 적당함을 따르시어 한량없는 비유로
써 법을 말씀하시오며 중생들의 지난 세상
착한 뿌리 심은 것이 성숙하고 미숙함을
낱낱이 살피시며 갖가지로 요량하여 진지
하게 아옵시고 불승을 분별하여 삼승법을
말하시네.

묘법연화경 신해품 종

묘법연화경 제 2권 종

묘법연화경 제 3권

약초유품 제 5

① 그때 세존께서 마하가섭과 여러 큰 제자들에게 말씀하셨다.

"착하다, 착하다, 가섭이여, 여래의 진실한 공덕을 잘 말하였으니, 진실로 네 말과 같거니와, 여래는 또 한량없고 그지없는 아승지덕이 있나니, 너희들이 한량없는 억만겁 동안에도 다 말할 수 없느니라. 가섭이여, 여래는 모든 법의 왕이시므로 말씀하시는 것이 다 허망하지 아니하니라. 모든 법에 대하여 지혜와 방편으로 말씀하나니 그 말씀하는 법은 온갖 지혜의 경지에 이르느니라.

여래는 모든 법의 나아갈 바를 관찰하여 알며, 모든 중생의 깊은 마음으로 행할 것을 알아서 통달하여 걸림이 없으며, 또 모든 법을 끝까지 잘 알아서 모든 중생에게 온갖 지혜를 보여 주느니라. 가섭이여, 비유하면 삼천 대천 세계의 산과 내와 계곡과 평지에 나서 자라는 초목과 숲과 약초들의 종류도 많고 이름과 모양도 각각 다르니라.

빽빽한 구름이 가득히 퍼져 삼천 대천 세계를 두루 덮고 일시에 큰비가 고루고루 흡족하게 내리면, 모든 초목과 숲과 약초들의 작은 뿌리, 작은 줄기, 작은 가지, 작은 잎새와 중간 뿌리, 중간 줄기, 중간 가지, 중간 잎새와 큰 뿌리, 큰 줄기, 큰 가지, 큰 잎새와 크고 작은 나무들이 상 중 하를 따라서 제각기 비를 받는데 한 구름에서 내리는 비이지마는 그 초목의 종류와 성질에 맞추어서 자라고 크고 꽃이 피고 열매가 맺느니라.

비록 한 땅에서 나고 한 비로 축이어 주는 것이지마는 여러 가지 초목이 각각 차별하는 것이니라.

② 가섭이여, 여래도 그와 같아서, 세상에 나시는 것은 큰 구름이 일어나는 것과 같고, 큰 음성으로 온 세계의 하늘과 사람과 아수라에게 두루 외치는 것은 저 큰 구름이 삼천 대천 세계에 두루 덮는 것과 같으니라.

대중 가운데서 말씀하기를 '나는 여래 응공 정변지 명행족 선서 세간해 무상사 조어장부 천인사 불 세존이니 제도되지 못한 이를 제도케 하고, 이해하지 못하는 이를 이해케 하고, 편안하지 못한 이를 편안케 하고, 열반하지 못한 이를 열반케 하며, 지금 세상과 오는 세상을 사실대로 아노니, 나는 모든 것을 아는 이이며, 모든 것을 보는 이이며, 도를 아는 이이며, 도를 열어 보는 이이며, 도를 말하는 이이니라. 너희 하늘과 사람과 아수라가 모두 여기 와야 하나니 법을 듣기 위함이니라.'

이때 무수한 천만 억 종류의 중생들이 부처님 계신 곳에 와서 법을 듣고 있었다. 여래께서 이때에 중생들의 근성이 영리하고 아둔함과 정진하고 게으름을 살피시고, 그들이 감당할 만한 대로 법을 말씀하여 한량없는 이들을 모두 환희케 하며 좋은 이익을 얻게 하였느니라.

이 중생들이 법을 듣고는 이 생에는 편안하고 내생에는 좋은 곳에 태어나서 도의 쾌락을 받고 법을 들으며, 법을 듣고는 모든 장애를 여의고, 모든 법에서 그의 능력을 따라서 점점 도에 들어가게 되나니, 마치 저 큰 구름이 모든 초목과 숲과 약초에 비를 내리면 그 종류와 성질에 맞추어 축임을 받아 각각 생장함과 같으니라.

여래의 말씀하는 법은 한 모양 한 맛이니, 이른바 해탈하는 모양, 여의는 모양, 멸하는 모양으로써 필경에는 갖가지 지혜에 이르는 것이니라.

어떤 중생이나 여래의 법을 듣고 지니고 읽고 외우거나 말한 대로 수행하면, 그 얻는 공덕을 스스로는 깨닫지 못하나니, 왜냐하면, 오직 여래께서 이 중생들의 종류와 모양과 자체의 성품을 아시는데, 무슨 일을 억념하고 무슨 일을 생각하고 무슨 일을 닦으며 어떻게 억념하고 어떻게 생각하고 어떻게 닦으며, 무슨 법으로 억념하고, 무슨 법으로 생각하고, 무슨 법으로 닦으며, 무슨 법으로써 어떤 법을 얻는지, 중생이 가지가지 처지에 머물러 있는 것을 오직 여래께서 실제로 보시고 분명히 알아

걸림이 없나니, 마치 저 초목과 숲과 약초들이 스스로는 상 중 하의 성품을 알지 못함과 같으니라.

③ 여래가 이 한 모양, 한 맛인 법을 아시나니, 이른 바 해탈하는 모양, 여의는 모양, 멸하는 모양으로서 필경에 열반하는 항상 적멸한 모양이니, 마침내 공에 돌아가는 것이니라. 부처님이 이것을 알고 중생의 마음과 욕망을 관찰하여 보호함으로써 갖가지 지혜를 곧 말하지 아니하였거늘, 너희 가섭이 매우 희유하여, 여래께서 근기에 알맞게 말씀하심을 알고, 능히 지니느니라. 무슨 까닭이냐 하면, 세존이 근기에 알맞게 말하는 법은 이해하기 어렵고 알기 어려운 연고이니라."

이때 세존께서 이 뜻을 거듭 펴시려고 게송을 말씀하셨다.

존재를 깨뜨리신 법왕이 이 세상에 나타나

시어 중생의 욕망을 따라 여러 가지로 법을 말하고 여래께서 존중하시고 지혜도 깊으시어 중요한 법을 모아 두고 오랫동안 말하지 않음은 지혜 있는 이가 들으면 능히 믿고 이해하지만 지혜 없는 이는 의심하여 영원히 잃게 됨이라 그러기에 가섭이여 그들의 힘을 따라서 가지가지 인연을 말하여 바른 견해를 얻게 하나니. 가섭이여, 이런 줄을 알라.

비유하면 큰 구름이 이 세간에 일어나서 모든 세계를 두루 덮거든 지혜 구름이 비를 품고 번개불은 번쩍이며 우레 소리 멀리 진동하여 여러 사람들 기쁘게 하고 햇빛을 가리워서 땅이 서늘하여지고 뭉게구름 내리 드리워 두 손으로 잡을 듯하고 골고루 내리는 단비 사방으로 다 같이 오며 한량없이 내려 부어서 온 국토에 흡족하니 산과 내 험한 골짜기 깊은 데서 나서 자라

는 초목과 숲과 여러 약초와 큰 나무와 작
은 나무들 온갖 곡식의 싹수 사탕수수 포
도들 비 축여 줌을 받아 풍성하게 모두 자
라고 가물던 땅이 고루 젖어 약초와 나무
가 무성하니 저 구름에서 내리는 한결같은
비를 맞아 풀과 나무 수풀들이 분수 따라
축여지고 여러 가지 나무들과 큰 풀, 중간
풀, 작은 풀이 크고 작은 성질대로 제각기
생장할 제 뿌리, 줄기, 가지와 잎 꽃과 열
매의 빛과 모양 한결같은 비의 축임으로
싱싱하고 윤택하고 제대로의 체질과 모양
크고 작은 성품대로 같은 비로 적시는데
무성하긴 각각 달라.

④ 부처님도 그와 같아 이 세상에 오시는
일 비유하면 빽빽하고 큰 구름 모든 세상
덮어 주듯 이 세상에 오신 뒤엔 여러 중생
위하여서 모든 법의 참된 이치 분별하여
연설하실 적에 큰 성인이신 세존께서 천상

사람, 인간 사람과 모든 대중들 있는 데서
선포하여 하시는 말씀. 나는 곧 여래이며
두 발 가진 이 가운데 으뜸이라. 이 세상
에 나타난 것은 마치 세상에 덮인 큰 구름
이 바짝 마른 중생들을 충분하게 축여 주
어 모두 괴로움을 여의고 안락한 즐거움이
나 세간의 즐거움이나 열반의 낙을 얻게
하나니, 모든 천상 인간 사람들아, 한결같
은 마음으로 듣고 모두 여기 모여 와서 위
없는 이를 뵈오라. 나는 이 세상에 높은
이, 미칠 사람 없나니. 중생들을 편안케
하려고 이 세상에 와서 여러 사람들을 위
하여 감로수 같은 법을 말하노니, 그 법이
한 맛이어서 해탈이며 열반이니라.

한 가지 미묘한 음성으로 이 이치를 말하
는 건 언제나 대승법 위하여 인과 연을 짓
느니라. 내가 보니 모든 것이 한결같이 평
등하여 이것이라 저것이라 밉고 고운 마음

없어 나는 탐하지도 아니하고 한정하는 생
각도 없고 모든 이를 위하여서 평등하게
법을 말하며 한 사람을 위하듯이 여러 사
람도 그러하여 언제나 법을 말할 뿐 다른
일은 본래 없어 가고 오고 앉고서며 피곤
한 줄 모르고서 세간을 만족하게 비가 고
루 적시듯이 귀, 천, 상, 하, 안 가리며 계
행 갖고, 파한이나 위의를 갖춘 이나 갖추
지 못한 이나 바른 소견 나쁜 소견 총명하
고 암둔한 이 평등하게 법비 내려 게으른
줄 모르노라. 온 세계의 여러 중생 내 법
문 들은 이는 깜냥대로 받고 나서 여러 지
위에 머무나니 하늘 되고 사람 되며 전륜
왕과 제석천왕 범천왕에 태어나니 이를 일
러 작은 약초라, 샘이 없는 법을 알아 열
반과도 증득하고 여섯 신통 얻었거나 삼명
을 얻고 나서 산림 속에 홀로 있어 선정을
닦아 익혀 연각을 증득한 이, 이를 일러
중품 약초라, 세존의 처지를 구하여 나도

부처 될 수 있다고 선정을 닦아 정진하는
이, 이를 일러 상품 약초라.

⑤ 또 어떤 불자들이 부처되기에 전심하여
자비한 일 늘 행하며 성불할 줄 제가 알고
의심 없이 결정한 이, 이를 일러 작은 나
무라. 신통에 머물러서 불퇴전의 법륜 굴
려 한량없는 백 천억 중생 건져내어 제도
하면 이와 같은 보살들은 이를 일러 큰 나
무라. 부처님의 평등한 설법 한 맛인 비와
같고 중생들의 성품 따라 받는 것이 다른
것은 저 모든 초목들이 비 맞음과 같으니
라.

부처님의 이런 비유 방편으로 일러 주며
여러 가지 말솜씨로 한 가지 법 말하지만
부처 지혜에 비유하면 큰 바다에 물 한방
울. 내가 이제 법비를 내려 세간에 가득하
였으니 한결같은 이 법에서 힘을 따라 수
행하면 저 숲속에 자라나는 약초와 나무들

이 크고 작은 성품 따라 무성함과 같으니
라. 부처님의 말하는 법문 언제거나 한 맛
인데 모든 세간 중생들도 구족하게 얻어듣
고 점차로 행을 닦아 도의 결과 얻게 하니
성문이나 연각들이 산림 속에 숨어 살며
최후의 몸에 머물러서 법을 듣고 과 얻으
면 이것은 약초들이 각각 자라남과 같으니
라. 만일 모든 보살들이 지혜와 행이 견고
하여 삼계를 분명히 알고 최상승을 구한다
면 이것은 작은 나무가 자라남과 같으니
라. 어떤 사람은 선정 닦아 신통한 힘을
얻고 모든 법의 공함을 듣고 마음에 환희
하여 수가 없는 광명을 놓아 모든 중생 제
도하면 이것은 큰 나무가 자라남과 같으니
라. 부처님의 법문 말씀 큰 구름이 한 비
내려 사람인 꽃 적시어서 결실함과 같으니
라.

가섭이여, 자세히 알라 이러한 인연들과

갖가지 비유로써 부처 도를 보이나니. 이
가 나의 방편이요 다른 부처도 그러니라.
내가 이제 너를 위해 참된 사실 말하노니,
여러 성문 대중들은 참 열반 다 아니고 너
희들이 수행함이 이것이 보살의 도. 점점
닦아 행하며는 모두 부처 이루리라.

묘법연화경 약초유품 종

수기품 제 6

⑥ 이때 세존께서 이 게송을 말씀하시고 여러 대중에게 이렇게 선언하셨다.

"나의 제자인 마하가섭은 오는 세상에서 삼백만억 부처님 세존을 받들어 뵈옵고, 공양하며 공경하며 존중하며 찬탄하면서 여러 부처님의 한량없는 큰 법을 널리 펴다가 최후의 몸으로 성불하리니, 이름은 광명여래 응공 정변지 명행족 선서 세간해 무상사 조어장부 천인사 불 세존이시며, 나라 이름은 광덕이요, 겁의 이름은 대장엄이라 하리라.

그 부처님 수명은 십이 소겁이요, 정법은 이십 소겁이요, 상법도 이십 소겁 동안 세상에 머물게 되리라.

그 나라는 장엄하게 장식되어 모든 더러운 것과 기와조각, 가시덤불, 똥오줌 따위가 없고, 땅이 번듯하여 높은 데 낮은 데, 구렁 둔덕이 없으며, 유리로 땅이 되고 보배 나무들이 줄을 지었으며, 황금 줄을 길 경계에 느리고 보배 꽃을 흩어서 두루 가득하고 깨끗하리라. 그 나라에 보살들은 한량없는 천만 억이고 성문들도 수가 없으며 마의 장난이 없고 마왕과 마의 백성이 있어도 모두 불법을 옹호하느니라."

그때 세존께서 이 뜻을 거듭 펴시려고 게송을 말씀하셨다.

비구들에게 말하노라 내가 부처 눈을 가지고 가섭의 장래를 살피니 오래고 오랜 오는 세상에 수 없는 겁을 지내고 나서 마땅히 부처를 이루리니 그가 오는 세상에서 삼백만억 부처님 세존을 공양도 하고 공경도 하고 받들어 뵈옵기도 하면서 부처 지

혜를 얻기 위하여 범행을 깨끗이 닦으며
복과 지혜가 구족하신 가장 높은 세존께
공양하고 갖가지 위가 없는 지혜를 부지런
히 닦아 익히다가 최후의 몸을 받고서 부
처님을 이루게 되리니, 그 세계 땅이 청정
하여 유리로써 땅이 되고 여러 가지 보배
나무가 가로수로 항렬을 지었고 황금 줄을
길가에 느리어 보는 이마다 기뻐하고 항상
좋은 향기 내며 훌륭한 꽃을 흩기도 하여
여러 가지로 기묘하게 나라를 장엄할 것이
며, 그 나라 땅이 번듯하여 둔덕이나 구렁
이 없고 여러 보살 대중들도 얼마라고 셀
수 없는데, 그 마음 부드럽고 화평하고 크
나큰 신통을 얻었으며, 여러 부처님들의
대승경전을 받아 지니고 모든 성문 대중으
로서 샘이 없는 최후의 몸을 얻은 법왕의
아들들도 이루 다 헤아릴 수 없어 하늘눈
을 가지고도 다 셀 수 없으리니, 그 부처
님의 수명은 십이 소겁이 될 것이요 정법

이 세상에 머무르기 이십 소겁, 상법도 이
십 소겁을 세상에 머물 것이니, 광명세존
부처님의 그 일이 이러하리라.

⑦ 이때 대목건련과 수보리와 마하가전연
이 모두 송구스러워 하면서 일심으로 합장
하고 존안을 우러러 뵈옵고 눈을 깜박이지
아니하며 소리를 함께 하여 게송을 말하였
다.

크게 웅장하고 용맹하시며 법왕이신 석가
세존께서 저희들을 어여삐 여기어 말씀을
일러 주시나이다 우리의 마음 살피시고 만
일 수기를 주신다면 감로수를 뿌려 열을
식히고 서늘케 하심과 같으련만 흉년 든
나라에서 온 사람 임금이 주는 음식 받고
도 송구하고 의심서러워 감히 먹지 못하다
가 먹으라는 명령을 받고서야 비로소 음식
을 먹듯이 저희들도 그와 같아서 소승의
과오만 생각하고 어떻게 하면 위없는 부처

지혜 얻을는지 모르옵더니, 비록 부처님 말씀 듣사와 우리도 성불하리라 하나 마음에 오히려 송구하와 감히 먹지 못함 같사오니, 만일 부처님께서 수기 주시면 비로소 쾌락하겠나이다. 웅장하고 용맹하신 세존 세간 중생 안락케 하시니, 저희들께 수기를 주시면 먹으라 하심과 같으리라.

⑧ 이때 세존께서 큰 제자들의 생각을 아시고 비구들에게 말씀하시었다.

"이 수보리가 오는 세상에서 삼만억 나유타 부처님을 받들어 뵈옵고 공양하며 공경하며 존중하며, 찬탄하고, 항상 범행을 닦아 보살의 도를 구족하고 최후의 몸에서 성불하리니, 이름은 명상여래 응공 정변지 명행족 선서 세간해 무상사 조어장부 천인사 불 세존이며, 겁의 이름은 유보요, 세계의 이름은 보생이라 하리라.

그 국토가 번듯하고 방정하여 파려로 땅이

되고 보배 나무로 장엄하였으며, 둔덕과 구렁과 기와 조각과 가시덤불과 똥오줌 따위가 없고, 보배 꽃이 땅을 덮어 두루두루 청정하며, 그 나라 백성들이 보배로 된 누대와 훌륭한 누각에 거처하고, 성문 제자가 한량없고 그지없어 산수와 비유로 알 수 없고, 여러 보살 대중은 수 없는 천만억 나유타이며 부처님 수명은 십이 소겁이고 정법은 이십 소겁이고 상법도 이십 소겁동안 세상에 머물 것이니라.

그 부처님은 허공에 거처하면서 법을 말씀하여 한량없는 보살과 성문들을 제도하리라."

이때 세존께서 이 뜻을 거듭 펴시려고 게송을 말씀하셨다.

여러 비구들이여 이제 너희들에게 말하나니 모두 한결같은 마음으로 나의 말을 들으라. 나의 큰 제자인 수보리는 오는 세상에 성불하여 이름을 명상여래라 하리니, 마땅히 수가 없는 만억 부처님께 공양하고 부처님이 행하심을 따라 큰 도를 점점 갖추다가 최후의 몸을 받아 삼십이 어른다운 몸매가 단정하고 아름답기 보배 산과 같을 것이며 그 부처님의 국토는 깨끗하게 장엄함이 제일이니, 중생들의 보는 이마다 모두가 사랑하고 좋아할 것.

부처님은 그 가운데서 한량없는 중생 제도하고 그 부처님의 법 가운데 수많은 여러 보살들 모두 근성이 총명하여 물러나지 않는 법륜 굴리어 그 나라는 언제나 보살로 장엄하리라. 여러 성문 대중은 이루 다 셀 수 없는데 다 세 가지 밝음과 여섯 가지 신통 갖추었고 여덟 가지 해탈에 머물러 큰 위엄과 공덕이 있거든 그 부처님 말씀하는 법문 한량없는 신통변화를 나타내시는 일이 이루 헤아릴 수 없으리니, 여러 천상 사람들 그 수효 항하의 모래 다 함께 합장하고 부처님 말씀 들으리라. 그 부처님의 수명이 십이 소겁이며 정법이 세상에 머물기 이십 소겁 될 것이고 상법도 그와 같이 이십 소겁 되리라.

⑨ 그때 세존께서 또 비구들에게 말씀하셨다.

"내 지금 너희들께 말하노라. 이 대가전연은 오는 세상에서 여러 가지 공양거리로 팔천억 부처님을 공양하고 받들어 섬기고 공경하고 존중하며 여러 부처님이 열반하신 뒤에는 각각 탑을 조성하는데 높이가 일천 유순이요 가로와 세로가 오백 유순이니, 금 은 유리 차거 마노 진주 매괴의 칠보로 합하여 이루어졌고, 꽃과 영락과 바르는 향, 가루 향, 사르는 향과 일산과 당기와 번기로 탑에 공양하느니라. 그런 뒤에 또 다시 이만억 부처님께도 그렇게 공

양하며, 이 여러 부처님께 공양하고는 보
살의 도를 구족하여 마땅히 성불하리니,
그 이름은 염부나제금광여래 응공 정변지
명행족 선서 세간해 무상사 조어장부 천인
사 불 세존이라 하리라.

그 국토는 번듯하고 평평하여 파려로 땅이
되고 보배 나무로 장엄하였으며, 황금 줄
로 길가에 경계선을 만들고, 아름다운 꽃
으로 땅에 덮어 두루 청정하므로 보는 이
가 환희하며, 네 나쁜 갈래인 지옥 아귀
축생 아수라가 없고 천상사람이 많으며,
성문들과 보살들이 여러 만억이어서 나라
를 장엄하느니라. 부처님의 수명은 십이
소겁이요, 정법이 이십 소겁을 세상에 머
물고, 상법도 이십 소겁을 머무느니라.”

그때 세존께서 이 뜻을 거듭 펴시려고 게
송을 말씀하시었다.

여러 비구들이여 다 일심으로 들어라. 나

의 말함과 같아서 진실하고 다르지 않으니라. 이 가전연은 마땅히 가지각색 훌륭한 공양거리로 여러 부처님께 공양하며 그 부처님들 열반한 뒤에는 칠보로 탑을 조성하며 역시 꽃과 향으로 사리에 공양하다가 그 최후의 몸에 부처 지혜를 얻어 등정각을 이루거든 국토가 청정하며 한량없는 만억 중생을 제도하여 해탈케하여 모두 시방 여러 세계의 공양을 받게 되리라 부처님의 찬란한 광명 더 나을 이가 없으며 그 부처님 이름은 염부나제금광 여래이니 보살과 성문들로서 모든 존재를 끊은 이가 한량이 없고 그지없어 그 나라를 장엄하리라.

⑩ 이때 세존께서 다시 대중에게 말씀하시었다.

"내 이제 너희들에게 말하노니, 이 대 목건련은 마땅히 여러 가지 공양거리로 팔천 부처님께 공양하고 공경하고 존중하며, 여러 부처님이 열반하신 뒤에는 각각 탑을 조성하는데 높이는 일천 유순 가로와 세로가 다 같이 오백 유순이니, 금 은 유리 차거 마노 진주 매괴의 일곱 가지 보배로 이루어지고, 여러 꽃과 영락과 바르는 향, 가루 향, 사르는 향과 비단 일산과 당기 번기로 공양하며 그 뒤에 또 이백 만억 부처님께도 이와 같이 공양하리라. 그런 뒤에 성불하여 이름을 다마라발전단향여래 응공 정변지 명행족 선서 세간해 무상사 조어장부 천인사 불 세존이라 하리라.

겁의 이름은 희만이요, 세계의 이름은 의락이니, 그 국토가 번듯하고 평평하여 파려로 땅이 되고 보배나무로 장엄하며, 진주로 된 꽃을 흩어 두루 가득 청정하여 보는 이 마다 환희하며, 천상 사람들이 많고, 보살과 성문들은 그 수효가 한량없으며 부처님 수명은 이십사 소겁이요, 정법

이 사십 소겁 동안 세상에 머물러 있고,
상법도 사십 소겁 동안 세상에 머무르리
라."

⑪ 이때 세존께서 이 뜻을 거듭 펴시려고
게송을 말씀하셨다.

나의 제자인 이 대목건련은 이 몸을 버린
뒤에 팔천 이백만억 부처님 세존을 받들어
뵈오면서 불도를 위하여 공양하고 공경하
고, 여러 부처님 계신 데서 항상 범행을
닦고 한량없는 겁 동안 불법을 받들 것이
며 여러 부처님 열반한 뒤에는 칠보로 탑
을 조성하는데, 황금 찰간이 높게 솟고 꽃
과 향과 풍류로 여러 부처님의 탑에 공양
하면서 보살의 도를 점점 구족하고 의락국
에서 성불하리니, 그 부처님 이름은 다마
라발전단향, 그 부처님 수명은 이십사 소
겁. 언제나 천상 인간에게 불도를 연설하
오리. 성문 대중들 한량이 없어 항하의 모

래와 같은 이들 삼명 육신통 갖추고 큰 위
덕이 있으며 수많은 보살 대중은 뜻이 굳
고 정진을 잘해 부처 지혜에서 물러나지
않을 것이요. 그 부처님 열반하신 뒤 정법
이 세상에 머물러 있기 사십 소겁 동안이
고 상법도 그와 같으리 나의 모든 제자로
서 위엄과 공덕이 구족한 이 그 수효 오백
사람 모두 수기를 받아 오는 세상 성불하
리라. 나와 너희들 지나간 인연 내 이제
말하리니 너희들 잘 들어라.

묘법연화경 수기품 종

화성유품 제 7

⑫ 부처님이 여러 비구들에게 말씀하셨다.

"지나간 옛적 한량없고 그지없고 불가사의한 아승지 겁 전에 그때 부처님이 계셨으니, 이름이 대통지승여래 응공 정변지 명행족 선서 세간해 무상사 조어장부 천인사 불 세존이시며, 나라 이름은 호성이요, 겁의 이름은 대상이었느니라.

그 부처님이 열반하신 지가 매우 오래되었으니, 비유하면 삼천대천세계에 있는 모든 형상 있는 것을 어떤 사람이 갈아서 먹을 만들어 가지고 가면서, 동방으로 일천 국토를 지나가서 티끌만한 한 점을 내리치고, 다시 일천 국토를 지나가서 또 한 점을 내리쳐서 이렇게 하여 그 먹이 다하도록 갔다면 너는 어떻게 생각하느냐 이 모든 국토를, 어떤 셈 잘하는 사람이나 그의 제자들이 그 수효를 끝까지 알 수 있겠느냐."

"못하겠나이다, 세존이시여."

"비구들아, 이 사람이 지나간 국토에서 점이 떨어진 것이나 떨어지지 않은 것을 모두 모아서 부수어 티끌을 만들어서 그 티끌 하나로 한 겁씩을 수놓아서 티끌이 다 하였다 하더라도, 그 부처님의 열반하신 지는 이보다도 더 오래여서 한량없고 그지없는 백천만억 아승지 겁이니, 내가 여래의 지견으로써 그렇게 오래된 일을 오늘의 일처럼 보느니라."

이때 세존께서 이 뜻을 거듭 펴시려고 게송을 말씀하시었다.

생각하니 지나간 세상 한량없고 그지없는

겁 전에 부처님 양족존이 계시었으니 이름은 대통지승불 어떤 사람 기운이 세어 삼천대천세계에 있는 것들을 모두 다 갈아서 먹을 만들어 가지고 일천 국토를 지나가서 티끌만한 점하나를 내리치며 이렇게 점점 나아가 그 먹이 모두 다 한 뒤에 먹이 내려졌거나 안 했거나 그 국토들을 모두 모아서 다시 부수어 티끌 만들고 한 티끌로 한 겁씩 세어도 이 많은 티끌 수보다 겁의 수는 더욱 많거든 대통지승불 열반한 지는 그렇게 많은 한량없는 겁. 여래는 걸림 없는 지혜로 그 부처님 열반하신 적과 그 성문 대중과 보살 제자들 지금 열반하시는 듯 보나니 여러 비구들이여, 부처의 지혜 청정하고 미묘하고 샘이 없고 걸림 없어서 한량없는 겁을 통달해 아나니라

⑬ 부처님이 여러 비구에게 말씀하셨다.

"대통지승불이 수명은 오백 사십 만억 나

유타 겁이니, 그 부처님이 본래 도량에 앉아서 마군을 깨뜨리고, 아뇩다라삼먁삼보리를 얻게 되었으나, 불법이 앞에 나타나지 아니하여 이렇게 한 소겁으로 십 소겁이 되도록 결가부좌하고 몸과 마음을 동하지 않았지마는 불법이 오히려 앞에 나타나지 않았느니라.

그때 도리천인들이 먼저 그 부처님을 위하여 보리수 아래 사자좌를 놓았으니 높이가 한 유순이라, 부처님이 여기 앉아서 아뇩다라삼먁삼보리를 얻으리라.

이 사자좌에 앉으신 때에 여러 범천왕들이 모든 하늘 꽃을 내리니 넓이가 일백 유순이며, 향기로운 바람이 때때로 불어와서 시들은 꽃을 날려 가고 다시 새 꽃을 내려서 십 소겁 동안을 쉬지 않고 부처님께 공양하였으며, 열반하실 때까지 이렇게 꽃을 내렸고, 여러 사천왕들은 부처님께 공양하기 위하여 항상 하늘 북을 치고, 다른 하늘 사람들은 하늘 풍류를 잡혀서 십 소겁이 차도록 하였으며, 열반하실 때에 이르기까지 이렇게 하였느니라.

여러 비구들이여, 대통지승불께서는 십 소겁을 지내고야 부처님의 법이 앞에 나타나서 아뇩다라삼먁삼보리를 이루었느니라.

⑭ 그 부처님이 출가하기 전에 열여섯 명의 왕자가 있었으니 맏아들의 이름은 지적이었으며, 여러 아들들이 각각 여러 가지 훌륭한 장난감을 가지고 있더니, 아버지가 아뇩다라삼먁삼보리를 이루셨다는 말을 듣고는 모두 보배로운 장난감을 버리고 부처님 계신 곳으로 나아가는데 그 어머니들이 눈물을 흘리면서 전송하였느니라.

그 조부 전륜성왕을 일백 대신과 백천만억 인민들이 둘러싸고 함께 도량에 이르니, 다 대통지승여래께 가까이 모시고 공양하며 공경하며 존중하며 찬탄하려는 것이라. 이르러서는 머리를 조아려 발에 예배하고 부처님을 여러 번 돌고 일심으로 합장하여 세존을 우러러 뵈오며 게송을 말하였느니라.

큰 위덕을 갖추신 세존께서 중생을 제도하시려고 한량없는 세월 지내고서 이제 비로소 성불하시니 모든 서원 이미 구족해 장하시어라, 더 없이 길상하시네. 세존께서 매우 희유하시어 한번 앉으사 십 소겁 동안 몸과 손과 발을 고요히 동하지 않으시며 마음도 항상 담파(憺怕)하여서 조금도 산란하지 않으시고 끝까지 아주 적멸하시어 무루법에 머무르시오니, 세존께서 오늘날 편안히 성불하심 뵈옵고 저희들 좋은 이익 얻사와 경행하여 즐거워하나이다. 중생들 항상 괴로워 눈 어둡고 지도할 이 없고 괴로움 없어지는 길 모르고 해탈을 구할 줄도 몰라, 긴 긴 밤에 나쁜 갈래 늘고 하늘대중은 줄어만 들어 캄캄한 데서 캄캄한 데로 들어가 부처님 이름 영원히 못 듣나니, 부처님께서 가장 높으시고 편안한 무루법을 얻어시사 저희들 천상 인간 사람들 가장 큰 이익 얻게 하오니, 위없으신 세존께 머리 조아 귀의하나이다.

이때 십육 왕자는 게송으로부터 부처님을 찬탄하고, 세존께 권청하여, '법륜 굴려 지이다' 하면서 이렇게 말하였느니라.

'세존의 말씀하시는 법문 매우 편안하시어 모든 천상 인간 사람들 어여삐 여기며 이롭게 하리이다.'"

다시 게송으로 말하였다.

세상의 영웅, 짝할 이 없어 온갖 복으로 장엄하시며 위없는 지혜 얻으시니 세상 사람에게 설법하소서. 저희들과 모든 중생들

제도하여 해탈케 하시려고 분별하여 보여
주시며 지혜를 얻게 하시면 저희들도 부처
이루고 다른 중생들 모두 그러해 세존께서
는 중생들의 염원하는 마음 아시고 행하는
길도 아실 것이며, 지혜의 힘과 욕망과 닦
아온 복과 과거에 지은 업도 아시리다. 세
존께서 모두 아시나니 위없는 법륜 굴려지
이다.

⑮ 부처님이 비구들에게 말씀하셨다.

"대통지승불께서 아뇩다라삼먁삼보리를 얻
었을 때에 시방으로 각각 오백만억 세계가
여섯 가지로 진동하고, 그 세계와 세계의
중간에 있어서 해 달의 빛이 비치지 않던
캄캄한 곳이 모두 밝아져서 거기 있던 중생
들이 서로 보게 되어, 모두 말하기를 '이곳
에 어느 때 중생이 생겼는가' 하였고, 또
그 세계의 하늘 궁전과 범천의 궁전들이
여섯 가지로 진동하며 큰 광명이 두루 비

치어 세계에 가득하니 모든 천상의 광명보다도 더 훌륭하였느니라.

이때 동방의 오백만억 국토 중에 있는 범천왕 궁전의 광명이 비치는 것이 예사 때보다 곱절이나 밝았는데, 여러 범천왕들은 각각 생각하기를 '지금 궁전의 광명이 찬란하기 예전에 없던 것이니, 무슨 인연으로 이런 상서가 나타나는가?' 하면서 서로 나아가서 이 일을 의논하였느니라.

이때 그 대중 가운데 구일체라고 하는 대범천왕이 있다가 범천의 무리를 위하여 게송으로 말하였느니라.

우리들 여러 궁전의 광명 예전에 있지 못하던 것이니, 이것이 무슨 인연일까. 우리 그 까닭을 찾아보자. 대덕천이 나시려는가, 부처님이 세상에 오심인가. 이 어마어마한 광명이 시방세계에 두루 비치네.

이때 오백만억 국토의 범천왕들이 궁전과 함께 하여 각각 반짇고리에 하늘 꽃을 담아 가지고 서쪽으로 함께 가서 이 상서를 찾다가 바라보니, 대통지승여래가 도량에서 보리수 아래 사자좌에 앉으셨는데, 여러 하늘 용왕 건달바 긴나라 마후라가 사람, 사람 아닌 이들이 공경하여 둘러 모셨으며, 또 십육 왕자가 부처님께 '법륜 굴려 지이다'고 청함을 보았다.

그때 범천왕들이 머리를 조아려 부처님께 예배하며 백천 번을 돌고, 하늘 꽃을 부처님 위에 흩었다.

그 흩은 꽃이 수미산과 같은데, 부처님의 보리수에까지 공양하니 보리수의 높이가 십 유순이었다. 꽃으로 공양하고는 각각 그 궁전을 부처님께 받들어 올리고 말하였다.

'저희들을 어여삐 여기시며 이롭게 하시사

이 받드옵는 궁전을 굽어 받으시옵소서.'

이때 범천왕들이 부처님 앞에서 한결같은 마음과 같은 음성으로 게송을 말하였다.

세존께서 매우 희유하시어 만나 뵈옵기 어렵사오며 한량없는 공덕 갖추시사 모든 중생 구호하시니, 천상 인간의 대도사로서 세간을 어여삐 여기시매, 시방의 많은 중생들 모두 다 이익을 입었나이다.

저희 오백만억 국토에서 깊은 선정의 낙을 버리고 이까지 이르러 옴은 부처님께 공양하려는 연고이오니, 저희들 과거의 복으로 이 궁전 매우 장엄하여라. 이제 세존께 받드옵나니 가엾이 여겨 받아지이다.

⑯ 이때 범천왕들이 부처님께 게송으로 찬탄하고 각각 말하기를 '원하옵건대 세존께서 법륜을 굴리어 중생을 제도하시며 열반의 길을 열어 주소서' 하고, 다시 여러 범

천왕이 한결같은 마음과 같은 음성으로 게송을 말하였다.

세상에 웅맹하신 양족존이시여, 바라옵건대 법을 말씀하시어 크게 자비하신 힘으로 고통 받는 중생 건져지이다.

이때 대통지승여래께서 잠자코 허락하시니라.

또 비구들이여, 동남방의 오백만억 국토에 있는 대범천왕들이 각각 자기 궁전의 광명이 비치는 것이 예전에 없던 것임을 보고 환희 하여 뛰놀아 희유하다는 마음을 내고, 서로 나아가서 이 일을 의논하였느니라.

이때 그 대중 가운데 대비라는 대범천왕이 있다가 범천의 무리를 위하여 게송으로 말하였다.

이것이 무슨 인연으로 이러한 현상을 나타

내는가. 우리들 여러 궁전의 광명 예전에 있지 못하던 것이니, 대덕천이 나시려는가, 부처님이 세상에 오심인가. 이런 현상 본 적이 없나니, 일심으로 함께 찾아보자. 천만억 국토 지나더라도 광명 찾아 추칙해 보세. 아마 괴로운 중생 제도하려고 부처님이 세상에 오심이리.

이때 오백만억의 범천왕들이 궁전과 함께 하여 각각 반짇고리에 하늘 꽃을 담아 가지고, 서북쪽으로 함께 가서 이 상서를 찾다가 바라보니, 대통지승여래가 도량에서 보리수 아래 사자좌에 앉으셨는데, 여러 하늘 용왕 건달바 긴나라 마후라가 사람, 사람 아닌 이들이 공경하여 둘러 모셨으며, 또 열여섯 명의 왕자가 부처님께 '법륜 굴려 지이다' 청함을 보았다.

그때 범천왕들이 머리를 조아려 부처님께 예배하며 백천 번을 돌고, 하늘 꽃을 부처님 위해 흩었다. 그 흩은 꽃이 수미산과 같은데, 부처님의 보리수에까지 공양하였다. 꽃으로 공양하고는 각각 그 궁전을 부처님께 받들어 올리고 말하였다.

'저희들을 어여삐 여기시며 이롭게 하시사 이 받드옵는 궁전을 굽어 받으시옵소서.'

이때 범천왕들이 부처님 앞에서 한결같은 마음과 같은 음성으로 게송을 말하였다.

거룩하신 하늘의 왕이시여, 가릉빈가(迦陵頻伽) 같은 음성으로 중생들을 어여삐 여기올세 저희가 지금 예배하나이다.

세존께서 매우 희유하시어 오랜만에 한번 오시나이다. 일백 팔십 겁 지내도록 부처님이 계시지 아니하여 세 나쁜 갈래만 가득하고 하늘 대중은 점점 줄더니 부처님 이제 오시어 중생의 눈이 되시오며 세상 사람들 귀의할 곳이 되어 모든 중생 구호하시고, 중생들의 아버지 되어 어여삐 여기고 이롭게 하시니 우리들 전세의 복 있어 지금 세존을 뵈오네.

⑰ 이때 범천왕들이 부처님께 게송으로 찬탄하고 각각 말하기를 '원하옵건대 세존께서 모든 중생을 어여삐 여기사 법륜을 굴리어 중생을 제도하소서' 하고, 다시 여러 범천왕이 한결같은 마음과 같은 음성으로 게송을 말하였다.

대성인께서 법륜 굴리어 모든 법의 모양 보여 주시고 괴로운 중생 제도하여 큰 즐거움 얻게 하소서. 중생들 그 말씀 듣삽고 도를 얻어 천상에 나면 모든 나쁜 갈래 줄어들고 착한 일 하는 이 많아지오리.

이때 대통지승 여래께서 잠자코 허락하시니라.

또 비구들이여, 남방의 오백만억 국토에

있는 대범천왕들이 각각 자기 궁전의 광명이 비치는 것이 예전에 없던 것임을 보고 환희하며 뛰놀아 희유하다는 마음을 내고, 서로 나아가서 이 일을 의논하되'무슨 인연으로 우리의 궁전에 이런 광명이 있는가?' 하였다.

그 대중 가운데 묘법이라는 대범천왕이 있다가 범천의 무리를 위하여 게송으로 말하였다.

우리들의 모든 궁전에 광명이 매우 찬란한 일 인연이 없지 아니하리니, 이 현상을 미루어 볼 것이 지나간 백천겁 동안에 이런 일 본적 없나니. 대덕천이 나시려는가 부처님이 세상에 오심인가.

이때 오백만억의 범천왕들이 궁전과 함께하여 각각 반짇고리에 하늘 꽃을 담아 가지고 북쪽으로 함께 가서 이 상서를 찾다가 바라보니, 대통지승여래가 도량에서 보리수 아래 사자좌에 앉으셨는데 여러 하늘 용왕 건달바 긴나라 마후라가 사람, 사람 아닌 이들이 공경하여 둘러 모셨으며, 또 십육 왕자가 부처님께 '법륜 굴려 지이다' 라고 그때 범천왕들이 머리를 조아려 부처님께 예배하며 백천 번을 돌고, 하늘 꽃을 부처님 위에 흩었다. 그 흩은 꽃이 수미산과 같은데, 부처님의 보리수에까지 공양하였다. 꽃으로 공양하고는 각각 그 궁전을 부처님께 받들어 올리고 말하였다.

'저희들을 어여삐 여기시며 이롭게 하시사 이 받드옵는 궁전을 굽어 받으시옵소서.'

이때 범천왕들이 부처님 앞에서 한결같은 마음과 같은 음성으로 게송을 말하였다.

세존은 뵈옵기 매우 어려워 모든 번뇌를 깨뜨리신 이 일백 삼십 겁을 지내고야 이제 한 번 뵈옵나니, 굶주리고 목마른 중생들 법비로써 채워주시며 옛적에 뵈옵지 못

하던 지혜가 한량없는 이 우담발화와 같아
서 오늘에 비로소 만나네. 저희들의 이 모
든 궁전 광명 받사와 장엄했으니 세존이시
여, 크게 어여삐 여겨 원컨대 굽어 받으시
옵소서.

⑱ 이때 여러 범천왕이 부처님께 게송으로
찬탄하고 각각 말하기를 '원하옵건대 세존
께서 법륜을 굴리어 모든 세간의 하늘 마
왕 범천 사문 바라문들로 하여금 편안함을
얻어 해탈케 하소서.' 하고, 다시 여러 범
천왕이 한결같은 마음과 같은 음성으로 게
송을 말하였다.

바라옵건대 천상 인간의 높으신 이 위없는
법륜을 굴리시어 큰 법북을 치시고 큰 법
소라를 부시며 큰 법비를 널리 내리어 한
량없는 중생 제도하여지이다 저희들 귀의
하고 청하오니 멀고 깊은 음성으로 연설하
소서.

이때 대통지승여래께서 잠자코 허락하시니라.

서남방과 내지 하방까지도 모두 그러하였다. 그때 상방의 오백만억 국토에 있는 대범천왕들이 모두 자기가 있는 궁전의 광명이 찬란하여 예전에 없던 것임을 보고 환희하며 뛰놀아 희유하다는 마음을 내고, 각각 서로 나아가서 이 일을 의논하되 '무슨 인연으로 우리의 궁전에 이런 광명이 있는가?' 하였다.

그 대중 가운데 시기라고 하는 대범천왕이 있다가 범천의 무리를 위하여 게송으로 말하였다.

오늘날 무슨 인연으로 우리들의 여러 궁전에서 찬란한 광명이 비치어 그 장엄함을 처음 보니, 이렇게 기묘한 모양 예전에 보지 못하던 일. 대덕천이 나시려는가, 부처님이 세상에 오심인가.

이때 오백만억의 범천왕들이 궁전과 함께 하여 각각 반짇고리에 하늘 꽃을 담아 가지고 하방으로 함께 가서 이 상서를 찾다가 바라보니, 대통지승여래가 도량에서 보리수 아래 사자좌에 앉으셨는데, 여러 하늘 용왕 건달바 긴나라 마후라가 사람, 사람 아닌 이들이 공경하여 둘러 모셨으며, 또 십육 왕자가 부처님께 '법륜 굴려 지이다' 하고 청함을 보았다.

그때 범천왕들이 머리를 조아려 부처님께 예배하며 백천 번을 돌고, 하늘 꽃을 부처님 위에 흩었다. 그 흩은 꽃이 수미산과 같은데 부처님의 보리수에까지 공양하였다. 꽃으로 공양하고는 각각 그 궁전을 부처님께 받들어 올리고 말하였다. '저희들을 어여삐 여기시며 이롭게 하시사 이 받드옵는 궁전을 굽어 받으시옵소서.'

⑲ 이때 범천왕들이 부처님 앞에서 한결같

은 마음과 같은 음성으로 게송을 말하였
다.

거룩하시어라, 부처님. 세상 구원하시는 세
존 뵈오니 삼계의 지옥 속에서 중생을 권
하여 나오게 하시고, 지혜 많고 세상의 높
으신 이. 모든 중생 가엾이 여겨 감로의
문을 열고 두루두루 제도하시네. 한량없이
오랜 세월을 부처님 없이 지냈으니 세존께
서 오시기 전에 시방 세계가 항상 캄캄해
세 나쁜 갈래 늘어만 가서 아수라까지 치
성하오매 하늘 대중은 줄어들고 죽는 이
흔히 악도에 떨어져 부처님 법문 듣지 못
하고 착하지 못한 일 항상 행하여 육신과
힘과 지혜 이런 것 모두 적어지고 죄업을
지은 인연으로 즐거운 일과 생각까지도 없
어지고 삿된 소견에 머물러 있어 점잖은
행동 알지 못하며 부처님 교화 받지 못하
여 나쁜 갈래에 항상 있거늘 세상의 눈이

신 부처님 오랜만에 나타나시네. 중생들
가엾이 여기시고 이 세상에 오시어서 세간
을 뛰어나 정각 이루시니 우리들 한없이
경행하오며 그 외의 모든 중생들 처음 본
다 찬탄하나니, 저희들의 모든 궁전이 부
처님 광명 받아 훌륭한 것을 지금 세존께
받드옵나니. 바라옵건대 받아 주소서, 이
공덕 모든 중생에게 미치어 우리들 다 함
께 성불해지이다.

이때에 오백만억 범천왕들이 게송으로 부
처님을 찬탄하고 사뢰었다. '바라옵건대 세
존이시여, 법륜을 굴리시어 모두 편안케
하여 주시며 해탈케 하여 주소서.'

그리고 또 범천왕들이 게송으로 말하였다.

세존이시여, 법륜을 굴리어 감로의 법북
치시며 고통 받는 중생 건지시고 열반의
길 보여 주소서. 바라옵건대 저희를 어여
삐 여기사 크고 훌륭한 음성으로 오랜 세

월에 닦아 익히게 할 미묘한 법을 연설하
소서.

⑳ 이때 대통지승여래는 시방 세계의 범천
왕들과 열여섯 분 왕자의 청을 받고 곧 세
번에 십이행의 법륜을 굴리었으니, 사문이
나 바라문이나 하늘 마왕 범천이나 다른
세간들로는 굴릴 수 없는 것으로, 이른바
이것은 괴로움이요, 이것은 괴로움의 쌓임
이요, 이것은 괴로움의 사라짐이요, 이것은
괴로움이 사라지는 길이니라.

또 십이 인연의 법을 널리 말하였으니 무
명은 행에 반연되고, 행은 식에 반연되고,
식은 명색에 반연되고, 명색은 육입에 반
연되고, 육입은 촉에 반연되고, 촉은 수에
반연되고, 수는 애에 반연되고, 애는 취에
반연되고, 취는 유에 반연되고, 유는 생에
반연되고, 생은 노사우비고뇌에 반연되느
니라. 무명이 사라지면 행이 사라지고, 행

이 사라지면 식이 사라지고, 식이 사라지
면 명색이 사라지고, 명색이 사라지면 육
입이 사라지고, 육입이 사라지면 촉이 사
라지고, 촉이 사라지면 수가 사라지고, 수
가 사라지면 애가 사라지고, 애가 사라지
면 취가 사라지고, 취가 사라지면 유가 사
라지고, 유가 사라지면 생이 사라지고, 생
이 사라지면 노사우비고뇌가 사라지느니
라.

부처님이 천상 인간 대중 가운데서 이 법
을 말씀할 때에 육백만억 나유타 사람들이
온갖 법을 받지 아니함으로써 모든 번뇌에
서 마음이 해탈해지고, 깊고 묘한 선정과
세 가지 밝음과 여섯 신통을 얻어 여덟 가
지 해탈을 갖추었느니라.

둘째 번, 셋째 번, 넷째 번에 법을 말씀할
적에는 천만억 항하사 나유타 중생들이 또
한 온갖 법을 받지 아니함으로써 모든 번

뇌에서 마음이 해탈해지고, 그 뒤부터 여러 성문대중이 한량없고 그지없어 이루 다 셀 수 없었느니라.

그때 십육 왕자들이 모두 동자로 출가하여 사미가 되니 근성이 영리하고 지혜가 총명하며, 백천만억 부처님께 공양하고 범행을 닦으며 아뇩다라삼먁삼보리를 구하여 부처님께 함께 사뢰었다. '세존이시여, 이 한량없는 천만 억 성문 대덕들이 이미 성취되었나이다. 세존께서는 또 저희들을 위하여 아뇩다라삼먁삼보리 법을 말씀하여 주소서. 저희가 듣고는 다 함께 닦아 배우겠나이다. 세존이시여, 저희들도 여래의 지견을 지원하옵나니, 마음으로 깊이 염원하옴을 부처님께서 통촉하시리이다.'

이때에 전륜성왕이 데리고 온 대중 가운데서 팔만억 사람이 십육 왕자의 출가함을 보고, 자기들도 출가하기를 구하므로 전륜성왕이 허락하였느니라.

㉑ 그때 저 부처님이 사미들의 청을 받고, 이만 겁을 지내고 나서 사부대중 가운데서 대승경을 말씀하시었으니, 이름이 묘법연화경이라. 보살을 가르치는 법이며, 부처님이 호념하는 바이니라. 이 경을 말씀하시니, 십육 사미들이 아뇩다라삼먁삼보리를 위하여 함께 받아 지니고 외워 통달하였다.

이 경을 말씀할 때에 십육 보살사미는 모두 믿고 받아 지녔으며, 성문대중에도 믿고 이해하는 이가 있었으나 다른 천만 억 종류의 중생들은 모두 의혹을 내었느니라.

부처님이 팔천 겁 동안 이 경을 말씀하시며 잠깐도 쉬지 않으셨고, 말씀하시기를 마치시고는 고요한 방에 들어가 팔만 사천 겁 동안 선정에 머무르시었다.

이때에 십육 보살사미는 부처님께서 방에 들어가 고요히 선정에 드신 줄을 알고는, 각각 법좌에 올라가서 팔만 사천 겁 동안 사부대중들을 위하여 묘법연화경을 분별하여 해설하며, 낱낱의 보살이 육백만억 나유타 항하사 중생들을 제도하여 보여 주고 가르쳐서 이롭고 기쁘게 하였으며, 아뇩다라삼먁삼보리의 마음을 내게 하였느니라.

대통지승부처님이 팔만 사천 겁을 지내고는 삼매로부터 일어나 법상에 나아가 편안히 앉으시어 대중에게 말씀하셨다.

'이 십육 보살사미는 매우 희유하고 모든 감관이 영리하고 지혜가 총명하며, 이미 한량없는 천만 억 부처님께 공양하였고, 여러 부처님 계신 곳에서 항상 범행을 닦았으며 부처 지혜를 받아 지니고 중생들에게 보여 주어 그 가운데 들어가게 하는 이들이니, 너희는 자주자주 친근히 모시며 공양하라. 무슨 까닭이냐 하면, 만일 성문이나 벽지불이나 보살들이 이 십육 보살의 말하는 경을 믿고 받아 지니고 훼방하지 아니하면, 그 사람은 마땅히 아뇩다라삼먁삼보리와 여래의 지혜를 얻으리라.'

부처님이 여러 비구들에게 말씀하셨다. '이 십육 보살이 항상 묘법연화경을 말하기를 좋아하였느니라. 낱낱 보살이 교화한 육백만억 나유타 항하사 중생들은 세세생생에 보살과 함께 나서 그의 법문을 듣고는 모두 믿고 이해하였나니, 이런 인연으로 사만 억 부처님 세존을 만나면서 지금까지 끝나지 아니하였느니라.

㉒ 여러 비구들이여, 내가 이제 너희에게 말하노라. 저 부처님의 제자 십육 사미들이 지금 아뇩다라삼먁삼보리를 얻고, 현재에 시방 국토에서 법을 말하면서 한량없는 백천만억 보살과 성문으로 권속을 삼았느

니라.

그 두 사미는 동방에서 부처가 되었는데, 한 분은 아축불이니 환희국에 있고, 한 분은 수미정불이니라.

동방의 두 부처는 한 분은 사자음불이요, 한 분은 사자상불이니라.

남방의 두 부처는 한 분은 허공주불이요 한 분은 상멸불이니라. 서남방의 두 부처는 한 분은 제상불이요 한 분은 범상불이니라. 서방의 두 부처는 한 분은 아미타불이요 한 분은 도일체세간고뇌불이니라. 서북방의 두 부처는 한 분은 다마라발전단향신통불이요 한 분은 수미상불이니라.

북방의 두 부처는 한 분은 운자재불이요, 한 분은 운자재왕불 이니라. 동북방의 부처는 괴일체세간포외불이니라.

제 십육은 나 석가모니불이니 사바세계에

서 아뇩다라삼먁삼보리를 이루었느니라.

여러 비구들이여, 우리들이 사미로 있을 적에 각각 한량없는 백천만억 항하사 중생들을 교화하였으며, 그들은 우리에게 법을 들었으니 아뇩다라삼먁삼보리를 얻기 위하였느니라.

이 중생들로서 지금에 성문의 지위에 있는 이들도 우리가 항상 아뇩다라삼먁삼보리 법으로써 교화하였으므로, 이 사람들은 마땅히 이 법으로 점점 부처의 길에 들어가리라.

무슨 까닭이냐 하면, 여래의 지혜는 믿기 어렵고 이해하기 어렵기 때문이니라.

그때에 교화한 한량없는 항하사 중생들은 너희들 여러 비구와, 내가 열반한 뒤 오는 세상의 성문제자들이니라.

내가 열반한 뒤에 어떤 제자가 이 경을 듣

지 못하며, 보살의 행할 바를 알지도 못하고 깨닫지 못하며, 자기가 얻은 공덕에 대하여 멸도하였다는 생각을 내고 마땅히 열반에 들 수 있다 한다면 내가 다른 세계에서 성불하여 다른 이름을 가지리라. 그때에 이 사람이 비록 멸도 하였다는 생각을 내어 열반에 든다 하였더라도 저 세계에서 부처 지혜를 구하여 이 경을 듣게 되리니, 오직 일불승이어야 열반을 얻는 것이요 다른 승이 없거니와, 다만 여래의 방편으로 말씀하는 법은 제외 할 것이니라.

여러 비구들이여, 여래가 열반할 시기가 이르렀고 대중도 청정하여 믿고 이해함이 견고하며 공한 법을 통달하여 선정에 깊이 들어간 줄을 알면, 문득 여러 보살과 성문들을 모아 놓고 이 경을 말하나니, 세간에서 이승으로는 열반을 얻을 수 없고, 다만 일불승으로만 열반을 얻을 것이니라.

㉓ 비구들이여, 여래는 방편으로써 중생의 성품에 깊이 들어가, 그들이 소승법을 좋아하며 다섯 가지 욕망에 매우 탐착함을 알고 그들을 위하여서 열반이라고 말하는 것을 그 사람이 듣고는 그대로 믿고 받아 지니느니라.

마치 오백 유순이나 되는 험난하고 길이 나쁘고 인적마저 끊어진 무서운 곳이 있는데, 많은 사람들이 이곳을 지나서 보물이 많은 곳으로 가고자 하였다. 이때 한 길라잡이가 있는데 총명하고 지혜가 많고 이 험한 길의 통하고 막힌 형편을 잘 알아서 여러 사람들을 데리고 이 험난한 길을 통과하고 있었다.

데리고 가는 사람들이 중도에서 물러갈 마음이 생겨 길라잡이에게 말하였다.

'우리들이 극도로 피로하고 또 무서워서 다시 더 나아갈 수 없고 앞길은 이제도 매

우 머니, 이제 그만 가고 되돌아설까 하노
라.'

길라잡이는 방편이 많아서 이렇게 생각하
였다. '이 사람들은 참으로 딱하나, 어찌하
여 큰 보물을 구하지 않고 물러가려 하는
가.' 이렇게 생각하고는 방편으로써 험난한
길에서 삼백 유순을 지나서 한 도성을 변
화하여 만들어 놓고 여러 사람에게 말하였
다. '그대들은 무서워하지 말고 되돌아가지
도 말라. 저기 큰 도성이 있으니 그 안에
서 마음대로 즐길 수 있느니라. 저 도성에
들어가면 편안히 살 수도 있고 앞으로 가
면 보물이 있는 곳에도 갈 수가 있느니
라.'

이때에 피로해 있던 무리들은 매우 기뻐하
며 처음 보는 일이라고 찬탄하였다. '우리
가 이제는 험한 길을 벗어나서 편안히 쾌
락을 얻었노라.'

이리하여 여러 사람들은 변화하여 만든 도성에 들어가서 〈이미 지내 왔다〉는 생각을 내고 〈편안하다〉는 생각을 내었다.

이때 길라잡이는 이 사람들이 잘 쉬어서 다시 피로하지 않은 줄을 알고는 변화하여 만든 도성을 없애고 여러 사람에게 말하였다. '그대들은 앞으로 나아가자. 보물이 있는 곳이 멀지 않으니라. 아까 있던 도성은 내가 조화로 만든 것이니, 임시로 쉬어가기 위한 것이었느니라.'

㉔ 여러 비구들이여, 여래도 그와 같으니, 지금 그대들의 길잡이가 되었으매, 죽고 사는 번뇌의 나쁜 길이 험난하고 먼 것과 갈 만한 데와 건널 만한 데를 알건마는, 중생들이 일불승만을 들으면 부처님을 뵈오려고 하지도 않고 친근하려고 하지도 않으며, 문득 생각하기를 '부처 되는 길이 멀고 멀어서 오래오래 애쓰고 닦아야 이룰

수 있으리라' 하느니라.

부처님은 그들의 마음이 겁약하고 용렬한 줄 아시고, 방편을 써서 중도에서 쉬게 하기 위하여 두 가지 열반을 말하였느니라.

만일 중생이 두 지위에 머무르면, 그때에 여래는 이렇게 말씀하느니라.

너희들은 할 일을 아직 다하지 못하였으며, 너희가 머물러 있는 지위는 부처의 지혜에 가까울 뿐이니, 잘 관찰하고 헤아려 보라. 얻었다는 열반이 진실한 것이 아니요, 다만 여래가 방편으로써 일불승에서 분별하여 삼승을 말한 것뿐이니, 마치 저 길잡이가 쉬어 가기 위하여 조화로 만든 도성과 같으니라. 그러므로 잘 쉰 줄을 알면 다시 말하기를 '보물이 있는 곳이 멀지 아니하고, 이 도성은 참이 아니니 내가 변화하여 만든 것이라' 하느니라."

이때 세존께서 이 뜻을 거듭 펴시려고 게
송을 말씀하시었다.

대통지승부처님 도량에 앉은 지 열 겁에도
부처님 법 나타나지 않아 성불하지 못하시
니 여러 하늘과 용왕들과 아수라 무리들이
하늘 꽃을 항상 내려 부처님께 공양하며
여러 하늘들 북을 치고 모든 풍류 다 잡히
며 시든 꽃은 향풍이 불어가고 새롭고 좋
은 꽃의 비를 내리네. 열 소겁을 지난 뒤
에 비로소 성불하매 하늘 사람 인간사람
기쁜 마음 뛰노나니, 그 부처의 십육 왕자
모두 그 권속들과 천만억 무리에게 둘러싸
이어 부처님 계신 데 이르러 머리 조아려
예배하고 법륜 굴려지이다.

청하는 말 '거룩한 사자시여, 법비 내려
저희와 여러 중생 축여 주소서. 세존 뵙기
매우 어려워 오랜만에야 한 번 오시 나니
중생을 깨우치시려고 모든 것을 진동하시

네.'

㉕ 동방에 있는 여러 세계 오백만억 국토에 있는 범천왕의 궁전 밝게 비추니 예전에 보지 못하던 일 모든 범천들, 이 상서 보고 부처님 계신데 찾아가 하늘 꽃 흩어 공양하고 궁전까지 받들어 올리며 법륜 굴려지이다 청하고 게송을 읊어 찬탄하나, 때가 안된 줄 부처님 아시고 청 받고 잠자코 앉으시네. 남 서 북방과 네 간방 상방과 하방 모두 그러해 꽃 흩고 궁전 받들고 법륜 굴려지이다.

청하는 말, 뵈옵기 어려운 세존이시여 바라건대 자비하신 원력으로 감로문을 널리 여시고 더 없는 법륜 말씀하소서, 지혜가 한량없는 세존 여러 사람의 청을 받고 네 가지 진리, 열두 가지 인연, 갖가지 법 말씀하시니 무명으로부터 노사에까지 모두 생을 인해 있는 것. 이러한 여러 가지 허물 너희들 자세히 알라.

이 법을 말씀하실 때 육백만억 나유타 중생 모든 괴로움을 다 여의고 아라한을 이루네. 둘째 번 설법할 적에 천만 억 항하사 중생 모든 법을 받지 아니해 모두 아라한 이루니 이때부터 도를 이룬 이 그 수효 한량이 없어 만억 겁 동안 셈을 하여도 그 끝을 얻을 수 없어. 그때 십육 왕자들 출가하여 사미가 되어 부처님께 청하는 말씀 '대승법을 연설해주소서. 저희와 여러 시중들 모두 다 부처 이루어 세존과 같이 지혜의 눈 깨끗하기 제일 되고자.'

부처님은 동자들의 마음과 전세에 수행한 일 아시고 한량이 없는 인연과 갖가지 비유들로써 여섯 가지 바라밀다와 그밖에 신통한 일을 말하며 보살의 행하는 도와 진실한 법을 분별하시고 이 묘법연화경 말씀하시니, 항하의 모래같이 많은 게송 그 부처님 법화경 연설하신 뒤 고요한 방에서 선정에 들어 한 곳에서 일심으로 팔만 사천 겁 동안 앉아 계시니 그 여러 사미들 부처님 선정에 드신 줄 알고 한량없는 억만 중생에게 위없는 부처의 지혜 말하며 제각기 법상에 앉아 이 대승경 연설하고 부처님 열반하신 후 그 교화하는 법을 도우니, 그 여러 사미들이 제도한 중생의 수효 육백만억 항하의 모래로 계산하리만큼 많았고,

㉖ 그 부처님 열반하신 후 이 법문을 들은 이들 간 곳마다 부처님 세계에서 항상 스승과 함께 났으며 그 십육 사미들은 부처의 도 갖춰 행하여 지금 시방 세계에서 각각 정각을 이루었고 그때 법문 들은 이들 여러 부처님 계신 곳에 있어 아직 성문에 머무른 이 점차로 부처의 도를 가르치며 십육 왕자의 하나이던 나도 너희에게 법을

말하였으므로 점차의 방편으로써 너를 부처의 지혜로 인도했나니, 이 전세의 인연 지금 법화경 말하여 부처의 도에 들게 하노니 부디 놀라고 두려워 말라. 비유컨대 험악한 길 외딸고 멀고 흉악한 짐승 많은 곳 게다가 물과 풀까지 없어 사람들이 무서워 하는 곳, 수 없는 천만명 무리 이 길을 걸어가려는데 길은 멀고 멀어 오백 유순이 넘는다고.

이때에 한 길라잡이 아는 것 많고 지혜도 있어 분명히 알고 결정한 마음 험한 길 앞장서서 걱정이 없게 무리들 모두 지치어서 길라잡이께 하소연하는 말, 우리들 하도 피곤해 이만하고 돌아가려오.

길라잡이 스스로 생각하기를, 저 사람 딱한 무리들 여기 왔다 어째서 되돌아가고 많은 보물을 버리려는가. 가만히 방편을 생각하되, 내 이제 신통한 힘내어 굉장한 도성을 만들어 놓고 훌륭한 저택을 조화로 꾸며 주위엔 원림이 둘러서 있고 맑은 시냇물 깨끗한 목욕 터 고루거각에 안팎 대문들, 남자와 여자 가득히 사는 이렇게 도성을 만들어 놓고 무리를 위로해 달래는 말. 걱정들 말고 이 성에 들어가 그대들의 맘대로 즐기고 살라. 여러 사람들 그 성에 들어가 마음이 한없이 즐거워 편안하다는 생각을 내고 건너왔노라 자부하였다.

길라잡이, 편안히 쉰 줄을 알고 무리를 모아 놓고 선언하는 말.

그대들은 앞으로 나아가자. 이것은 조화로 만든 도성, 그대들 하도 피곤하여 중도에서 되돌아가려 하기에 내가 방편으로 조화를 부려 이성을 만들었던 것. 그대들이 부지런히 정진만 하면 보물 있는 곳에 가게 되오리.

㉗ 나도 역시 그와 같아서 모든 중생의 길

라잡이니 도를 구하는 여러 사람들 중도에
서 지치고 게을러서 번뇌의 험난한 길에서
생사를 건너지 못함을 보고 내가 방편의
힘으로 쉬게 하려고 열반을 말하여 너희들
의 괴로움이 없어지고 할 일을 다 하였다
했더니, 이미 열반에 이르러 아라한 이룬
줄 알고는 이에 대중을 모으고 진실한 법
을 말하느니라. 여러 부처님 방편의 힘으
로 삼승을 분별해 말하지만 오직 일불승뿐
인데 쉬게 하려고 이승을 말한 것.

이제 그대에게 참말을 하노니, 네가 얻은
것 참 열반 아니니 부처의 온갖 지혜 얻으
려고 크게 정진할 정성을 내어 온갖 지혜
와 열 가지 힘 그러한 불법을 얻고 삼십이
잘생긴 모습 갖추어야 진실한 열반에 이르
니, 길라잡이이신 부처님 쉬게 하려고 열
반 말했고 쉰 줄을 이미 알고는 부처님 지
혜로 인도하나니라.

묘법연화경 화성유품 종

묘법연화경 제 3권 종

묘법연화경 제 4권

오백제자수기품 제 8

㉘ 이때에 부루나미다라니자가 부처님께 지혜와 방편으로 마땅하게 법을 말씀함을 들었고, 또 여러 큰 제자들에게 아뇩다라 삼먁삼보리를 얻으리라는 수기 주심을 들었고 또 지난 세상의 인연을 말씀함을 들었고 또 부처님들이 크게 자재하신 신통한 힘을 가지었음을 들었다.

그래서 미증유함을 얻고 마음이 깨끗하여져서 뛰놀면서, 자리에서 일어나 부처님 앞에 나아가 머리를 조아려 발에 예배하고 물러가 한 쪽에 앉아서 존안을 우러러 보고 한 눈 팔지 아니 하면서 이렇게 생각하였다.

'세존이 매우 기특하시고 하시는 일이 희유하며 세간의 여러 가지 성품을 따라 방편과 지견으로써 법을 말씀하여 간 곳마다 탐하고 집착함에서 빼내어 주시나니, 우리는 부처님의 공덕을 이루 다 말할 수 없거니와, 오직 부처님 세존께서는 우리의 깊은 마음으로 소원함을 아시리라.'

이때 부처님이 여러 비구에게 말씀하였다.

"너희들은 이 부루나미다라니자를 보느냐. 나는 항상 그를 칭찬하여 법을 말하는 사람 중에 가장 제일이라 하였으며, 또 그의 여러 가지 공덕을 찬탄하되, 정진하고 수호하여 나의 법을 도와 선전하며, 사부대중에게 보여주고 가르쳐서 이롭고 기쁘게 하며 부처님의 바른 법을 구족하게 해석하여 함께 범행을 닦는 이들을 크게 이익케 하므로 여래를 제외하고는 그의 언론하는 변재를 따를 이가 없다고 하느니라. 너희들은 부루나가 나의 법만을 수호하여 도와 선전한다고 말하지 말라. 지난 세상에 구십억 부처님 처소에서도 그 부처님들의 바른 법을 수호하여 도와 선전하였으며, 그 부처님에게서도 법을 말하는 사람들 중에 가장 제일이 되었고 또 여러 부처님이 말씀하신 공한 법을 분명히 통달하여 네 가지 걸림 없는 지혜를 얻었으며, 항상 자세히 생각하고 청정하게 법을 말하여 의혹이 없으며 보살의 신통한 힘을 갖추고 그의 목숨이 다 하도록 항상 범행을 닦았으므로 그 부처님 당시의 사람들이 모두 말하기를 '참다운 성문이라' 하였느니라.

부루나는 이런 방편으로 한량없는 백천 중생을 이익케 하였고, 또 한량없는 아승지 사람들을 교화하여 아뇩다라삼먁삼보리에 이르게 하였으니 부처님의 국토를 청정케 하기 위하여 항상 불사를 지어 교화하였느

니라.

㉙ 여러 비구들이여, 부루나는 과거의 칠불 때에도 법을 말하는 사람들 중에 제일이 되었고, 지금 나에게서도 법을 말하는 사람들 중에 제일이 되었으며, 이 현겁 중에서 미래의 여러 부처님의 법을 말하는 사람들 중에서도 또한 제일이 될 것이니, 그때마다 부처님의 법을 수호하고 도와 선전하는 것이며, 오는 세상에도 한량없고 그지없는 부처님의 법을 수호하고 도와 선전하며, 한량없는 중생을 교화하고 이익케 하여 아뇩다라삼먁삼보리에 이르게 하리니, 부처님의 국토를 청정케 하기 위하여 항상 부지런히 정진하고 중생을 교화하여 차츰차츰 보살의 도를 구족하리니라.

한량없는 아승지 겁을 지내고 이 세계에서 아뇩다라삼먁삼보리를 얻으리니, 이름이 법명여래 응공 정변지 명행족 선서 세간해 무상사 조어장부 천인사 불 세존이니라.

그 부처님은 항하의 모래 같이 많은 삼천대천세계로써 한 국토를 만들었으며, 칠보로 땅이 되어 평평하기 손바닥 같아서 산과 등성이와 골짜기와 시내와 개울과 구렁이 없고, 칠보로 만든 대와 누각이 그 안에 가득 하였으며, 하늘의 궁전들이 가까운 허공에 있어서 인간 사람과 하늘 사람이 서로 볼 수 있으며, 여러 가지 나쁜 갈래도 없고, 여인도 없으며 모든 중생들이 모두 화생하고 음욕이 없느니라.

큰 신통을 얻어 몸에서 광명이 나고 자유자재하게 날아다니며, 생각이 견고하고 정진하며 지혜가 있고 몸이 모두 금빛이요 삼십이 어른다운 몸매로 장엄하였느니라.

그 나라 중생들은 항상 두 가지로 음식을 삼나니, 하나는 법을 즐겨하는 음식이요, 둘은 선정을 즐겨하는 음식이니라.

한량없는 아승지 천만 억 나유타 보살들이 있어 큰 신통과 네 가지 걸림 없는 지혜를 얻고 중생들을 잘 교화하고, 성문대중은 산수로 계산하여도 알 수 없는데 모두 여섯 가지 신통과 세 가지 밝음과 여덟 가지 해탈을 구족하였으니, 그 부처님의 국토에는 이와 같은 한량없는 공덕 장엄을 성취하였느니라.

겁의 이름은 보명이요, 나라 이름은 선정이며, 부처님의 수명은 한량없는 아승지 겁이니, 법이 오래오래 머물 것이요, 부처님이 열반하신 후에는 칠보로 탑을 만들어 나라 안에 가득하리라."

㉚ 이때 세존께서 이 뜻을 거듭 펴시려고 게송을 말씀하였다.

비구들아 잘 듣거라 불자들의 행하는 도 방편법을 잘 배워서 말하고 생각할 수 없어 대중이 소승법 좋아하고 큰 지혜를 무

서워하며 그런 줄 아는 보살들 성문이나
연각이 되어 무수한 방편을 써서 중생들을
교화하는데 나는 참으로 성문이러니, 부처
님 길과는 매우 멀어 이렇게 많은 중생을
제도해 모두 다 성취케하고, 욕망이 적고
게으른 이도 미래에 부처를 이루게 속으로
보살의 행 감추고 겉으로 성문인양 보이어
욕망 적고 생사 싫어하지만 실제로는 불국
토를 깨끗케 하며 남에게 삼독 있는 양 보
이고 삿된 소견을 나타내나니, 나의 제자
들 모두 이렇게 방편으로 중생을 제도하
니, 저들의 교화하는 방편을 내가 구족히
말한다면 중생들 이 말 듣고는 마음으로
의혹하리라.

지금 이 부루나는 옛적 백천억 부처님 섬
겨 수행하는 일 부지런하고 불법을 선포하
며 수호하였고 위없는 지혜 구족하느라고
여러 부처님 계신 데서 지금도 제자들의

두목으로 많이 들었고 지혜 있으며 법을
말하기 두려움 없고 여러 사람들 즐겁게
하며 조금도 고달픈 줄 모르며 부처님의
교화를 보조하나니 큰 신통 이미 얻었고
걸림 없는 네 가지 지혜 갖추어 저 중생들
의 근성을 알고 청정한 법을 항상 말하며,
이런 뜻 유창하게 연설하고 천만 억 중생
교화하여 대승 법에 머물게 하며 스스로는
불국토를 깨끗케 하고 오는 세상에도 한량
이 없는 많은 부처님 공양하고 바른 법 수
호·선포하면서 자기는 부처 세계를 청정
케 하고 언제나 여러 가지 방편으로 두려
움 없이 법을 말하며 수없는 중생 건지어
온갖 지혜 성취케 하고, 여러 여래께 공양
도 하고 법보의 광을 수호하다가 나중에
부처를 이루어 이름을 법명이라 하리라.
그 국토 이름은 선정이니 칠보를 합해서
이루었고, 겁의 이름은 보명이며, 보살 대
중이 하도 많아서 그 수효 한량없는 천만

억.

모두 큰 신통 얻었고 위엄과 공덕 구족한 이들 나라 안에 가득히 차고 성문대중도 수효가 없어 삼명과 팔해탈 얻었고 네 가지 걸림 없는 지혜 갖추어 이런 이들로 승보가 되나니, 그 세계의 여러 중생들 음욕은 이미 없어지고 순전히 변화로 태어나며 상호 갖추어 그 몸을 장엄.

법에 기쁘고 선정에 희열 다른 것 먹을 생각도 없고 여인이란 이름도 없으며 나쁜 갈래도 없나니 부루나 비구는 공덕이 원만히 성취되어 이러한 정토를 얻어 거룩한 대중 수없이 많으리.

이렇게 한량없는 사실을 내 이제 간략히 말 하였네.

㉛ 이때에 일천이백 아라한들로 마음에 자재함을 얻은 이들이 이렇게 생각하였다.

'우리들은 즐거워 전에 없던 일 얻었으니, 만일 세존께서 저 큰 제자들과 같이 수기를 주신다면 얼마나 통쾌하랴.'

부처님이 이 대중들 생각을 아시고 마하가섭에게 말씀하였다.

"이 일천이백 아라한들에게 내가 이제 차례로 아뇩다라삼먁삼보리를 얻으리란 수기를 주리라. 이 대중 가운데 있는 나의 큰 제자인 교진여 비구는 마땅히 육만 이천억 부처님께 공양하고 그런 뒤에 부처가 되리니 이름은 공명여래 응공 정변지 명행족 선서 세간해 무상사 조어장부 천인사 불세존이라 하리라.

그리고 오백 아라한인 우루빈나가섭 가야가섭 나제가섭 가류타이 우타이 아누루타 이바다 겁빈나 박구라 주타 사가타 등도 모두 아뇩다라삼먁삼보리를 얻어서 다 같이 이름을 보명이라 하리라."

이때 세존께서 이 뜻을 거듭 펴시려고 게송을 말씀하였다.

교진여 비구는 한량없는 부처님 뵈오면서 아승지 겁을 지내고 등정각을 이루리라 항상 큰 광명 놓고 모든 신통 구족하여 명성이 시방에 퍼져 모든 이의 공경 받으며 위없는 도를 항상 말하여 이름을 보명이라 하리. 그 국토가 청정하고 보살들 모두 용맹하며 미묘한 누각을 타고 시방 세계에 다니면서 위가 없는 공양거리로 여러 부처님을 받들어 이렇게 공양하고는 환희한 마음으로 잠시간에 본국에 돌아오는 이러한 신통 있나니, 부처님 수명은 육만겁, 정법은 수명의 곱절, 상법은 또 정법의 곱이나 법 사라지면 천상 인간이 근심. 그 오백 비구들 차례차례 부처님 되어 이름이 다 같이 보명. 차례대로 수기하기를 내가 열반한 뒤에는 아무가 부처 이루고 그의 교화하는 세상 오늘날 나와 같으리. 국토의 깨끗한 장엄 여러 가지 신통한 힘과 보살 성문의 대중과 정법과 상법 수명의 오랜 겁수가 모두 위에서 말한 것 같나니 가섭이여, 그대가 이미 오백의 자재한 이를 알거니와 그 남은 여러 성문들도 모두 이와 같으리니, 이 회상에 있지 않는 이에게 네가 이렇게 일러주라.

㉜ 이때에 오백 아라한이 부처님 앞에서 수기를 받고 기뻐 뛰면서 자리에서 일어나 부처님 앞에 나아가 머리 조아려 발에 예배하면서 뉘우치고 스스로 책망하였다.

"세존이시여, 저희들이 매양 생각하기를 끝까지의 열반을 얻었노라 하였삽더니, 지금에 와서야 지혜 없는 이와 같은 줄을 알았나이다. 그 까닭을 말하오면 저희들도 여래의 지혜를 얻을 수 있건마는 문득 조그만 지혜로 만족하게 여기었나이다.

세존이시여, 마치 어떤 사람이 친구의 집에 갔다가 술에 취하여 누워 자는데, 주인 친구는 관청일로 길을 떠나게 되었습니다. 그래서 값을 칠 수 없는 보배를 옷 속에 매어 주고 갔는데, 그 사람은 취해 누워서 알지 못하였고, 깨어난 뒤에는 길을 떠난 다른 지방으로 두루 다니면서 의식을 위하여 부지런히 애써 돈을 버느라고 갖은 고생을 하면서 조금이라도 소득이 있으면 만족하게 생각하였습니다. 얼마 오랜 뒤에 친구를 다시 만났더니 이렇게 말하였습니다.

'애닯다. 이 사람아, 어찌하여 의식을 위하여 이 지경이 되었는가. 내가 예전에 그대로 하여금 마음대로 다섯 욕락을 누리면서 편안히 살게 하려고 아무 연분에 값을 칠 수 없는 보배를 그대의 옷 속에 매어주지 않았던가. 지금도 그대로 있는데 그대가 알지 못하고 이렇게 고생을 하면서 군색한 생활을 하고 있으니 매우 가련한 일이로다. 이제라도 이 보배를 팔아서 필요한 물품을 바꾼다면 만사가 여의 하여 부족함이 없으리라' 하였습니다.

부처님도 그와 같아서, 보살이시던 때에 저희들을 교화하여 온갖 지혜를 구하는 마음을 내게 하였사오나, 곧 잊어버리고 알지도 깨닫지도 못하였으며, 아라한의 도를 얻고는, 이미 열반이라고 생각하였으므로 살림이 근근하지마는 적은 것을 얻고 만족하다 여기었으나, 온갖 지혜를 얻으려는 염원은 오히려 남아있고 잃어지지 않았나이다.

이제 세존께서 저희들을 깨닫게 하시려고 이렇게 말씀하시나이다. '여러 비구들이여, 그대들의 얻은 것은 끝까지의 열반이 아니니라. 내가 오래 전부터 그대들로 하여금 부처님의 선근을 심게 하였지마는, 방편으로 열반의 모양을 보이었더니, 그대들이 참으로 열반을 얻었노라 하는구나.' 하시었나이다. 세존이시여, 저희들이 이제야 참으로 보살이어서 아뇩다라삼먁삼보리의 수기를 받았나이다. 이러한 인연으로 매우 환희하여 전에 없던 일을 얻었다 하나이다."

㉝ 이때에 아야교진여 등이 이 뜻을 거듭 펴려고 게송을 말하였다.

저희들이 위가 없고 편안하게 수기를 주시는 음성 듣잡고 기쁘고 전에 없던 일이어서 무량지 부처님께 예배합니다. 지금 세존 앞에서 모든 허물 뉘우치옵고 한량없는 부처 보배에서 열반의 일부분 얻삽고 지혜 없고 어리석은 사람처럼 스스로 만족하다 여기었으니, 마치 빈궁한 사람이 친구의 집을 찾아갔는데 그 집이 매우 부유하여 성대한 음식을 차려 대접하고 값을 칠 수

없는 보배구슬 옷 속에 매어주고 잠자코
볼일 보러 갔는데 그때 술에 취해 모르고
있었네. 빈궁한 사람 깨어나서는 여러 곳
으로 돌아다니며 의식을 벌어 살아가느라
가난한 살림 말할 수 없고 조금만 얻어도
만족타 하고 더 좋은 것 원하지 않으며 옷
속에 보배 구슬이 매어 있는 줄 알지 못하
니, 보배를 매어준 친구 그 뒤에 빈궁한
친구를 보고 웬일인가 책망하면서 옷 속의
구슬 보여 주었소. 빈궁한 사람 구슬을 보
고 환희한 마음 말할 수 없어 많은 살림을
마련해 놓고 다섯 가지 욕망 맘껏 누리니,
저희들도 그와 같아서 캄캄한 옛날 부처님
께서 어여삐 여기고 교화하시어 위없는 서
원 심게 하시나, 저희들 지혜가 없어 알지
도 못하고 깨닫지 못해 열반이 일부분 조
금 얻고는 만족히 여기고 더 구할 줄 몰라
이제 부처님 나를 깨우쳐 이것은 참된 열
반 아니니 위없는 부처님 지혜 얻어야 그

것이 참 열반이라 하시니, 저희는 지금 부처님께옵서 찬란한 수기 주시는 일과 차례대로 수기하리란 말씀 듣고 몸과 마음에 기쁨이 가득하옵니다.

묘법연화경 오백제자수기품 종

수학무학인기품 제 9

㉞ 이때에 아난과 라후라가 이렇게 생각하였다. '우리들이 매양 생각하기를 우리도 가령 수기를 받았으면 통쾌하지 않겠는가.'

곧 자리에서 일어나 부처님 앞에 나아가 머리를 조아려 발에 예배하고 함께 부처님께 사뢰었다.

"세존이시여, 저희들도 이 일에 역시 분수가 있을까 하나이다. 오직 여래만이 저희들이 귀의할 바이오며, 또 저희들은 모든 세간의 하늘 사람 아수라들이 보고 아는 바이오니, 아난은 항상 시자가 되어 법장을 수호하여 가지었고, 라후라는 부처님의 아들이옵니다. 만일 부처님께서 아뇩다라삼먁삼보리의 수기를 주시면 저희는 소원이 원만하겠삽고, 여러 사람의 소망도 만족할까 하나이다."

그때 학·무학 성문제자 이천 인이 자리에서 일어나 오른 어깨를 드러내고 부처님 앞에 나아가 일심으로 합장하고 세존을 우러러 보면서 아난과 라후라의 소원과 같다 하고 한 곁에 머물러 있었다.

이때 부처님이 아난에게 말씀하였다.

"너는 오는 세상에 부처를 이루어 이름을 산해혜자재통왕여래 응공 정변지 명행족 선서 세간해 무상사 조어장부 천인사 불세존이라 하려니와 마땅히 육십이억 부처님께 공양하며 법장을 수호한 연후에 아뇩다라삼먁삼보리를 얻을 것이요, 이십천만억 항하사 보살들을 교화하여 아뇩다라삼먁삼보리를 이루게 하리라. 나라의 이름은 상립승번이니 그 국토가 청정하여 유리로 땅이 되었고, 겁의 이름은 묘음변만이며,

그 부처님의 수명은 한량없는 천만억 아승지 겁이니, 만일 사람이 천만억 무량 아승지 겁 동안에 산수로 계산하여도 알지 못할 것이며 정법이 세상에 머물기는 수명의 곱절이요, 상법은 정법의 곱절이 되느니라.

아난아, 이 산해혜자재통왕불은 시방(十方)의 한량없는 천만 억 항하사 부처님 여래들이 함께 찬탄하며 공덕을 칭찬하느니라.”

이때 세존께서 이 뜻을 거듭 펴시려고 게송을 말씀하였다.

내 이제 대중에게 말하노니 법장을 수호하는 아난이 여러 부처님께 공양하고 그런 뒤에 정각 이루리니 그 이름은 산해혜자재통왕불. 그 국토는 청정하여 이름이 상립승번, 교화한 보살의 수효 항하의 모래 같고 부처님의 크신 위덕 명성이 시방에 떨치고 수명은 한량없으며 중생을 가엾이 여기어 정법은 수명의 곱절이고 상법은 또 정법의 곱절, 항하의 모래와 같이 수 없는 중생들 이 부처님의 법에서 불토의 인연 심으리.

이때 회중에 있던 새로 발심한 팔천 보살 이 이렇게 생각하였다. '대보살들도 이러한 수기를 받는 것을 우리가 듣지 못하였는 데, 무슨 인연으로 성문들이 이렇게 훌륭한 수기를 받는가.'

㉟ 그때 세존이 여러 보살의 생각을 아시고 말씀하였다. "선남자들아, 내가 아난과 함께 공왕부처님 계신 데서 동시에 아뇩다라삼먁삼보리심을 내었느니라. 아난은 항상 많이 듣기를 좋아하였고, 나는 부지런히 정진하였으므로 나는 이미 아뇩다라삼먁삼보리를 이루었고, 아난은 나의 법장을 수호하고 장차 오는 세상의 여러 부처님 법장도 수호하면서 많은 보살들을 교화하

여 성취케 하리라. 그의 본래의 서원이 그
러하므로 이런 수기를 받느니라.”

아난이 부처님 앞에서 자기의 수기와 그
국토의 장엄함을 친히 듣고, 소원이 만족
하고 마음이 환희하여 미증유함을 얻고,
즉시 과거에는 한량없는 천만 억 부처님의
법장을 기억하여 막힘없이 통달하니, 지금
듣는 듯 하고, 또 본래 서원도 알았다. 이
때 아난이 게송을 말하였다.

매우 희유하신 세존께서 나로 하여금 지난
세상의 한량없는 부처님 법을 오늘 들은
것처럼 생각케 하시니 나는 이제 의심이
없어 부처의 도에 머물렀지마는 방편으로
부처님의 시자가 되어 여러 부처님 법을
수호합니다.

그때 부처님이 라후라에게 말씀하였다.

“너는 오는 세상에 부처가 되어 이름을 도

칠보화여래 응공 정변지 명행족 선서 세간해 무상사 조어장부 천인사 불 세존이라 하려니와, 마땅히 열 세계의 티끌 수 부처님 여래께 공양하면서 여러 부처님의 장자가 되리니, 지금과 같으리라.

이 도칠보화부처님의 국토의 장엄하기와 교화하는 제자와 정법과 상법이 산해혜자재통왕여래와 같아서 다르지 않을 것이요, 그 부처님의 장자가 될 것이며, 그런 뒤에 아뇩다라삼먁삼보리를 얻으리라.”

이때 세존이 이 뜻을 거듭 펴시려고 계송을 말씀하였다.

내가 태자로 있을 적에 라후라가 장자가 되더니 내가 이제 부처가 되매 법을 받고 법자되었네. 오는 세상에도 무량억 부처님 뵙고 매양 그의 장자가 되어 일심으로 부처의 도(道) 구하리. 라후라의 비밀한 행을 오직 내가 알 뿐이니, 현재에 나의 장자가 됨은 중생들에게 본을 보임일 뿐, 한량없는 천만억 공덕 이루 셀 수 없지만 부처님 법에 편안히 머물러 위없는 도를 구함이니라.

㊱ 이때 세존께서 학·무학 이천 사람 모두의 뜻이 부드럽고 고요하고 청정하여 일심으로 부처님을 보고 있는 것을 보시고, 아난에게 말씀하였다. "네가 이 학·무학 이천 사람을 보느냐."

"그러하나이다. 보나이다."

"아난아, 이 사람들이 오십 세계의 티끌 수 부처님 여래에게 공양하고 공경하고 존중하며 법장을 수호하다가, 맨 나중에 시방세계에서 한꺼번에 부처를 이룰 것이며, 이름은 모두 같아서 보상여래 응공 정변지 명행족 선서 세간해 무상사 조어장부 천인사 불 세존이라 하리라.

수명은 일 겁이요, 국토의 장엄과 성문과 보살과 정법과 상법도 모두 같으리라.”

이때 세존께서 이 뜻을 거듭 펴시려고 게송을 말씀하였다.

이 이천 성문들로서 지금 내 앞에 있는 이에게 오는 세상에 부처 되리라고 모두 수기를 주거니와 그들이 공양할 여러 부처님 위에서 말한 티끌 수 같으며 그 부처님 법장을 수호하다가 나중에 정각을 이루리니, 각각 시방 세계에서 모두 다 같은 이름. 한꺼번에 도량에 앉아 위없는 지혜 얻으리라. 그 이름 다 같이 보상이요, 국토와 제자들과 정법과 상법까지 다 같아 다르지 않고, 모두 다 신통으로 시방중생 제도하니, 명성이 널리 퍼져서 열반에 점점 들리라.

이때에 학·무학 이천 사람은 부처님의 수기하시는 말씀을 듣고 기뻐 뛰면서 게송을 말하였다.

세존의 지혜 등불이 밝아 수기하는 말씀
내가 들으니 환희한 마음 가득히 차서 감
로수를 마신 듯 하네.

묘법연화경 수학무학인기품 종

법사품 제 10

㊲ 이때 세존께서 약왕보살을 인하여 팔만 대사에게 말씀하였다. "약왕이여, 그대가 이 대중 가운데 있는 한량없는 하늘 용왕 야차 건달바 아수라 가루라 긴나라 마후라 가 사람·사람 아닌 이와, 비구 비구니 우바새 우바이 들을 보라. 성문을 구하는 이, 벽지불을 구하는 이, 불도를 구하는 이들로서 부처님 앞에서 묘법연화경의 한 계송 한 구절을 들은 이와, 내지 한 생각 동안 따라서 기뻐한 이들을 내가 모두 수 기하노니, 마땅히 아뇩다라삼먁삼보리를 얻으리라."

부처님은 약왕보살에게 말씀하였다.

"또 여래가 열반한 후에라도 어떤 사람이

이 묘법연화경 한 게송, 한 구절만이라도 듣고 한 생각동안 따라서 기뻐하는 이에게도 내가 아뇩다라삼먁삼보리의 수기를 주노라.

또 어떤 사람이 묘법연화경에서 내지 한 구절이라도 받아 지니고 읽고 외우고 해설하고 쓰거나, 이 경전을 공경하기를 부처님과 같이하여 갖가지 꽃, 향, 영락, 가루향, 바르는 향, 사르는 향, 일산, 당기, 번기, 의복 풍악으로 공양하거나, 내지 합장하고 공경하면 약왕이여, 이 사람들은 이미 십만 억 부처님께 공양하였고, 여러 부처님 계신 데서 큰 서원을 성취하고도 중생을 어여삐 여기어서 이 인간에 난 줄을 알아야 하느니라.

약왕이여, 어떤 사람이 묻기를 '어떠한 중생이 오는 세상에서 부처가 되겠느냐'하거든, '이런 사람들이 오는 세상에 반드시 성불하리라'고 대답하라.

왜냐하면, 만일 선남자 선여인이 이 묘법
연화경에서 내지 한 구절이라도 받아 지니
고 읽고 외우고 해설하고 쓰며 갖가지로
이 경에 공양하되 꽃, 향, 영락, 가루 향,
바르는 향, 사르는 향, 일산, 당기, 번기,
의복, 풍악으로 하거나, 합장하고 공경하면
이 사람은 모든 세간들이 우러러 받들어야
하며 여래에게 공양하는 것으로 공양해야
하느니라.

마땅히 알아라. 이 사람은 대보살로서 아
뇩다라삼먁삼보리를 성취하였건마는 중생
을 어여삐 여기어서 이 세상에 태어나기를
원하여 묘법연화경을 널리 연설하여 분별
하는 이어든, 하물며 전부를 받아 지니며
갖가지로 공양하는 이리요.

약왕이여, 이 사람은 청정한 업보를 스스
로 버리고, 내가 열반한 뒤에 중생을 딱하

게 여기어서 나쁜 세상에 나서 이 경을 연설하는 줄을 알아야 하느니라.

만일 선남자, 선여인이 내가 열반한 뒤에 그윽이 한 사람만을 위하여 이 묘법연화경에서 내지 한 구절이라도 말해준다면, 이 사람은 여래의 심부름꾼이며, 여래가 보내신 이이며, 여래의 일을 행하는 이인 줄을 알아야 하나니, 하물며 대중 가운데서 사람들을 위하여 널리 연설함일까 보냐.

㊲ 약왕이여, 어떤 악한 사람이 나쁜 마음으로 한 겁 동안을 부처님 앞에 나타나서 부처님을 항상 훼방하고 꾸짖더라도 그 죄는 오히려 가벼우려니와, 어떤 사람이 한 마디 나쁜 말로써 집에 있는 이나 집을 떠난 이가 묘법연화경 읽고 외우는 이를 훼방한다면, 그 죄는 매우 무거우니라.

약왕이여, 묘법연화경을 읽거나 외우는 이가 있으면, 이 사람은 부처님의 장엄으로 장엄하는 이이며, 여래께서 어깨로 업어주는 이이며, 그가 있는 곳에는 마땅히 향하여 예배하며, 일심으로 합장하고 공경하고 공양하고 존중하고 찬탄하며 꽃, 향, 영락, 가루향, 바르는 향, 사르는 향, 비단, 일산, 당기, 번기, 의복, 음식과 풍악을 잡혀서 인간의 상품 공양거리로 공양할 것이며, 천상보배로써 흩을 것이며 천상의 보배덩이를 받들어 올려야 하느니라. 그 까닭을 말하면, 이 사람의 환희 하게 말하는 법문을 잠깐이라도 들으면 곧 아뇩다라삼먁삼보리를 얻게 되는 연고이니라."

이때 세존께서 이 뜻을 거듭 펴시려고 게송을 말씀하였다.

부처의 도에 머물러서 자연의 지혜를 이루려거든 묘법연화경 받아 지니는 이를 항상 부지런히 공양할 것이니, 만일 누구나 갖가지 지혜 빨리 얻으려면 묘법연화경을 받

아 지니고 받아 지니는 이를 공양할 것이
니, 어떤 사람이나 묘법연화경을 받아 지
니는 이가 있거든 그는 부처님의 심부름
꾼, 중생들을 어여삐 생각하는 이, 이 묘
법연화경을 받아 지니는 이들로서 청정한
국토를 버리고 중생을 위하여 여기 나는
이는 반드시 알라.

이 사람은 나고 싶은 데 맘대로 나는 이,
그는 이 나쁜 세상에서 위없는 법을 널리
연설하리니 하늘의 꽃, 하늘의 향과 천상
의 훌륭한 의복, 천상의 기묘한 보배로 법
말하는 이에게 공양할 것이니, 내가 열반
한 뒤 나쁜 세상에 이 경전을 받아 지니는
이에겐 합장하고 예경하기를 세존께 공양
하듯이 훌륭한 차반 맛좋은 진수 갖가지
의복으로 이런 불자에게 공양하고 잠깐이
라도 그 법문 들어라. 만일 이 다음 세상
에 이 경을 지니는 이는 내가 그를 인간에

보내어 여래의 사업을 행하게 하는 것.

㊴ 만일 한 겁동안에 항상 나쁜 마음을 품고 성낸 얼굴로 부처님 훼방하면 한량없는 큰 죄 얻을 것이니, 이 묘법연화경을 읽고 외우고 지니는 이를 잠깐만 욕설하여도 그 죄는 저보다 더 크리라. 어떤 사람 불도를 구하려고 한 겁 동안을 합장하고 내 앞에 서서 무수한 게송으로 찬탄하면 이렇게 부처님 찬탄한 연고로 한량없는 공덕 얻으련마는 이 경전 지니는 이 찬탄하면 그 복은 저보다 더 크리라. 팔십억 겁 동안에 가장 훌륭한 빛과 소리와 향과 맛과 닿임으로써 이 경전 지니는 이를 공양하고 이렇게 공양한 뒤에 잠깐이라도 법문 들으면 마땅히 다행하게 생각하라. 내 이제 큰 이익 얻었다고 내 이제 약왕에게 말하노라. 내가 말한 여러 가지 경전, 그러한 경전 중에는 묘법연화경이 가장 제일이니라.

이때에 부처님이 약왕보살 마하살에게 말씀하였다.

"내가 말하는 경전이 한량없는 천만 억 인데, 이미 말하였고 지금 말하고 장차 말할 것이나, 그 가운데서 이 묘법연화경이 가장 믿기 어렵고 이해하기 어려우니라.

약왕이여, 이 경전은 여러 부처님의 비밀하고 중요한 법장이니 부질없이 선포하여 망녕되이 사람들에게 전하여 주지 말라. 부처님 세존들의 수호하는 것으로서 옛적부터 한번도 드러나게 말하지 않았느니라. 이 경전은 여래가 현재하였을 적에도 원망과 질시가 많거든, 하물며 열반한 뒤에 일까보냐.

약왕이여, 여래가 열반한 뒤에 어떤 사람이 이 경전을 능히 쓰고 지니고 읽고 외우고 공양하며, 다른 이에게 말한다면, 여래가 곧 그에게 옷으로 덮어줄 것이며, 다른 세계에 있는 부처님의 호념하시는 바이니라. 이 사람은 크게 믿는 힘과 염원하는 힘과 선근의 힘이 있는 이이니, 이 사람은 여래와 함께 자는 이이며, 여래가 그의 머리를 쓰다듬을 것이니라.

약왕이여, 어디서든지 이 경을 말하거나 읽거나, 외우거나, 쓰거나, 이 경전이 있는 곳에는 마땅히 칠보로 탑을 쌓되 지극히 높고 넓고 장엄하게 꾸밀 것이요, 다시 사리를 봉안하지 말 것이니, 왜냐하면, 이 가운데는 이미 여래의 전신이 있는 연고이니라. 이 탑에는 마땅히 온갖 꽃과 향과 영락과 비단 일산과 당기와 번기와 풍류와 노래로 공양하고 존중하고 찬탄해야 하느니라.

만일 어떤 사람이 이 탑을 보고 예배하고 공양한다면, 이 사람은 벌써 아뇩다라삼먁삼보리에 가까운 이인 줄을 알아야 하느니라.

④ 약왕이여, 많은 사람들이 집에 있거나 출가하여서 보살의 도를 수행하면서, 이 묘법연화경을 보고 듣고 읽고 외우고 쓰고 지니고 공양하지 못하면 이 사람은 보살의 도를 잘 행하지 못하는 것이요, 이 경전을 듣는 이라야 보살의 도를 잘 행하는 줄을 알아야 하느니라.

어떤 중생으로 불도를 구하는 이가 이 묘법연화경을 보거나 들으며 듣고는 믿고 이해하고 받아 지닌다면 이 사람은 아뇩다라삼먁삼보리에 가까워진 줄을 알아야 하느니라.

약왕이여, 마치 어떤 사람이 목이 말라 물을 구하려고 높은 등성이에 우물을 팔 적에 마른 흙을 나오는 것을 보고는 물이 아직 먼 줄을 알거니와, 파기를 쉬지 아니하여 젖은 흙을 보게 되고, 점점 더 파서 진흙이 나오게 되면, 마음속으로 물이 결정코 가까운 줄을 아느니라.

보살도 그와 같아서 이 묘법연화경을 듣지도 못하고 이해하지도 못하고 닦고 익히지도 못한다면, 이 사람은 아뇩다라삼먁삼보리에 이르기 아직 먼 줄을 알거니와, 만일 듣고 이해하고 생각하고 받아 익힌다면 반드시 아뇩다라삼먁삼보리가 가까워지는 줄을 알 것이니 무슨 까닭이냐, 모든 보살의 아뇩다라삼먁삼보리가 다 이 경에 소속한 연고이니라.

이 경전은 방편의 문을 열어서 진실한 모양이 보이는 것이니, 이 법화경의 법장이 깊고 멀어서 능히 이르러 갈 사람이 없지마는 이제 부처님이 보살들을 교화하고 성취하기 위하여 열어 보이는 것이니라.

약왕이여, 만일 보살이 이 법화경을 듣고 놀라서 의심하고 두려워하면 이는 새로 발심한 보살이요, 만일 성문이 이 경전을 듣고 놀라서 의심하고 두려워하면 이는 뛰어난 체 하는 사람이니라.

약왕이여, 만일 선남자 선여인이 여래가 열반한 뒤에 사부대중을 위하여 이 법화경을 말하려면 어떻게 말해야 하겠는가.

이 선남자 선여인이 여래의 방에 들어가서, 여래의 옷을 입고, 여래의 자리에 앉아서야 사부대중을 위하여 이 경을 널리 말할 것이니, 여래의 방이란 것은 온갖 중생 가운데 대자대비한 마음이요, 여래의 옷이란 것은 부드럽고 화평하고 욕됨을 참는 마음이요, 여래의 자리란 것은 모든 법의 공한 것이니, 이런 가운데 편안히 머물러 있으면서 게으르지 않는 마음으로 여러 보살과 사부대중을 위하여 법화경을 널리 말할 것이니라.

㊶ 약왕이여, 내가 다른 국토에서 변화하

여 된 사람을 보내어, 그를 위하여 법문을 들을 무리 모으게 하고, 변화하여 만든 비구 비구니 우바새 우바이들을 보내어 그의 법문을 듣게 하거든, 이 여러 변화하여 된 사람들이 법문을 듣고 믿고 받아 순종하고 거스르지 않을 것이며, 법을 말하는 이가 한적하고 쓸쓸한 곳에 있으면 내가 천인 용왕 귀신 건달바 아수라들을 보내어 그의 법문을 듣게 하리라.

내가 비록 다른 나라에 있더라도 법을 말하는 이로 하여금 때때로 나의 몸을 보게 할 것이며, 만일 이 경의 구절과 토를 잊었거든 내가 말하여 주어 분명히 말하게 하리라."

이때 세존께서 이 뜻을 거듭 펴시려고 게송으로 말씀하였다.

게으른 생각을 버리려거든 이 경전을 들어야 하나니, 이 경전은 듣기도 어렵고 믿어

지니기도 어려우니라. 어떤 사람 목이 말라서 높은 등성이에 우물 팔 적에 마른 흙이 나옴을 보고는 샘이 아직 먼 줄을 알지만 점점 파서 진흙이 나오면 물줄기가 가까운 줄 아느니라.

약왕이여, 마땅히 알라 이와 같아서 여러 사람들 법화경을 못 들은 이는 부처의 지혜가 아직 멀지만 이 깊은 경전을 들으면 성문의 법 결정코 알리라. 이 경은 모든 경전의 왕, 듣고 자세하게 생각한다면 이 사람은 부처의 지혜에 가까웠음을 알 것이니, 어떤 사람 이 경을 말하려면 여래의 방에 들어가서 여래의 옷을 입고 여래의 자리에 앉아서 대중 가운데 두려움 없이 분별하여 널리 말하라. 큰 자비심은 방이 되고 부드럽고 참는 것은 옷, 법이 공한 것 자리가 되니, 여기에 앉아 법을 말하리.

이 경전 말하는 때에 어떤 이가 욕설하거
나 칼로 치고 돌을 던져도 부처님 생각해
참아야 하나니, 나는 천만 억 국토에서 깨
끗하고 견고한 몸 나타내어 한량없는 억
겁에 중생 위하여 법을 말하나니, 내가 열
반한 뒤에 이 경을 말하는 데는 내가 조화
로 만든 비구 비구니들과 청신자 청신녀를
보내어 법사에게 공양케 하며 여러 중생들
인도하여 모아 놓고 법을 듣게 하리. 만일
사람이 나쁜 생각으로 칼 작대기 돌로 해
하려면 조화로 만든 사람을 보내 법사를
호위할 것이니, 어쩌다 법을 말하는 사람
쓸쓸한 곳에 홀로 있으며 적막하고 아무도
없는데 이 법화경 읽고 외우면 그때에 내
가 청정하고도 광명 있는 몸을 나타내며
구절이 막히고 토를 잊으면 귀띔해 주어
통달케 하고, 만일 이런 공덕 구족한 사람
이 사부대중에게 법을 말하거나 공한한 곳
에서 이 경 외우면 나의 몸을 보게 되나

니, 만일 사람이 외딴 곳에 있으면 하늘과 용과 야차와 귀신 내가 그들을 보내서 법 듣는 대중 되게 할 것이니, 어떤 사람 설법을 좋아하여 잘 분별하고 걸림 없는 이 부처님들이 호념 하시어 대중들을 환희케 하오리. 이 법사 친근한 이는 보살의 도를 빨리 얻으며 이런 법사를 따라 배우면 항하사 부처님 뵈옵게 되니라.

묘법연화경 법사품 종

견보탑품 제 11

㊷ 그때에 부처님 앞에 칠보로 된 탑이 있으니 높이가 오백 유순이요, 가로와 세로는 이백오십 유순인데, 땅에서 솟아 올라와서 공중에 머물러 있었다. 갖가지 보물로 장식하였으니 난간이 오천이요, 감실이 천만이며, 무수한 당기 번기로 꾸미었고, 보배로 된 영락을 드리우고, 보배의 풍경 만억을 그 위에 달았으며, 사면에서는 다마라발전단 향기가 나와서 세계에 충만하였고, 모든 번기와 일산들은 금은 유리 차거 마노 진주 매괴 등의 칠보로 만든 것인데 높이가 사천 왕궁 전에 까지 이르렀다.

삼십삼천이 하늘의 만다라꽃을 비 내려 보배탑에 공양하며, 모든 하늘과 용과 야차와 건달바와 아수라와 가루라와 긴나라와 마후라가와 사람과 사람 아닌 이들 천만 억 무리들이 모든 꽃 향 영락 번기 일산 풍류로 보배탑에 공양하며 공경하며 존중 하며 찬탄하였다.

그때 보배탑 속에서 큰 소리를 내어 찬탄 하였다.

"착하여라, 착하여라. 석가모니불 세존께서 평등한 큰 지혜로써 보살을 가르치는 법이 며, 부처님들이 호념하시는 묘법연화경을 대중에게 말씀하시니 그러하고 그러하니 라. 석가모니 세존께서 말씀하는 것이 모 두 진실하니라."

이때 사부대중이 큰 보배탑이 공중에 머물 러 있음을 보았으며, 또 탑 속에서 나오는 음성을 듣고는 모두 법의 기쁨을 얻었고, 전에 없던 일이라 하여 자리에서 일어나 공경하며 합장하고 한 곁에 물러가 있었다.

그때에 한 보살 마하살이 있으니 이름이 대요설이라, 모든 세간의 천상 인간과 아수라 등의 의심함을 알고 부처님께 사뢰었다. "세존이시여, 무슨 인연으로 이 보배탑이 땅에서 솟아올랐으며, 또 그 속에서 이런 음성이 나오나이까."

이때 부처님이 대요설보살에게 말씀하였다. "이 보배탑 속에는 여래의 전신이 계시니라. 지나간 옛적에 동방으로 한량없는 천만 억 아승지 세계 밖에 나라가 있었으니 이름이 보정이요, 그 나라에 부처님이 계셨으니 이름이 다보이셨느니라.

그 부처님이 보살의 도를 행하실 적에 큰 서원을 세우시기를 '내가 성불하였다가 열반한 뒤에 시방의 세계 중에 묘법연화경을 말하는 데가 있으면, 나의 탑이 그 경전을 듣기 위하여 그 앞에 솟아올라서 증명하면

서 〈거룩하다〉고 찬탄하리라.'

㊸ 그리고 그 부처님이 성불하셨다가 열반하시려는 때에 천상 인간의 대중 가운데서 비구들에게 이렇게 말씀하였느니라.

'내가 열반한 뒤에 나의 전신에 공양하려거든 큰 탑 하나를 세우라.'

그 부처님의 신통과 원력으로 시방 세계의 간 곳마다 묘법연화경을 말하는 이가 있으면, 그 부처님의 보배탑이 그 앞에 솟아나고 그 탑 속에 전신이 계시어서 '거룩하시어라, 거룩하시어라' 하고 찬탄하느니라.

대요설이여, 지금 다보여래의 탑이 묘법연화경 말하는 것을 들으시려고 땅에서 솟아올라와서 '거룩하시어라, 거룩하시어라'하고 찬탄하는 것이니라."

이때 대요설보살이 여래의 신력을 입어 부처님께 사뢰었다. "세존이시여 저희들이 그 부처님의 몸을 뵈오려 원하나이다."

부처님이 대요설보살 마하살에게 말씀하였다. "이 다보부처님은 깊고도 중대한 서원이 있었느니라. '만일 나의 보배탑이 법화경을 듣기 위하여 여러 부처님 앞에 솟아나거든, 그때 나의 몸을 그의 사부대중에게 보이려 하면 그 부처님의 분신 부처님이 시방세계에서 법을 말씀하는 이들을 모두 한 곳에 모은 뒤에야 내 몸이 나타나리라' 하였다.

대요설이여, 나의 분신 부처로서 시방 세계에서 법문 말하는 이들을 이제 모두 모아야 하리라."

대요설보살이 부처님께 사뢰었다. "세존이시여, 저희들도 세존의 분신 부처님들을 뵈옵고 예배하고 공양하려 하나이다."

이때에 부처님이 미간 백호상으로 한 광명

을 놓으시니, 동방으로 오백만억 나유타 항하사 등 국토에 계시는 여러 부처님들을 보게 되었다. 그 여러 국토는 모두 파려로 땅이 되어 있고, 보배 나무와 보배 옷으로 장엄하였으며, 수없는 천 만억 보살들이 그 가운데 가득 찼는데, 보배 휘장을 둘러치고 보배 그물을 위에 덮었으며, 그 나라 부처님들이 크고 묘한 음성으로 법을 말하며, 또 한량없는 천만 억 보살들이 그 국토에 충만하여 대중에게 법을 말하는 것을 보게 되었다.

남방 서방 북방과 네 간방과 상방과 하방에도 백호상의 광명이 비치는 곳은 모두 그와 같았다.

㊹ 이때 시방의 여러 부처님들이 각각 모든 보살들에게 말씀하였다.

'선남자들아, 내가 이제 사바세계의 석가모니 부처님 계신 곳으로 갈 것이며, 아울러 다보여래의 보배탑에 공양하리라."

이때 사바세계가 변하여 청정하여지니, 유리로 땅이 되고 보배나무로 장엄하였으며, 황금으로 노가 되어 여덟 길에 경계를 쳤으며, 여러 마을과 부락과 성시와, 바다 강산 시내 숲 덤불들이 없고, 큰 보배 향을 사르며, 만다라꽃이 땅에 깔리고 보배 그물과 보배 휘장을 그 위에 덮고 보배 풍경을 달았는데, 이 회상의 대중만은 그냥 두고 여러 천상 인간 사람들을 옮겨서 다른 국토로 보내었다.

이때에 여러 부처님들이 각각 한 대보살로 시자를 삼아 데리고 사바세계에 와서 각각 보배 나무들은 높이가 오백 유순이요, 가지와 잎과 꽃과 열매가 차례로 장엄하였으며, 여러 보배나무 아래는 모두 사자좌가 놓였는데 높이가 오 유순이며 역시 훌륭한 보배로 꾸미었다. 그때 여러 부처님이 각각 이 사자좌에 가부좌하고 앉으시는데 이리하여 점점 삼천대천세계에 가득 차지마는, 일방에 계시던 석가모니불의 분신 부처님도 오히려 다 앉지 못하였다.

이때 석가모니불께서 여러 분신 부처님들을 앉게 하시려고 팔방으로 각각 이백 만억 나유타 세계를 변화하여 모두 청정케하니, 지옥과 아귀와 축생과 아수라는 없고, 천상 인간 사람을 옮겨 다른 국토로 보내었다. 그 변화한 세계들도 유리로 땅이 되고 보배나무로 장엄하였으며, 보배나무는 높이가 오백 유순이요, 가지와 잎과 꽃과 열매가 차례로 장엄하였으며, 여러 보배나무 아래에는 모두 보배로 된 사자좌가 놓였는데 높이가 오 유순이요, 갖가지 보배로 꾸미었으며, 역시 바다와 강과 목진린타산과 마하목진린타산과 철위산과 대철위산과 수미산 등의 큰 산들이 없고, 통일

하여 한 불세계가 되었는데, 보배로 된 땅
이 번듯하고 평평하며, 찬란하게 보배로
얽어만든 휘장을 위에 덮었고, 번기와 일
산을 달았으며, 큰 보배 향을 사르고, 하
늘의 훌륭한 꽃들이 땅에 두루 깔리었다.

㊺ 석가모니부처님께서 여러 분신 부처님
들을 앉으시게 하려고 다시 팔방으로 각각
이백 만억 나유타 세계를 변화하여 모두
청정케 하니, 지옥과 아귀와 축생과 아수
라는 없고, 천상 인간 사람들 옮겨서 다른
국토로 보내었다. 그 변화한 세계들로 유
리로 땅이 되고 보배 나무로 장엄하였으
며, 보배나무는 높이가 오백 유순이요, 가
지와 잎과 꽃과 열매가 차례로 장엄하였으
며, 여러 보배 나무 아래는 모두 보배로
된 사자좌가 놓였는데 높이가 오 유순이
요, 큰 보배로 꾸미었으며 역시 바다와 강
과 목진린타산과 마하목진린타산과 철위산

과 대철위산과 수미산 등의 큰 산들이 없고, 통일하여 한 불세계가 되었는데, 보배로 된 땅이 번듯하고 평평하며, 찬란하게 보배로 얽어 만든 휘장을 위에 덮었고, 번기와 일산을 달았으며, 큰 보배 향을 사르고 하늘의 훌륭한 꽃들이 땅에 두루 깔리었다.

이때에 동방의 백천만억 나유타 항하사의 국토에 계시는, 석가모니불의 분신 부처님들이 각각 법을 말하면서 여기 모여왔으며, 이와 같이 차례차례로 시방세계에 계시던 분신 부처님들이 다 모여 와서 팔방에 앉으셨다. 이때 낱낱 방위의 사백만억 나유타 국토에, 부처님 여래들이 가득하게 찼다.

이때 여러 부처님들이 각각 보배 나무 아래에 있는 사자좌에 앉아서 각각 시자를 보내서 석가모니불께 문안하려 하면서 각각 보배 꽃을 한아름씩 가지고 가라 하시며 말씀하였다.

"선남자여, 네가 기사굴산 석가모니부처님 계신 곳으로 가서 내 말대로 문안하되 '병환이 없으시고 시끄러움이 없으시고 기력이 안강하시며, 보살과 성문 대중도 다 안락하십니까' 하고, 이 보배 꽃을 부처님께 흩어 공양하고 이렇게 말하여라.

'아무 부처님께서 함께 이 보배탑을 열고자 하나이다'라고."

다른 부처님들도 이와 같이 시자를 보내었다.

이때 석가모니불은 분신 부처님들이 다 모여 와서 각각 사자좌에 앉음을 보았고, 또 여러 부처님들이 다 함께 보배탑을 열고자 하심을 듣고는 곧 자리에서 일어나 공중에 올라가 머무시었다. 모든 사부대중이 일어서서 합장하고 일심으로 부처님을 뵈옵고 있었다.

이때 석가모니 부처님이 오른 손가락으로 칠보탑의 문을 여니, 큰 소리가 나는 것이 마치 잠겨있는 자물쇠를 제치고 큰 성문을 여는 것 같았다.

㊻ 이때에 회상에 있는 대중들이 보니, 다보여래께서 보탑 안에서 사자좌에 앉으셨는데, 전신이 흩어지지 아니한 것이 선정에 드신 듯 하였고, 또 '거룩하시어라, 거룩하시어라, 석가모니부처님이 이 묘법연화경을 통쾌하게 말씀하시므로 내가 이 경전을 듣기 위하여 여기에 왔노라.' 하심을 들었다.

이때에 사부대중들은 과거의 한량없는 천만 억 겁 전에 열반하신 부처님이 이렇게 말씀함을 듣고 처음 보는 일이라 찬탄하면서 천상의 보배 꽃 무더기로 다보부처님과 석가모니부처님 위로 흩었다.

그때 다보부처님이 보탑 속에서 자리의 반을 비켜서 석가모니부처님께 사양하시며 이렇게 말씀하였다. "석가모니불이시여, 이 자리에 앉으십시오."

석가모니 부처님이 탑 속으로 들어가 반을 비켜놓은 자리에서 결가부좌하시었다.

이때 대중들은 두 여래께서 칠 보탑 속에서 결가부좌하고 사자좌에 앉으심을 보고 이렇게 생각하였다. '부처님 자리가 높고 머오니, 바라건대 여래께서 신통한 힘으로써 우리들도 허공에 있게 하옵소서.'

즉시 석가모니불이 신통한 힘으로 대중을 이끌어 허공에 있게 하고, 큰 음성으로 사부대중에게 포고하였다.

"누가 능히 이 사바세계에서 묘법연화경을 널리 말하겠느냐. 지금이 바로 그때이니라.

여래는 오래지 않아서 열반에 들 터인데 이 묘법연화경을 부촉함이 있으려 하느니라."

이때 세존께서 이 뜻을 펴시려고 게송을 말씀하였다.

거룩하신 세존께서 열반한지 오래지만 보탑 속에 계시면서 법을 위해 오시거늘 어찌하여 사람들은 부지런히 법 위하지 않아 이 부처님 열반한지 수 없는 겁이지만 간 곳마다 법 들음은 만나기 어려운 탓. 저 부처님 본래 원(願)이 내 열반한 뒤에라도 법화경을 들으려고 어디든지 가오리라. 또 나의 몸을 나눈 한량없는 분신 부처, 항하사와 같은 이들 모두 와서 법을 듣고 오래 전에 열반하신 다보여래 뵈오려고 미묘하온 그 국토와 수가 없는 제자들과 천상, 인간, 용과 귀신 모든 공양 다 버리고 불법 오래 있어지이다 여기 까지 이르시매,

㊼ 여러 부처 앉으시라. 신통한 힘으로써 많은 중생 옮겨놓고 깨끗하게 국토를 치워 여러 부처 모두 각각 나무 아래 앉으시니 청정한 연못 속에 연꽃으로 장엄한 듯 여러 보배 나무 아래 사자좌가 놓였는데, 부처님들 앉으시어 광명으로 장엄하심 캄캄한 그믐 밤에 큰 횃불을 들은 듯 몸에서 난 묘한 향기 시방 세계 가득하네. 중생들이 향기 맡고 기쁜 마음 못 참으니 큰 바람이 세계 불어 작은 가지 눕히듯 이와 같은 방편으로 불법 오래 있게 하네.

대중에게 말하오니 내가 열반한 뒤에는 이 경전을 누가 능히 수호하고 독송하랴. 오늘 여기 부처 앞에 서원하고 말을 하라. 다보여래 부처님은 열반한지 오래지만 크나크신 서원으로 사자후 하시나니, 다보여래 부처님과 아울러 이 내 몸과 모아놓은 분신 부처 이 뜻을 아오리라. 여러 많은

불자들아, 누가 이 법 수호하리. 크온 서
원 발하여서 오래도록 머무르게 누가 능히
이 경전을 수호할 이 있을진댄 나와 다보
여래에게 공양함과 같으리니, 다보여래 부
처님이 보탑 속에 계시면서 시방 세계 다
니심은 이 법화경 위함이요, 모여 오신 분
신 부처 시방 모든 세계에서 광명으로 장
엄하는 그에게도 공양하라. 이 경을 말하
는 이는 나와 다보부처님과 몸 나누신 부
처님을 뵈옵는 것 같으리니, 여러 착한 남
자들은 자세하게 생각하라. 이것 가장 어
려운 일 큰 서원을 발하시라. 다른 여러
경전들의 그 수효가 항하 모래 이런 것을
말하기는 어렵다고 할 수 없고 수미산을
들어다가 수가 없이 멀고 많은 세계 밖에
던지는 일 어렵다고 할 수 없고, 발가락을
놀리어서 대천세계 들어다가 먼 세계에 던
지는 일 어렵다고 할 수 없고, 색구경천
위에 서서 한량없이 많은 경전 대중에게

연설함도 어려운 일 아니지만, 부처님이
열반한 뒤 나쁜 세상 가운데서 이 법화경
말하는 일 이것 가장 어렵고,

㊽ 어떤 사람 맨손으로 허공을 휘어잡고
자유롭게 다니는 일 어려운 것 아니지만
내가 열반한 연후에 법화경을 손수 쓰고
남을 시켜 쓰는 일은 이것 가장 어렵고,
만일 누가 땅덩어리 발톱 위에 올려놓고
범천까지 올라감도 어려운 일 아니지만 부
처님이 열반한 뒤 나쁜 세상 가운데서 이
경 잠깐 읽는 일은 이것 가장 어렵고, 겁
화가 활활 탈 때 마른 풀을 등에 지고 들
어가도 아니 탐은 어려운 일 아니지만 내
가 열반한 연후에 이 법화경 지니어서 한
사람께 말하기는 이것 가장 어렵고, 어떤
사람 총명하여 팔만사천 많은 법장 십이부
경 모두 지녀 사람들께 연설하며 이 경 듣
는 사람들도 여섯 신통 얻게 해도 이와 같

이 하는 일은 어렵다 할 것 없지마는 내가
열반한 연후에 이 경 말씀 듣자옵고 그 이
치를 묻는다면 이것 가장 어렵고, 어떤 사
람 법을 말해 듣는 사람 백천만억 한량없
고 수가 없는 항하사의 중생들로 아라한의
도를 얻고 여섯 신통 구족하여 이런 이익
입게 해도 어렵다 할 것 없지마는 내가 열
반한 연후에 이와 같은 묘법연화경 능히
받아 지닌다면 이 일 가장 어렵나니.

내가 불도 위하므로 한량없는 국토에서 처
음부터 지금까지 여러 경전 말했지만 그리
많은 경전 중에 이 법화경 제일이니 누가
능히 지닌다면 부처 몸을 지니는 것.

여러 착한 남자들아 내가 열반한 연후에
이 경전을 누가 능히 배워 읽고 외울지 지
금 나의 눈앞에서 원 세우고 말하여라. 이
경 갖기 어렵나니, 잠시라도 지닌다면 내
가 매우 환희하고 제불들도 그러하리. 이

렇게 하는 사람 부처님을 찬탄하사 이를
일러 용맹이요 이를 일러 정진이며, 계행
을 갖는 이요 두타행을 하는 이이니, 위가
없는 부처의 도 하루 빨리 얻으리라.

어떤 이가 오는 세상 이 경전을 읽는다면
이가 참말 불자이며 착한 땅에 머물 것이
부처 열반 하온 뒤에 이 이치를 해설하면
이와 같은 사람들은 세간의 눈 되오리니,
공포하온 이 세상에 잠깐 동안 말하여도
천상 인간 사람들아 모두 와서 공양하라

묘법연화경 견보탑품 종

제바달다품 제 12

㊾ 이때에 부처님이 모든 보살과 천상 인간 사부대중에게 말씀하였다. "내가 지난 옛적 한량없는 겁 동안에 묘법연화경을 구하기에 게으르지 아니하였으며, 여러 겁 동안에 항상 국왕이 되어 위없는 보리를 발원하고 구하는데 마음이 퇴전하지 아니하였느니라.

여섯 가지 바라밀다를 만족하기 위하여 부지런히 보시를 행하느라고 코끼리 말 칠보 나라 도성 처자 노비 심부름꾼 머리 눈 골수 몸 살 손발을 아끼지 아니하였고 생명도 아끼지 아니하였더니라.

그때 세상 사람들의 수명이 한량이 없었지마는, 법을 위하여서 국왕의 자리를 태자에게 위임하고, 북을 쳐서 명령을 내리고 사방으로 법을 구하되, '누구든지 나에게 대승법을 말하여 주는 이가 있으면 내가 마땅히 종신토록 받들어 드리고 시중하리라' 하였느니라.

그때에 한 선인이 와서 왕에게 말하기를 '나에게 대승경이 있으니 이름은 묘법연화경이라, 만일 나의 뜻을 어기지 않으면 마땅히 말 하여주리라'고 하였다.

왕은 선인의 말을 듣고 기뻐 뛰놀면서 곧 선인을 따라가서 모든 것을 시중하는데, 과실을 따고 물을 긷고 땔나무를 하고 음식을 장만하며, 내지 몸으로 평상이 되었지마는 몸과 마음이 게으르지 아니하였으며, 그렇게 받들어 섬기기를 일천 년이 지나도록 법을 위하여 지성으로 시중하여 조금도 부족함이 없게 하였느니라."

이때 세존께서 이 뜻을 거듭 펴시려고 게

송을 말씀하였다.

내 생각하니 지나간 겁에 대승법을 구하기 위하여 나라의 왕이 되었어도 다섯 가지 욕망 탐하지 않고 종을 치고 사방에 고하는 말, 누가 대승법 가졌는가. 나에게 말하여 주면 이내 몸 종이 되어 섬기리.

그때 아사타선인 대왕께 와서 사뢰는 말, 나에게 미묘한 법 있어 세간에서는 만나기 드문 것. 만일 닦아 행할 이 있으면 내가 말하여 주리라.

대왕은 선인의 말 듣고 대단히 기쁜 마음을 내어 즉시 선인을 따라가 모든 일을 시중 드는데 나무도 하고 나물도 캐고 때를 따라 공경해 받들며 묘한 법에 생각을 두고 몸과 마음 괴로운 줄 몰라 널리 모든 중생 위하여 대승법 구하는 것이요, 자기의 몸을 위하거나 다섯 가지 욕락 위하지 않아 큰 나라 왕으로서 대승법을 부지런히

구하였으므로 마침내 부처가 되었으매 이
제 너희들께 말하나니라.

㊿ 부처님이 비구들에게 말씀하였다.

"그때의 왕은 바로 내 몸이요, 선인은 지
금의 제바달다였느니라. 이 제바달다 선지
식을 말미암은 탓으로 나로 하여금 여섯
가지 바라밀다와 자비희사와 삼십이 거룩
한 몸매와 팔십 가지 잘 생긴 모양과 붉은
금빛과 열 가지 힘과 네 가지 두려움 없음
과 네 가지 붙들어 주는 법과 열여덟 가지
함께 하지 않는 법과 신통과 도력을 구족
하고 등정각을 이루어 중생을 널리 제도하
게 하였으니, 이것이 모두 제바달다 선지
식을 말미암은 연고이니라.

여러 사부대중에게 이르노니, 제바달다는
이 뒤에 한량없는 겁을 지내고서 부처를
이루리니, 이름이 천왕여래 응공 정변지
명행족 선서 세간해 무상사 조어장부 천인

사 불 세존이요, 그 세계의 이름은 천도라
하리라.

이때 천왕불의 세상에 머물기는 이십 중겁
이니 널리 중생들을 위하여 묘한 법을 말
씀하거든, 항하사 중생들은 아라한과를 얻
고 한량없는 중생은 연각의 마음을 내고,
항하사 중생들은 위없는 도의 마음을 내어
무생법인을 얻고 물러가지 않는 자리에 이
르리라.

그때 천왕불이 열반에 드신 뒤에 정법은
이십 중겁 동안 세상에 머물러 있을 것이
며 전신사리로 칠보 탑을 세우리니 높이는
육십 유순, 가로와 세로는 사십 유순이며,
여러 하늘과 사람들이 여러 가지 꽃과 가
루 향, 사르는 향, 바르는 향과 의복과 영
락과 당기 번기와 일산과 풍류와 노래로
칠보탑에 예배하고 공양하며, 한량없는 중
생이 아라한과를 얻고, 한량없는 중생이

벽지불을 깨닫고, 불가사의한 중생이 보리심을 내어 물러가지 않는 자리에 이르리라."

부처님이 모든 비구들에게 말씀하였다.

"오는 세상에 선남자 선여인이 이 묘법연화경의 제바달다품을 듣고 깨끗한 마음으로 믿고, 공경하여 의심을 내지 않는 이는 지옥이나 아귀나 축생에 떨어지지 아니하고 시방 부처님의 앞에 왕생할 것이요, 나는 곳마다 항상 이 경전을 들을 것이며, 만일 인간에나 천상에 나면 가장 훌륭하고 묘한 낙을 받고, 부처님 앞에 나면 연화위에 화생하리라."

(51) 이때에 하방에서 다보 세존을 따라온 보살이 있었으니, 이름은 지적이라. 다보부처님께 '본국으로 돌아가셔지이다' 하고 여쭈었다.

석가모니불이 지적보살에게 말씀하였다.

"선남자여, 잠깐만 기다려라. 여기 한 보살이 있으니 그 이름은 문수사리라 하느니라. 서로 만나서 묘한 법을 의논하고 본국으로 돌아가라."

이때 문수사리보살이 수레바퀴 같이 큰 천 잎 연꽃 위에 앉았고, 함께 오는 보살들도 다 보배 연꽃 위에 앉아서, 큰 바다 속 사갈라 용궁으로부터 저절로 솟아올라 오더니 공중에 머물러서 영취산에 이르고, 다시 연꽃으로부터 내려와 부처님 앞에 나아가 머리를 조아려 두 세존의 발에 예경하였다.

예경을 마치고 지적보살의 처소에 가서 서로 위로하고 한쪽에 물러가 앉았다.

지적보살이 문수사리보살에게 물었다.

"당신님이 용궁에 가서 교화한 중생이 얼

마나 되나이까."

문수보살이 말하였다. "그 수효가 한량이 없고 계산할 수 없고 입으로 말할 수 없고 마음으로 헤아릴 수 없거니와, 잠깐만 기다리면 스스로 증명하여 알게 되리이다."

말을 다 끝내기도 전에 무수한 보살들이 보배 연꽃에 앉아 바다로부터 솟아 올라와 영취산에 나아가 허공에 머물렀다. 이 보살들이 모두 문수사리가 교화한 이들이니, 보살행을 갖춘 이는 함께 육바라밀다를 말하고, 본래 성문들은 허공 중에서 성문행을 말하다가 지금은 모두 대승의 공한 이치를 수행하는 이들이다.

문수사리가 지적에게 말하였다.

"바다에서 교화한 일이 이러합니다."

그때 지적보살이 계송으로 찬탄하였다.

큰 지혜와 덕과 용맹으로 한량없는 중생

교화하신 일 이제 여러 회중과 내가 다 보
았나이다. 실상의 뜻 연설하고 일승법을
열어 보이어 많은 중생을 모두 다 제도하
여 보리를 빨리 이루게 하였나이다.

㉒ 문수사리가 말하였다.

"나는 바다 가운데서 항상 묘법연화경만을
연설하였나이다."

지적이 문수사리에게 물었다.

"이 경은 매우 깊고 미묘하여 여러 경전
중에 보배이오며, 세상에 있기 어려운 것
인데 자못 중생들이 부지런히 정진하여 이
경을 닦아 행하면 빨리 부처될 수 있나이
까."

문수사리가 말하였다.

"사갈라 용왕의 딸이 있어 나이 여덟 살인
데 지혜 있고 총명하여 중생들의 근성과
행하는 업을 잘 알고, 다라니를 얻었으며,

여러 부처님의 말씀하신 깊고 비밀한 법장을 다 받아 지니었으며, 선정에 깊이 들어가 모든 법을 분명히 알고, 찰나 동안에 보리심을 내어 물러가지 않는 자리를 얻었으며, 변재가 걸림이 없고, 중생들을 어여삐 생각하기를 갓난아기 같이 하며, 공덕이 구족하여 마음으로 생각하고 입으로 연설함이 미묘하고 광대하며, 인자하고 어여삐 여기고 어질고 겸양하며, 마음이 화평하여 능히 보리에 이르나이다."

지적보살이 말하였다.

"내가 보니 석가여래께서 한량없는 겁 동안에 어려운 고행을 행하시며 공을 쌓고 덕을 쌓아 보리의 도를 구하실 적에 잠깐도 쉬지 아니 하셨으며, 삼천대천세계를 보건대 겨자씨만한 곳에라도 보살의 몸과 생명을 버리지 않는 데가 없나니, 다 중생을 위한 연고이오며, 그러한 후에야 보리의 도를 이루셨는데, 이 용녀가 잠깐 동안에 정각을 이루리란 말은 믿을 수 없나이다.”

말을 마치기도 전에 용녀가 문득 앞에 나타나서 머리를 조아려 예경하고 한 쪽에 물러가 앉아서 게송으로 찬탄하였다.

죄와 복을 깊이 통달하시고 시방 세계 두루 비추시며 미묘하고 깨끗한 법신 삼십이 어른다운 몸매 갖추고 팔십 가지 잘 생긴 모양 법신을 장엄하게 꾸미시니 천상과 인간 함께 앙모하며 용과 귀신이 모두 공경하여 모든 중생의 무리들 받들어 모시지 않을 이 없고 또 보리를 이루리라는 말 부처님만이 아시려니와 나는 대승의 교법 천명하여 괴로운 중생들 건지옵나니.

이때 사리불이 용녀에게 말하였다.

“네가 오래지 않아 위없는 도를 얻으리라

하거니와, 그 일은 믿기 어려우니라. 그 까닭을 말하면, 여자의 몸은 때 묻고 더러워서 법의 그릇이 아니어늘, 어떻게 위없는 보리를 얻겠느냐. 부처 되는 길이 까맣게 멀어서 한량없는 겁을 지내면서 애써 수행을 쌓으며 여러 가지 바라밀다를 구족하게 닦고서야 이루는 것이 아닌가.

또 여자의 몸에는 다섯 가지 장애가 있나니, 첫째 범천왕이 되지 못하고, 둘째 제석천왕이 되지 못하고, 셋째 마왕이 되지 못하고, 넷째 전륜성왕이 되지 못하고, 다섯째 부처가 되지 못하는 것이어늘 어떻게 여자의 몸으로 빨리 성불할 수 있겠느냐."

㊳ 그때 용녀에게 한 보배 구슬이 있으니, 값이 삼천대천세계와 상당하였다. 그것을 부처님께 받드니, 부처님이 곧 받으셨다.

용녀가 지적보살과 사리불에게 말하였다.

"내가 보배 구슬 받드는 것을 세존께서 받으시니, 그 일이 빠르옵니까."

"매우 빠르니라."

용녀가 말하였다. "당신들의 신통한 힘으로 나의 성불하는 것을 보십시오. 그보다 더 빠를 것입니다."

그때 여러 모인 이들이 보니, 용녀가 잠깐 동안에 남자로 변하여서 보살의 행을 갖추고, 곧 남방의 무구세계에 가서 보배로운 연꽃에 앉아 등정각을 이루는데, 삼십이 어른다운 몸매와 팔십 가지 잘생긴 모양을 갖추고, 시방의 모든 중생을 위하여 미묘한 법을 연설하였다. 이때에 사바세계의 보살성문과 천 용 팔부와 사람과 사람 아닌 이들이 용녀가 성불하고 시회대중의 천상 인간들을 위하여 법을 말하는 것을 멀리서 보고, 마음이 환희하여 멀리 바라보며 예경하였다.

한량없는 중생은 법을 듣고 깨달아 물러가지 않는 자리를 얻었고, 한량없는 중생은 도기를 받았으며, 무구세계가 여섯 가지로 진동하고, 사바세계의 삼천중생은 보리심을 내고 수기를 받으니, 지적보살과 사리불과 모든 대중들이 잠자코 믿었다.

묘법연화경 제바달다품 종

권지품 제 13

㉚ 그때 약왕보살마하살과 대요설보살마하살이 이만 보살권속과 함께 부처님 앞에서 서원하는 말을 하였다.

"바라옵건대 세존이시여, 염려하지 마시옵소서. 저희들이 부처님 열반하신 뒤에 이 경전을 받들어 지니고 읽고 외우고 해설하겠나이다.

후세의 나쁜 세상 중생들이 선근은 적어지고 뛰어난 체 하는 이가 많아 공양에 탐을 내며, 착하지 못한 뿌리를 증장하고 해탈을 멀리 여의어 교화하기 어렵사오나, 저희들이 마땅히 크게 참는 힘으로 이 경전을 읽고 외우고 받아 지니고 해설하고 쓰며 갖가지로 공양하여 몸과 목숨을 아끼지 않겠나이다.”

이때 대중 가운데 있던 오백 아라한으로서 수기 받은 이들이 부처님께 사뢰었다.

“세존이시여, 저희들도 서원코 다른 국토에서 이 경을 널리 연설 하겠나이다.”

또 유학 무학 팔천 사람으로 수기를 받은 이들이 자리에서 일어나 합장하고 부처님을 향하여 이렇게 서원하였다.

“세존이시여, 저희들도 다른 국토에서 이 경전을 널리 연설하겠나이다.

왜냐 하오면, 이 사바세계 사람들은 못된 이들이 많고 뛰어난 체 하는 생각을 품었으며, 공덕이 천박하고, 성 잘 내고 흐리고 마음이 아첨하고 진실치 못한 연고입니다.”

이때 부처님의 이모이신 마하파사파제 비구니가 학·무학 육천 비구니와 함께 자리에서 일어나 일심으로 합장하고 부처님을 우러러 보며 잠깐도 한눈 팔지 아니 하였다.

이때 세존께서 교담미에게 말씀하였다.

"어찌하여 근심하는 얼굴로 여래를 보느냐. 네 마음에 생각하기를, 내가 네 이름을 불러서 아뇩다라삼먁삼보리의 수기를 주지 않는다고 함이 아니냐.

교담이야, 내가 먼저 모든 성문들을 한꺼번에 들어서 수기를 주었느니라. 이제 네가 네 수기를 알려거든, 오는 세상에 육만 팔천억 부처님의 법 가운데서 대법사가 되고 이 학·무학 육천 비구니들도 모두 법사가 될 것이니라.

너는 이리하여 점점 보살의 도를 구족하여 마땅히 부처를 이루리니, 이름이 일체중생 희견여래 응공 정변지 명행족 선서 세간해 무상사 조어장부 천인사 불 세존이라 하리라.

교담이여, 이 일체중생희견불과 육천 보살이 차례차례 수기를 주면서 아뇩다라삼먁삼보리를 얻으리라."

(55) 이때 라후라의 어머니인 야수다라 비구니가 이렇게 생각하였다. '세존께서 수기를 주시는 가운데 홀로 내 이름만을 말하지 않으시는구나.'

부처님이 야수다라에게 말씀하였다.

"너는 오는 세상에서 백천만억 부처님의 법 가운데서 보살의 행을 닦으며 대법사가 되었다가, 점점 부처의 도를 갖추고 좋은 국토에서 마땅히 부처를 이루리니, 이름이 구족천만광상여래 응공 정변지 명행족 선서 세간해 무상사 조어장부 천인사 불 세존이라 하리니, 그 부처님의 수명은 무량 아승지 겁이니라."

이때 마하파사파제 비구니와 야수다라 비구니가 그 권속들과 함께 크게 환희하여 미증유함을 얻고, 부처님 앞에서 게송을 말하였다.

세존이신 대도사께서 천상 인간을 편안케 하시니 저희들이 수기를 듣삽고 마음 편해 만족하여라.

비구니들이 이 게송을 말하고 부처님께 사뢰었다. "세존이시여, 저희들도 다른 국토에서 이 경전을 널리 선포하겠나이다."

이때에 세존께서 팔십만억 나유타 보살마하살들을 보시었다. 이 보살들은 모두 아비발치로서 물러가지 않는 법륜을 굴리며 모든 다라니를 얻은 이들이라. 자리에서 일어나 부처님 앞에 나아가 일심으로 합장하고 이렇게 생각하였다.

'만일 세존께서 우리들에게 명하여 이 경전을 지니고 연설하라 하시면 마땅히 부처님의 명령대로 이 경을 널리 선포하리라.' 또 생각하기를, '부처님이 지금 잠자코 명령이 없으시니, 우리는 어떻게 해야 하나' 하였다.

이때 보살들이 부처님의 뜻을 순종하고, 자기들의 본래의 서원도 만족하려 하여, 부처님 앞에서 사자후로 서원을 말하였다.

"세존이시여, 저희들도 여래의 열반하신 후에 시방세계로 다니면서, 중생들로 하여금 이 경전을 쓰고 받아 지니고, 읽고 외우고, 그 이치를 해설하며, 법대로 수행하고 바른 생각을 가지게 하겠나이다. 이것이 모두 부처님의 위력이오니, 바라옵건대 세존께서는 다른 지방에서 멀리 보살펴 주옵소서."

㊌ 그때 여러 보살들이 함께 소리를 내어

계송을 말하였다.

원컨대 염려하지 마옵소서. 부처님 열반하신 뒤 공포한 나쁜 세상에서 저희들이 널리 연설하리다. 여러 무지한 사람들 욕설하고 꾸짖거나 칼과 작대기로 치더라도 저희들 모두 참으오리다. 오탁악세의 비구들 삿된 지혜 굽은 마음으로 얻지 못한 것 얻었다 하며 교만한 마음 가득히 차고, 혹은 아련야에 있어 누더기 입고 한가히 앉아 참된 도를 닦는다면서 사람을 멸시하는 이 공양과 이익 탐내어 신도들께 법문 말하며 세상 사람의 공경 받기를 육신통 얻은 아라한처럼 하고, 이런 사람 나쁜 마음으로 세속 일만 생각하면서 아련야의 이름을 빌어 우리들 허물만 들추어내며 이렇게 말하기를, 저 비구들은 공양과 이익을 탐내어 외도의 학설을 말하고 스스로 경전을 조작하여 세상 사람을 속이고 명예를 구하기

위하여 이런 경 해설한다 하며 언제나 대
중 가운데서 우리들을 훼방하면서 국왕 대
신 바라문 거사와 다른 비구들을 향하여
우리들이 나쁘다고 비방하는 말.

이 삿된 소견 가진 나쁜 사람이 외도들 하
는 학설을 되풀이한다 하지만 우리는 부처
님을 공경하여 여러 가지 욕설을 참으며
그들이 비웃어 말하되 그대들이 부처라 하
더라도 이렇게 업신여기는 말을 우리는 참
아야 하고 다섯 가지 흐린 세상에 여러 가
지 무서운 일 많거니와 나쁜 귀신이 그의
몸에 지피어 우리를 욕설하고 훼방하여도
우리는 부처님을 믿으므로 참는 갑옷을 입
어야 하며, 이 경전을 말하기 위해 모든
일을 참아야 하나니, 우리는 목숨도 아끼
지 않고 위없는 도를 애호하노라.

오는 세상에서 우리들이 부처님 유촉을 호
지하리다. 세존께서 살피옵소서. 오탁악세

의 나쁜 비구들 부처님께서 교묘한 방편
마땅하게 말씀한 법 모르고 욕설도 하고
빈축도 하고 때로는 몰아 내쫓아 절에서
떠나게 하거든 이와 같은 여러 가지를 부
처님 부촉을 생각하여 모두 다 참겠나이
다. 여러 마을과 도시에서 불법을 구하는
이 있거든 우리는 그의 처소에 가서 부처
님 유촉하신 법 말하오리.

우리는 세존의 심부름꾼, 대중에 있어 두
려움 없이 바른 법 항상 연설하리니 부처
님 편안히 계시옵소서. 세존과 시방에서
오신 부처님 전에 저희들의 이러한 서원
사뢰옵나니 부처님, 저희들 마음 아시오리
다.

묘법연화경 권지품 종

묘법연화경 제 4권 종

묘법연화경 제 5권

안락행품 제 14

① 그때 문수사리 법왕자 보살마하살이 부처님께 사뢰었다.

"세존이시여, 이 보살들이 매우 난유(難有)하여 부처님을 순종하는 연고로 큰 서원을 내고 미래의 나쁜 세상에서 이 묘법연화경을 보호하여 지니며 읽고 해설하려 하나이다. 세존이시여, 보살마하살이 미래의 나쁜 세상에서 어떻게 하면 이 경을 해설할 수 있겠나이까."

부처님이 문수사리에게 말씀하였다.

"만일 보살마하살이 미래의 나쁜 세상에서 이 경을 해설하려면 네 가지 법에 편안히 머물러야 하느니라.

하나는 보살의 행할 곳과 친근할 곳에 편안히 머물러야 중생에게 이 경을 연설할 수 있느니라.

문수사리여, 무엇을 보살마하살의 행할 곳이라 하느냐. 만일 보살마하살이 욕됨을 참는 자리에 머물러 있으면서 부드럽고 화평하고 착하고 순종하면서 불쑥하게 포악하지 않고, 마음에 놀래지도 않아야 하고, 또 법에 대하여 행한다는 것이 없이 모든 법의 실상과 같이 관찰하며, 행함도 없고 분별하지도 않아야 하나니, 이것을 보살마하살의 행할 곳이라 하느니라.

무엇을 보살마하살의 친근할 곳이라 하느냐. 보살마하살은 국왕이나 왕자나 대신이나 관원들을 친근하지 말아야 하며, 또 모든 외도인 범지(梵志)나 니건자들과 세속의 문필을 일삼는 이와 외도의 서적을 찬탄하는 이와 로가야타와 로가야타를 거슬리는 이를 친근하지 말며, 또 흉악한 장난과 서로 때리고 씨름하는 일과 나라연등의 가지가지 장난꾼을 친근하지 말고, 또 전다라와 도야지 양 닭 개를 키우는 이와 사냥하고 고기 잡는 나쁜 짓 하는 이들을 친근하지 말아야 하느니라. 이런 사람들이 만일 오거든 그들에게 법을 말하여 줄 뿐 희망하는 일이 없어야 하느니라.

또 성문승을 구하는 비구 비구니 우바새 우바이들을 친근하지도 말고 문안하지도 말아야 하며, 방안에서나 거닐 때에나 강당에서 함께 있지도 말고, 혹시 찾아오더라도 적당하게 법을 말하여 줄 뿐 바라는 일이 없어야 하느니라.

문수사리여, 또 보살마하살이 여인의 몸에 대하여 욕망을 낼만한 모양으로 법을 말하지 말고, 보기를 좋아하지도 말며, 만일 남의 집에 들어가더라도 소녀 처녀 과녀들과 더불어 함께 말하지 말아야 하느니라.

또 다섯 가지 사내 아닌 사람을 가까이 하거나 친구를 삼지 말아야 하며, 혼자서 다른 이의 집에 들어가지 말고, 만일 볼일이 있어서 혼자 들어가게 될 적에는 오직 일심으로 염불하여야 하느니라. 여인에게 법을 말하게 되거든 이를 드러내어 웃지도 말고, 가슴을 드러내지도 말며 법을 위해서라도 친하지 말아야 하거든 하물며 다른 일일까 보냐. 나이 어린 제자 사미나 어린애 가꾸기를 좋아하지 말며, 그들과 한 스님을 섬기기를 좋아하지도 말아야 하느니라.

항상 좌선하기를 좋아하여 한적한 곳에서 마음을 껴잡아 닦아야 하나니, 문수사리여, 이것을 첫째 친근할 곳이라 하느니라.

② 또 보살마하살이 모든 법이 공하여 실

상과 같음을 관찰하여 뒤바뀌지도 말고 흔들리지도 말고 물러가지도 말고 굴려지지도 말아야 하나니, 마치 허공의 성품이 아무 것도 없는 것과 같이, 온갖 말할 길이 끊어져서 생기지도 않고 나오지도 않고 일어나지도 않으며, 이름도 없고 모양도 없고 있는 것이 아니어서 한량없고 그지없고 걸림도 없고 막힘도 없건마는, 다만 인연으로 있는 것이며, 뒤바뀌어 생기는 것으므로 말할 수 있는 것이니라.

항상 이러한 법의 모양을 관찰하기 좋아해야 하나니, 이것을 보살마하살의 둘째 친근할 곳이라 하느니라."

이때 세존이 이 뜻을 거듭 펴시려고 게송을 말씀하였다.

만일 보살들이 미래의 세상에서 공포한 마음 없이 이 경을 연설하려면 마땅히 행할 곳과 친근할 곳에 들어가되 국왕이나 국왕의 아들이나 대신과 관장을 떠나야하며, 흉악한 장난꾼이나 전다라들이나 외도와 범지들을 항상 멀리해야 하며, 뛰어난 체 하는 사람이나 소승법을 좋아하는 삼장을 배우는 이들도 친근하지 말아야 하고, 파 계한 비구들이나 이름뿐인 아라한이나 희 롱하고 웃기는 비구니들을 멀리하고, 다섯 가지 욕락에 깊이 탐을 내어 현세에서 열 반 얻으려는 그런 우바이들을 친근하지 말 아야 하나니, 만일 이런 사람들이 좋은 마 음으로 보살 있는 데 와서 불법을 들으려 하면 그때에 보살은 두려울 것 없는 마음 으로 희망하는 뜻을 품지 말고 그에게 법 을 말할 것이며 과녀거나 처녀거나 여러 가지 사내 아닌 이를 가까이 하여서 친근 하지 말고, 백정이나 망나니와 사냥하고 고기 잡고 이익 위해 살생하는 그런 사람 들 가까이 말며, 어육 팔아 생활하며 몸을 파는 여자들 그러한 사람들도 친근하지 말

것이며, 흉악하게 씨름하는 여러 가지 장
난꾼과 음란한 여자들을 가까이 하지 말고
으슥하고 외딴 곳에서 여인에게 설법 말
며, 법을 만일 말하려면 희롱하고 웃지 말
고, 마을에 가서 걸식할 땐 다른 비구 함
께 가며 다른 비구 없을 때면 일심으로 염
불하라. 이것을 이름하여 행할 곳, 친근할
곳 이와 같은 두 곳에선 편안하게 법 말하
리.

또 상품 하품 법과, 함이 있다 함이 없다,
진실하다 진실치 않다 그런 법을 행하지
말고, 남자 여자 분별 말라. 모든 법을 얻
지 못하여 알지도 못하고 보지도 못하므로
이를 일러 보살의 행할 곳.

여러 가지 모든 법 공하여 아무 것도 없고
항상 있는 것도 없으며 일어나지도 멸하지
도 않으며 이런 것을 지혜 있는 이의 친근
할 곳이라 하고, 모든 법이 있다 없다 뒤

바뀌게 분별하여 실상이라 실상 아니라, 난다 안 난다 하거니와 한적한 곳에 가만히 있어 마음을 붙들고 닦으면서 머물러 있고 동하지 않기 수미산과 같이하라.

③ 온갖 법이 모두 공해 아무 것도 없는 것이 마치 허공과 같아서 견고한 것도 없고 생기지 않고 나지도 않으며 흔들리고 물러가지 아니하여 한 모양에 항상 머물면 이것이 친근할 곳 만일 모든 비구들이 내가 열반한 연후에 이러한 행할 곳과 친근할 데 들어가면 이 경전 말할 적에 겁약하지 않으리니 보살이 어떤 때에 고요한 방 들어앉아 정당한 기억으로 뜻을 따라 법을 보고 삼매에서 일어나면 여러 나라 임금들과 왕자와 백성들과 바라문을 위하여서 이 경전을 일러 뵈고 연설하여 교화하면 그 마음 편안하여 겁약할 것 없느니라.

문수사리 보살이여, 이를 일러 보살들의

첫 법에 머무름이니 오는 세상 법화경 말하리라.

"또 문수사리여, 여래가 열반한 뒤에 말법 세상에서 이 경전을 연설하려거든 안락한 행에 머물러서 입으로 연설할 것이며, 만일 경을 읽으려거든, 사람들과 경전의 허물을 말하지 말고, 다른 법사들을 경솔하게 여기지 말고, 다른 이의 좋은 일 나쁜 일과 잘 잘못을 말하지 말아야 하느니라.

성문들을 대해서도 이름을 불러가며 허물을 말하지 말고, 이름을 불러가며 잘한다고 칭찬도 말 것이며, 또 원망하고 싫어하는 마음도 내지 말고, 이 안락한 마음을 잘 닦기 위하여서 모든 듣는 이들의 뜻을 어기지도 말며, 묻는 일이 있으면 소승법으로 대답하지 말고 대승법으로 해설하며 그들로 하여금 갖가지 지혜를 얻게 할 것이니라."

④ 이때에 세존께서 이 뜻을 거듭 펴시려고 계송을 말씀하였다.

보살이 어느 때에나 조용히 설법하려거든 맑고 깨끗한 곳에 법상을 차려놓고 몸에는 기름을 바르고 더러운 때를 씻어버리고 깨끗한 새옷을 입어 안과 밖이 모두 깨끗하거든 법상에 편안히 앉아 묻는 대로 대답할 것이 비구나 비구니나 우바새나 우바이나 국왕이거나 왕자거나 신하들과 백성들에게 미묘한 이치를 화평한 얼굴로 말하고, 만일 질문하는 이 있으면 이치를 따라 대답하되 인연과 비유로써 분별하여 연설하며, 이와 같은 방편으로 모두 다 발심케 하며 점점 증장하여 부처님 도에 들게 하라. 게으르고 느린 생각 모두 제해 없이 하며 근심 걱정 다 여의고 인자하게 법을 말해 밤·낮으로 어느 때나 위없는 도 말할 적에 여러 가지 인연이며 한량없는 비유로써 중생들을 깨워주어 환희한 마음 내게 하되 의복이나 금침이나 음식과 탕약들을 그 가운데 한 가지도 바라는 생각 없고 한결같은 마음으로 법의 인연 말하여서 성불하려 원력 세우고 중생들도 그렇게 하면 이를 말해 큰 이익이라 편안하게 하는 공양.

내가 열반한 연후에 만일 어떤 비구거나 이와 같은 묘법연화경 능히 연설하는 이는 성을 내고 질투하고 성가신 마음이나 근심 걱정하는 일과 꾸중하는 이도 없고 칼이나 막대기로 치려는 공포 없고 쫓아내는 일 없나니 잘 참는 연고이니라. 지혜 있는 사람이면 이와 같이 마음 닦아 안락행에 머무름이 나의 말과 같으리니, 그 사람의 이런 공덕 천만 억 겁 지내면서 산수로도 비유로도 다 말할 수 없느니라.

또 문수사리여, 보살마하살이 오는 말법시

대에 법이 없어지려 할 적에 이 경전을 받아 지니고 읽고 외우려 하는 이는 질투하고 속이려는 마음을 품지 말고, 불도 배우는 이를 업신여기고 꾸짖어서 그의 잘 잘못을 찾아내려 하지 말아야 하느니라.

만일 비구 비구니 우바새 우바이로서 성문을 구하는 이, 벽지불을 구하는 이, 보살의 도를 구하는 이를 시끄럽게 하며 그로 하여금 의심하고 뉘우치게 하려고 그들에게 말하기를 '너희들은 도에서 떠나기 매우 멀어서 마침 내 갖가지 지혜를 얻지 못하리니, 왜냐하면, 너희는 방일한 사람으로서 도에 대하여 게으른 연고라'하지 말아야 하며, 또 마땅히 모든 법을 희롱거리로 말하여 다투는 일이 없어야 하느니라.

모든 중생에게 대하여 어여삐 여기는 생각을 내고, 여래에게는 인자한 아버지란 생각을 내고, 모든 보살에게는 큰 스승이란

생각을 내어야 하나니, 시방의 모든 대보
살에게는 항상 간절한 마음으로 공경하고
예배하며, 모든 중생에게는 평등하게 법을
말하되 법에 순응하여 많이 말하지 말고
적게 말하지도 말며, 비록 법을 매우 사랑
하는 이에게라도 많이 말하지 말아야 하느
니라.

⑤ 문수사리여, 이 보살마하살이 미래와
말세에 법이 없어지려 할 때에 이 셋째 안
락행을 성취한 이는 이 법을 말할 적에 시
끄럽게 할 이가 없을 것이요, 좋은 동학을
만나서 함께 이 경전을 읽고 외우게 되고,
또 많은 대중이 와서 들을 것이며, 듣고는
지니고, 지니고는 외우고, 외우고는 연설하
고, 연설하고는 쓰며, 혹 다른 이로 하여
금 쓰게 하여 경전을 공양하고 공경하고
존중하고 찬탄할 것이니라."

이때 세존께서 이 뜻을 거듭 펴시려고 게

송을 말씀하였다.

이 경전 말하려는 이는 질투, 성내는 일, 교만과 기만하는 거짓마음 버리고 항상 질직한 행을 닦으며 사람을 멸시하지 말고 법을 희롱거리로 말며 다른 이를 의혹케 하여 너는 성불할 수 없다 말고, 이 불자가 법을 말하되 항상 부드럽고 참으며 모든 것을 자비로 대하여 게으른 마음 내지 말고 시방의 대보살들 중생을 딱하게 여겨 도를 행하니 마땅히 공경하는 마음으로 나의 큰 스승이라 하고 모든 부처님 세존께는 위없는 아버지란 생각 내어 교만한 마음 깨뜨리면 법 말하기에 장애 없으리. 셋째 법 이와 같나니 지혜 있는 이 잘 수호하여 일심으로 안락하게 행하면 한량없는 중생이 공경하리라.

"또 문수사리여, 보살마하살이 미래의 말세에 법이 없어지려 할 때에 이 묘법연화경을 지니려거든, 집에 사는 사람이나 출가한 사람에게 크게 인자한 마음을 내고, 보살이 아닌 이에게는 크게 어여삐 여기는 마음을 내고, 마땅히 생각하기를 '이 사람들은 크게 잃어버리는 것이니, 여래께서 방편으로 마땅하게 말씀한 법을 듣지 못하고 알지 못하고 깨닫지 못하여, 묻지도 않고 믿지도 않고 이해하지 못하더라도 내가 아뇩다라삼먁삼보리를 얻게 되면, 어디 있더라도 신통의 힘과 지혜의 힘으로 이끌어서 이 법 가운데 머물게 하리라' 할 것이니라.

문수사리여, 이 보살마하살이 여래가 열반한 뒤에 이 넷째 법을 성취한 이는 이 법을 말할 때에 허물이 없을 것이요, 항상 비구 비구니 우바새 우바이 국왕 왕자 대신 인민 바라문 거사 등의 공양하고 존중하고 찬탄함을 받을 것이며, 허공의 천인들이 법을 듣기 위하여 항상 따라다니며 시위하리라.

만일 마을에나 성읍에나 한가한 산림 속에 있을 적에 사람이 와서 난문(難問) 하려 하면, 천인들이 밤낮으로 법을 위하여 호위하여서 듣는 이로 하여금 기쁘게 하리니, 그 이유를 말하면, 이 경전은 모든 과거 미래 현재의 부처님들이 신력으로 수호하시는 연고이니라.

⑥ 문수사리여, 이 법화경은 한량없는 국토에서는 이름도 듣지 못하거든, 하물며 보고 받아 지니고 읽고 외움일까보냐.

문수사리여, 마치 어떤 억센 전륜성왕이 위력으로 여러 나라를 항복 받으려 할 적에 작은 왕들이 그 명령을 순종하지 않으면 전륜왕은 여러 가지 군대를 일으켜 가지고 가서 토벌하느니라.

군대들 중에 싸워서 공이 있는 이를 보고
는 전륜성왕이 크게 환희하여 공을 따라
상급을 주는데, 혹 집과 전답과 마을과 고
을을 주기도 하고, 의복과 몸을 단장할 것
을 주기도 하고, 혹은 가지가지의 보물 금
은 유리 차거 마노 산호 호박 코끼리 말
수레 노비 인민들을 주기도 하지마는, 상
투에 꽂는 명월주 동곳은 주지 않느니라.
왜냐하면, 전륜성왕의 정수리에만 이 명월
주가 있는데, 만일 이것을 주면 왕의 권속
들이 놀라고 괴이하게 여기는 연고이니라.

문수사리여, 여래도 그와 같아서 선정과
지혜의 힘으로 불법의 국토를 얻어 삼계의
왕이 되었는데, 마왕들이 순종하여 항복하
지 않으면 여래의 현성장군들이 함께 싸우
느니라. 그래서 공이 있으면 마음이 환희
하여 사부대중에서 여러 가지 경전을 말하
여 마음을 기쁘게 하고 선정 해탈과 무루

의 뿌리와 힘과 모든 불법 재물을 주기도 하고, 열반의 성을 주어 멸도를 얻었다 하며 그 마음을 인도하여 기쁘게 하면서도 법화경은 말하여 주지 않느니라.

문수사리여, 전륜성왕이 군인 가운데 큰 공을 세운 이를 보고는 매우 기뻐서 그 믿기 어려운 명월주를 상투 속에 꽂아 두고 다른 이에게 주지 않던 것을 상 주는 것같이, 여래도 그러하여 삼계의 대법왕으로서 바른 법으로 모든 중생을 교화하다가 현인 성인의 군사가 오음마, 번뇌마, 죽음마와 싸워서 큰 공을 세워 삼독을 멸하고 삼계에서 뛰어나 마의 그물을 깨뜨리면, 그때에 여래도 크게 환희하여, 중생으로 하여금 온갖 지혜에 이르게 하는 이 법화경을, 모든 세간에서 원망이 많고 믿지 아니 하여 지금까지 말하지 아니 하던 것을 이에 말하는 것이니라.

문수사리여, 이 법화경은 모든 여래의 제일 훌륭한 말씀이니, 여러 말씀 가운데 가장 깊은 것인데 나중에야 일러주는 것이니, 마치 저 억센 왕이 오래 보호하던 명월주를 지금에야 주는 것과 같느니라.

문수사리여, 이 법화경은 여러 부처님 여래의 비밀한 법장으로 모든 경전 가운데 가장 으뜸가는 것으로 긴긴 밤에 수호하고 망녕되이 연설하지 않던 것을 오늘에 비로소 너희들께 연설하여 주는 것이니라."

⑦ 이때 세존께서 이 뜻을 거듭 펴시려고 게송을 말씀하였다.

항상 욕됨을 참고 모든 것을 불쌍히 여겨야 부처님 찬탄하는 경전 연설할 수 있나니, 미래의 말세에서 이 경전 지니는 이는 집에 있거나 출가했거나 보살 아닌 이에게까지 자비한 마음 내야 하나니, 이런 이들이 경전을 듣지 못하고 믿지도 않아 크게 잃어버리는 것. 내가 부처 되거든 여러 가지 방편으로 이 법을 말하여서 그 가운데 머물게 하리.

비유하여 말하면 어떤 억센 전륜성왕이 전쟁을 하고 공 있는 이에게 여러 가지로 상을 주는데 코끼리 말 수레와 몸을 단장하는 도구와 좋은 저택과 전답이며 마을과 도성을 주기도 하고 혹은 입을 옷도 주고 갖가지 보배들과 노비와 재산들을 환희하여 상을 주고 용맹하고 날랜 군사 훌륭한 공 세웠으면 상투 속에 꽂았던 명월주를 뽑아서 상 주나니, 여래도 그와 같아 법의 왕이 되었으매 욕을 참는 큰 힘이며 지혜의 보물 창고 대자 대비함으로써 큰 법으로 세상을 교화하며 모든 사람들이 번뇌에 시달리면서 해탈을 구하려고 마군들과 싸움을 보고, 이런 중생을 위하여 갖가지 법을 말할 적에 크나큰 방

편으로 여러 경전 말하다가 이때에 그 중
생들 힘을 얻은 줄 알고는 나중에야 그를
위해 법화경을 말하는 것. 전륜성왕이 상
투에 꽂았던 명월주를 주는 것 같나니 이
법화경 존중하여 모든 경의 으뜸이라 내
가 항상 수호하고 말해주지 않았더니, 지
금 바로 그때이기에 너희들께 말하노니
내가 열반한 뒤에 부처 도를 구하는 이
편안하게 이 경전을 연설하려 하거들랑
이러한 네 가지 법 마땅히 친근하라.

이 경전 읽는 이는 근심 걱정 항상 없고
다른 병도 없어지고 얼굴은 깨끗하며 빈궁
하고 하천한데 태어나지 아니하고 중생들
이 좋아하기 성현을 사모하듯 천상의 동자
들이 따라와서 시중들고 몽둥이 칼이 범하
지 못하고 독약도 해하지 못해 어떤 이가
욕설하면 그 입이 막혀지고 두루 돌아다니
어도 사자처럼 두렵지 않아 지혜의 밝은

광명 해와 같이 비치우며,

⑧ 꿈을 꾸는 속에서도 묘한 일만 보게 되니 부처님 여래께서 사자좌에 앉았거든 비구대중 둘러싸고 묘한 법을 연설하며 용왕과 신장들과 아수라 무리들의 그 수효 항하의 모래 공경하고 합장하면 자기 몸이 그 속에서 설법함을 보게 되며 또 보면 부처님들 몸매가 금빛인데 한량없는 광명 놓아 온갖 것에 비치우며 청정한 음성으로 경법을 연설하고 부처님이 대중에게 위없는 법 말하거든 자기 몸이 그 속에서 합장하고 앙모하며 법을 듣고 환희 하여 부처님께 공양하고 다라니 법을 얻어 물러가지 않는 지혜 증득하니, 부처님이 그 뜻 알고 불도에 깊이 들어 정각을 이루리라.

수기 주시기를, 착한 남자들아 너는 장차 오는 세상 한량없는 지혜 얻어 부처의 도 이루리니 그 국토는 엄정하여 크고 넓기

짝이 없고 사부대중 모여 앉아 합장하고
법 들으리.

또 보니 자기 몸이 산림 속에 앉아 있어
착한 법 닦아 익혀 실상을 증득하고 선정
에 깊이 들어 시방 부처 뵈우리니, 부처님
의 몸이 금빛이요 복된 모양으로 장엄하였
는데 법을 듣고 남에게 설법하며 이런 꿈
을 언제나 꾸게 되리.

어떤 때는 꿈에 국왕 되어 궁전과 권속 다
버리며 다섯 가지 욕망도 마다하고 도량으
로 나아가서 보리수나무 아래 사자좌에 앉
아 있으며, 도를 구하기 이레가 넘으면 부
처님의 지혜를 얻어 위없는 도를 성취한
후에 일어나 법륜을 굴리면서 사부대중에
게 법문 말하기 천만 억 겁을 지내나니,
무루의 묘한 법 말하여 한량없는 중생 제
도하고 그런 뒤에 열반에 들기 연기 끝나
고 등불 꺼지듯 미래의 나쁜 세상에서 이

제일법(第一法) 말을 하면 이 사람이 큰 이
익과 위와 같은 공덕 얻사오리.

묘법연화경 안락행품 종

종지용출품 제 15

⑨ 이때 다른 세계에서 온 보살마하살 여덟 항하사 수효보다 많은 이들이 대중 가운데서 일어나 합장하고 예배하고 부처님께 사뢰었다. "세존께서 만일 저희들이 부처님 열반하신 뒤에 이 사바세계에서 부지런히 정진하며 이 경전을 수호하여 읽고 외우고 써서 공양함을 허락하신다면 마땅히 이 국토에서 널리 연설하겠나이다."

그때 부처님이 보살마하살들에게 말씀하였다. "그만 두어라 선남자여, 그대들까지 이 경전을 수호할 것 없느니라. 왜냐하면, 이 사바세계에 육만 항하사의 보살마하살이 있고, 낱낱 보살이 각각 육만 항하사의 권속들이 있나니, 이 사람들이 내가 열반한 뒤에 능히 이 경전을 수호하여 읽고 외우고 널리 연설할 것이니라."

부처님이 이렇게 말씀하실 적에 사바세계인 삼천대천 세계의 땅이 모두 찢어지면서 그 가운데 있던 한량없는 천만 억 보살마하살이 한꺼번에 솟아올라 왔다. 이 보살들의 몸은 다 금빛이요, 삼십이 어른다운 몸매와 한량없는 광명을 갖추었으니, 먼저부터 이 사바세계의 아래, 이 세계 허공 중에 있던 이들로서 석가모니부처님의 말씀하시는 음성을 듣고 아래로부터 올라온 것이다. 이 낱낱 보살은 모두 대중을 인도하는 우두머리로서 각각 육만 항하사의 권속을 거느렸거늘, 하물며 오만 항하사 권속, 사만 항하사 권속, 삼만 항하사 권속, 이만 항하사 권속, 일만 항하사 권속을 거느린 보살일까 보냐.

또 하물며 내지 한 항하사 권속, 반 항하

사 권속, 사분의 일항하사 권속이며, 내지 천만 억 나유타 분의 일 권속을 거느린 보살일까 보냐. 또 하물며 천만 억 나유타 권속 억만 권속 천만 권속, 백만 권속을 거느린 보살일까 보냐. 하물며 일만 권속, 일천 권속, 일백 권속, 열 권속이며, 내지 다섯 제자, 네 제자, 세 제자, 두 제자, 한 제자만을 거느린 보살일까 보냐. 하물며 단신으로 멀리 여의는 행을 좋아하는 이들이 한량없고 그지없어 산수나 비유로는 알 수 없음일까 보냐.

이 모든 보살들이 땅에서 솟아 나와서는 각각 허공으로 나아가 칠보탑 안에 계신 다보여래와 석가모니불의 처소에 이르러 두 세존께 머리를 조아려 예배하고, 또 모든 보배 나무 아래 사자좌에 앉으신 부처님 처소에 이르러서도 그와 같이 예배하며, 오른쪽으로 세 번씩 돌고 합장하고 공경하여 모든 보살의 찬탄하는 법대로 찬탄하고는 한 쪽에 머물러서 반갑게 두 세존을 앙모하고 있었다.

이 여러 보살마하살들이 땅에서 솟아 올라와서 모든 보살의 찬탄하는 법으로 부처님을 찬탄할 때까지 그 시간은 오십 소겁이 걸리었다. 이때 석가모니부처님이 잠자코 앉으셨고, 모든 사부대중도 역시 잠자코 있었는데, 그 오십 소겁이 부처님의 신통한 힘으로써 모든 대중은 한 나절 같이 생각하였다.

⑩ 이때에 사부대중도 역시 부처님의 신통한 힘을 입어 모든 보살들이 한량없는 백천만억 국토의 허공에 가득함을 보게 되었다.

이 보살대중 가운데 네 길라잡이가 있으니, 하나는 상행이요, 둘은 무변행이요, 셋은 정행이요, 넷은 안립행이었다. 이 네

보살이 그 대중 가운데 가장 으뜸으로 인도하는 길라잡이가 되었더니, 대중 앞에서 제각기 합장하고 석가모니불을 뵈옵고 문안하며 말하였다. "세존이시여, 병이 없으시고 시끄러움이 없으시며, 안락한 행을 하시나이까. 제도를 받을 이들이 교화를 잘 받나이까. 세존을 피로케 하지나 않나이까."

이때 네 보살이 게송을 말하였다.

세존께서 안락하시오며 병 없고 시끄러움 없나이까. 중생들 교화하시기에 피곤하지 않으시나이까. 또 모든 중생들 교화를 쉽게 받나이까. 세존으로 하여금 피로케 하지 않나이까.

이때 세존은 보살대중 가운데서 이렇게 말씀하였다.

"그러하다, 그러하다. 선남자들아, 여래는

안락하고 병 없고 시끄럽지 않으며, 중생
들도 제도하기 쉬워 피로하지 아니 하니
라. 왜냐하면, 이 중생들은 세세생생에 항
상 나의 교화를 받았고, 과거의 여러 부처
님께도 공양하고 존중하며 모든 선근을 심
었느니라.

이 중생들이 처음 내 몸을 보고 내 말을
듣고는 모두 믿었으며, 여래의 지혜에 들
어갔나니, 먼저부터 소승을 배워 익힌 이
는 제외할 것이나, 이런 사람들도 내가 이
제 그로 하여금 이 경을 듣고 부처 지혜에
들어가게 하느니라."

이때 모든 보살들이 게송을 말하였다.

거룩하시어라. 크신 영웅 세존이시여, 여러
중생들 쉽게 교화하시오며 여러 부처님의
깊은 지혜 능히 묻사오며 듣고는 믿고 행
한다 하오니 저희들 따라서 기뻐하나이다.

⑪ 이때 세존께서 여러 우두머리 보살들을 칭찬하시었다. "착하여라, 착하여라, 선남자여, 그대들이 능히 여래에게 따라서 기뻐하는 마음을 내는구나."

그때 미륵보살과 팔천 항하사 보살들이 모두 이렇게 생각하였다. '우리들이 옛적부터 지금까지 이러한 대보살마하살들이 땅에서 솟아 올라와서 세존 앞에 있으면서 합장하고 공양하며 여래께 문안 여쭙는 것을 보지도 못하고 듣지도 못하였도다.'

이때 미륵보살마하살이 팔천 항하사 보살들의 생각을 알았고, 자기의 의심도 결단하려고 합장하고 부처님께 게송으로 물었다.

한량이 없는 천만 억 여러 보살대중은 일찍이 보지 못했사오니 양족존께서 말씀하소서 어디로부터 왔으며 무슨 인연으로 모였나이까 엄청난 몸과 큰 신통 지혜도 헤아릴 수 없으며 뜻과 생각 견고하고 크게 인욕하는 힘 있어 중생들이 보기 좋아하오니, 어디로서 왔나이까? 낱낱 보살들 데리고 온 권속들 그 수효 한량이 없어 항하의 모래와 같나이다. 어떤 대보살의 권속 육만 항하사이온데, 이렇게 많은 대중이 일심으로 불도 구하며 이 여러 스님네 육만 항하사들이 함께 와서 부처님께 공양하옵고 이 경전 수호하나이다. 오만 항하사 권속 거느린 이 그 수효 이보다 많사오며 사만 항하사, 삼만 항하사, 이만 항하사, 일만 항하사, 일천 항하사, 일백 항하사 내지 한 항하사, 반 항하사 삼분의 일항하사, 사분의 일 항하사 내지 억 만분의 일 항하사이며 천만 나유타 권속 만억 권속들이며 반 억 권속 거느린 이는 그 수효 보다 더 많고 백만 권속, 내지 일만 권속, 일천 권속, 일백 권속이며 오십 권속, 열 권속, 세 권속, 두 권속, 한 권속이며 홀몸으로 권속은 없고 혼자 있기를 좋아하는 이 모두 부처님께 온 이들 그 수효 더욱 많아 이렇게 많은 대중을 어떤 사람 산수로 헤아려 항하사 겁을 지내어도 다 알 수 없나이다.

이렇게 큰 위덕을 갖추고 정진하는 보살 대중은 누가 그에게 법을 말하여 교화하여 성취하였으며 누구에게서 처음 발심하고 어느 부처님 법을 일컬으며 무슨 경전을 받아 지니며 어느 부처님 도를 닦나이까?

이렇게 많은 보살들 신통과 큰 지혜의 힘 사방의 땅이 찢어지면서 그 속에서 솟아 올라와 세존이시여, 제가 예전에 이런 일 본 적 없으니 그들이 떠나온 국토의 이름을 말씀하소서. 제가 여러 국토 다녔지만 이 대중을 못 보았으며 이 여러 보살 가운데 한 사람도 알지 못하는데 갑자기 땅에서 솟은 그 인연 말씀하소서. 지금 이 회

중에 있는 한량이 없는 백천 억 수많은 보
살들도 이 일을 알고자 하오니 이 여러 보
살들의 처음과 나중의 인연을 무량한 위덕
이신 세존께서 저희들의 의심 결단하소서.

⑫ 이때 석가모니불의 분신 부처님들로 한
량없는 천만 억 다른 국토에서 오신 이들
이 팔방의 보배 나무들 아래 있는 사자좌
에서 결가부좌하고 앉으셨는데, 그 부처님
의 시자들도 이 보살대중이 삼천대천세계
의 사방 안에서 땅으로 솟아 올라와 허공
에 머물러 있음을 보고, 각각 그 부처님께
사뢰었다.

"세존이시여, 이 한량없고 그지없는 아승
지 보살대중들이 어디로부터 왔나이까."

그때 여러 부처님들이 각각 그 시자에게
말씀하였다.

"선남자들아, 잠깐만 기다려라. 여기 보살

마하살이 있으니 이름은 미륵이라, 석가모니부처님의 수기를 받아 이 다음에 성불할 사람인데, 지금 이것을 물어서 부처님이 곧 대답하시리니, 그대들은 스스로 듣게 되리라."

이때 석가모니 부처님이 미륵보살에게 말씀하였다.

"착하여라, 착하여라. 아일다여, 그대 능히 부처님의 이렇게 큰일을 묻는구나. 그대들은 다 같이 일심으로 정진하는 갑옷을 입고 견고한 마음을 내어라. 여래가 지금 여러 부처님의 지혜와 여러 부처님의 자재한 신통의 힘과 여러 부처님의 사자처럼 뽐내는 힘과 여러 부처님의 위엄 있고 용맹하고 크신 세력을 나타내어 보이려 하노라."

그때 세존께서 이 뜻을 거듭 펴시려고 게송을 말씀하였다.

마땅히 일심으로 정진하라. 내 이제 이 일을 말하리니 의심하거나 뉘우치지 말라. 부처님 지혜 불가사의 하니라. 그대들 믿는 힘내어 애써 선한 일에 머물면 예전에 듣지 못하던 것을 이제 모두 듣게 되리라. 내 이제 너를 위로하노니 의심하거나 놀라지 말라. 부처님은 거짓 말 없고 지혜도 헤아리기 어려워 얻은 바 제일가는 법 깊고 깊어 분별할 수 없지만 이제 이렇게 말하리니, 그대들 일심으로 들어라.

그때 세존께서 이 게송을 말씀하시고, 미륵보살에게 말씀하였다. "네 이제 이 대중 가운데서 그대들에게 말하리라. 아일다여, 이 한량없고 수가 없는 아승지 대보살마하살들이 땅에서 솟아 올라온 이들을 네가 예전에 보지 못했다 하거니와, 그들은 내가 이 사바세계에서 아뇩다라삼먁삼보리를 얻은 후부터 이 보살들을 교화하고 지도하여 그의 마음을 조복하고 도에 대한 마음을 내게 하였느니라. 이 보살들이 다 이 사바세계의 아래서 이 세계의 허공에 머물러 있으면서, 모든 경전을 읽고 외우고 통달하여 생각하고 분별하며 바르게 기억하였느니라.

⑬ 아일다여, 이 선남자들은 대중들 가운데 있으면서 여러 말하기를 좋아하지 않고, 고요한 곳에서 부지런히 정진하기를 좋아하여 잠깐도 쉬지 아니 하였으며, 인간에나 천상에 머물지 아니 하고, 깊은 지혜를 좋아하여 걸림이 없으며, 부처님의 법을 좋아하여 일심으로 정진하면서 위가 없는 지혜를 구하였느니라."

이때 세존께서 이 뜻을 거듭 펴시려고 게송을 말씀하였다.

아일다여, 알아라. 이 대보살들은 무수한 겁 전부터 부처의 지혜를 닦아 익혔으니

모두 내가 교화하여 대도의 마음 내게 했
노라. 이들은 다 나의 제자로서 이 세계를
의지해 있으면서 항상 두타의 행을 하고
고요한 데를 좋아했으며 시끄러운 대중 처
소 버리고 수다한 말을 좋아하지 않나니,
이러한 모든 제자들 나의 법을 배워 익히
며 밤낮으로 항상 정진하여 부처님 도를
구하기 위해 이 사바세계의 하방인 허공
중에 머물러 있어 뜻과 생각의 힘 견고하
고 부지런히 지혜 구하며 가지가지 묘한
법 말하기 그 마음 두려움 없나니, 내가
가야성 보리수 아래 앉아 가장 바른 각을
이루고 위없는 법륜 굴리면서 그때에 이들
을 교화하여 처음으로 도의 마음 내게 했
더니, 지금 물러가지 않는 자리에 있어 앞
으로 모두 부처 되리라. 내 지금 진실한
말하노니, 그대들 일심으로 믿어라. 내가
오랜 옛적부터 이 사람들을 교화했노라.

이때 미륵보살마하살과 무수한 보살들이 의심을 내고 처음 보는 일이라 하며 이렇게 생각하였다.

'세존께서 어떻게 이 짧은 세월에 이렇게 한량없고 그지없는 아승지 대보살들을 교화하여 아뇩다라삼먁삼보리에 머물게 하시었는가?'

그래서 곧 부처님께 사뢰었다.

"세존이시여, 여래께서 태자로 계시다가 석가씨의 궁궐에서 나오시어 가야성에서 얼마 멀지 않은 도량에 앉아 아뇩다라삼먁삼보리를 이루셨나이다. 그때부터 지금까지 사십 여년쯤 되었는데, 세존께서 어떻게 이 짧은 시간에 큰 불사를 지어 부처님의 세력과 부처님의 공덕으로써 이와 같이 한량없는 대보살들을 교화하여 아뇩다라삼먁삼보리를 이루게 하시나이까.

세존이시여, 이 대보살 무리들을 어떤 사람이 천만 억 겁 동안을 두고 세어도 다할 수 없어 그 끝을 알 수 없을 것이오며, 이네들이 오랜 세월부터 지금까지 한량없고 그지없는 부처님 계신 데서 선근을 심으면서 보살의 도를 성취하며 항상 범행을 닦았을 터이온데, 세존이시여, 이런 일은 세상 사람들이 믿기 어려울 것입니다.

⑭ 마치 어떤 사람이 얼굴이 예쁘고 머리카락이 검은 이십오 세쯤의 젊은이로서, 백살 된 노인을 가리켜 내 아들이라 하고, 백살 된 노인도 그 젊은이를 가리켜 이는 나의 아버지로서 나를 낳아 길렀다한다면 이 일은 믿을 수 없을 것입니다.

부처님도 그와 같아서 도를 얻으신 지 오래지 않았사온데, 이 보살 대중들은 이미 한량없는 천만 억 겁부터 불도를 위하여 부지런히 정진하였사오며, 한량없는 백천만억 삼매에 잘 들고 나며 머물러서 큰 신통을 얻고, 오래도록 범행을 닦았으며, 모든 선한 법을 차례차례 익히어 문답에 능하오니 사람 가운데 보배이오며, 모든 세간에서 매우 희유하옵거늘, 오늘 세존께서 말씀하시기를 바른 각을 이루었을 적에 처음으로 마음을 내게 하고 교화하며 지도하여 아뇩다라삼먁삼보리에 나아가게 하셨다 하였나이다.

세존께서 부처를 이루신 지 오래지 않았사온데 이렇게 큰 공덕을 능히 지으셨나이까?

저희들은 부처님의 마땅하게 하시는 말씀을 믿삽고, 부처님의 말씀이 허망하지 않으며, 부처님의 아시는 것을 다 통달하였거니와, 만일 새로 발심한 보살들이 부처님 열반하신 뒤에 이 말씀을 듣사오면, 혹 믿지 아니하고 법을 파괴하는 죄업의 인연

을 일으킬 듯 하오니, 바라옵건대 세존께
서 풀어 말씀하시사 저희들의 의심을 덜게
하시며, 오는 세상의 모든 선남자들로 이
사실을 듣고도 의심을 내지 않게 하여 주
시옵소서."

⑮ 이때 미륵보살이 이 뜻을 거듭 펴려고
게송을 말하였다.

부처님이 예전 석가씨 궁전에서 집을 떠나
가야성 근처의 보리수 아래 앉으신지 지금
까지 오래되지 않았는데 이 여러 불자들
그 수효 한량이 없고 오래 전부터 불도 행
하여 신통의 힘에 머물렀으며 보살의 도를
잘 배우고 세상 법에 물들지 않음 연꽃이
물에 있는 듯 하니, 땅에서 솟아 올라와
모두 공경하는 마음을 내어 세존 앞에 있
사오니, 이 일이 난사의(難思議)하옵거늘 어
떻게 믿을 수 있나이까? 부처님 도를 얻은
지 오래지 않고 이룩한 일은 매우 많으니

무리의 의심 없애기 위해 사실대로 말씀하소서.

비유해 말하면 젊은이로서 이십오세 쯤 된 이가 머리가 희고 얼굴 쭈그러진 백살 된 아들을 가리키면서 이 사람을 내가 낳았다 하고 아들도 젊은이를 아버지라 하면 아비는 젊고 아들이 늙었으니 온 세상 사람 믿을 이 없어, 세존도 그와 같아서 도를 얻은 지 오래지 않았는데 이 여러 보살들은 뜻이 굳고 겁약하지 않으며 한량없는 겁으로부터 보살의 도를 행하여 어려운 문제도 답을 잘하고 두려운 마음 전혀 없으며 참는 마음이 결정되었고 단정하고 위엄과 덕이 있어 시방 부처님 칭찬 받고 분별하여 말을 잘 하지만 여럿이 있는 곳 좋아 안 하고 항상 선정에 있으면서 부처님 도를 구하기 위해 이 세계 아래 공중에 있나니, 저희들은 부처님의 이 말씀 듣고 의심 없지만 부처님께서 오는 세상을 위해 말씀하여 해석하소서.

어떤 사람 이 경을 듣고 의심하여 믿지 않으면 나쁜 갈래에 떨어지리니, 바라옵건대 해설하소서. 이렇게 한량없는 보살을 어찌하여 짧은 시간에 교화하고 발심케 하여 물러가지 않게 하였나이까.

묘법연화경 종지용출품 종

여래수량품 제 16

⑯ 그때 부처님이 여러 보살과 모든 대중에게 말씀하였다.

"여러 선남자들아, 그대들은 여래의 진실하고 참된 말을 마땅히 믿고 이해하라."

또 다시 대중에게 말씀하였다.

"그대들은 여래의 진실하고 참된 말을 마땅히 믿고 이해하라."

이때에 보살대중에서 미륵보살이 우두머리가 되어 합장하고 부처님께 사뢰었다.

"세존이시여, 원컨대 말씀하옵소서. 저희들이 마땅히 부처님의 말씀을 믿겠나이다."

이렇게 세 번 사뢰고 말하였다.

"원컨대 말씀하옵소서. 저희들이 마땅히 부처님의 말씀을 믿겠나이다."

이때 세존께서 보살들이 세 번 청하여 그치지 아니함을 아시고 말씀하였다.

"그대들은 여래의 비밀하고 신통한 힘을 자세히 들으라. 모든 세간의 하늘과 사람과 아수라들이 모두 말하기를 '지금 석가모니불이 석가씨의 궁전에서 나와 가야성에서 멀지 아니한 도량에 앉아서 아뇩다라삼먁삼보리를 얻었다' 하지마는, 그러나 선남자여, 나는 참으로 성불한 지가 한량없고 그지없는 백천만억 나유타 겁이니라. 빗대어 말하면 오백천만억 나유타 아승지 삼천대천세계를 어떤 사람이 부수어 가는 티끌을 만들어 가지고, 동방으로 가면서 오백천만억 나유타 아승지 세계를 지나서 한 티끌을 내리치되, 이렇게 동으로 가서 이 가는 티끌이 다 하도록 하였다면 선남자들아, 어떻게 생각하느냐. 이 모든 세계들을 능히 생각하고 계산하여 그 수효를 알 수 있겠느냐."

미륵보살 등이 함께 부처님께 사뢰었다.

"세존이시여, 이 모든 세계들이 한량없고 그지없어 산수로 알 수 없사오며, 마음으로도 미칠 수 없사오니, 모든 성문이나 벽지불들이 무루의 지혜로 생각하여도 그 수효를 알 수 없사오며, 물러가지 않는 지위에 머문 저희들도 이런 일을 통달할 수 없나이다. 세존이시여, 이와 같은 모든 세계는 한량이 없고 그지없겠나이다."

이때에 부처님이 대보살들에게 말씀하였다. "선남자들아, 이제 분명히 그대들에게 말하노니, 이 모든 세계에서 가는 티끌이 내리쳐졌거나 내리쳐지지 아니한 것을 모두 티끌을 만들어서 한 티끌로 한 겁을 삼는다 하여도, 내가 성불한 지는 이보다 더 지나가기 백천만억 나유타 아승지 겁이니라.

이때부터 나는 이 사바세계에 항상 있으면서 법을 말하여 교화하였고, 또 다른 세계의 백천만억 나유타 아승지 국토에서도 중생을 지도하여 이익케 하였느니라.

⑰ 선남자들아, 이러는 중간에서 나는 연등불에게서 법을 얻었노라 말하고, 또 거기서 열반에 들었다 말하였으니, 이런 것이 다 방편으로 분별한 것이니라.

여러 선남자들아, 만일 어떤 중생이 나에게 오면 내가 부처의 눈으로 그의 신심 등의 근성이 총명하고 노둔함을 관찰하고, 그를 제도할만 함에 따라 여러 곳에서 말하는 이름이 같지 않고, 나이도 많기도 하고 적기도 하며, 또 열반에 든다고 말하기도 하며, 또 여러 가지 방편으로 미묘한 법을 말하여 중생들로 하여금 환희한 마음을 내게 하느니라.

선남자들아, 여래가 중생들이 작은 법을 좋아하여 박덕하고 업이 무거운 이를 보고는 이 사람들에게는 '내가 젊어서 출가하여 아뇩다라삼먁삼보리를 얻었노라' 말하였거니와, 내가 참으로 성불한지는 이렇게 오래였나니, 다만 방편으로 중생을 교화하여 불도에 들어오게 하기 위하여 이런 말을 하는 것이니라.

선남자들아, 여래가 연설한 경전들은 모두 중생을 제도하기 위한 것이므로 혹 자기 몸을 말하고 혹 다른 이의 몸을 말하며, 혹 자기 몸을 보이고 혹 다른 이의 몸을 보이며, 혹 자기 일을 보이고 혹 다른 이의 일을 보이거니와, 여러 가지 말한 것이 다 진실하여 허망하지 아니 하니라.

무슨 까닭이냐. 여래는 실제와 같이 삼계의 모양을 알고 보나니, 나고 죽는 데서 물러가거나 뛰어나거나 함이 없으며 세상에 사는 이도 없고 열반하는 이도 없어서, 진실하지도 않고 허망하지도 않으며, 같지도 않고 다르지도 않아서 삼계와 같지 않는 데서 삼계를 보느니라.

이러한 일을 여래가 밝게 보아 잘못이 없건마는, 여러 중생들에게 가지가지 성품과 가지가지 욕망과 가지가지 행동과 가지가지 생각과 분별이 있는 연고로 그들로 하여금 선근을 내게 하기 위하여 여러 가지 인연과 비유와 말솜씨로 갖가지 법을 말하여 불사를 지어서 잠깐도 폐하지 않느니라.

그리하여 내가 성불한 지가 매우 오래어서 수명이 한량없는 아승지 겁 동안에 항상 머물러 있고 멸하지 않느니라.

선남자들아, 내가 본래 보살의 도를 행하여 이룩한 수명은 아직도 다 하지 아니하여 위에 말한 수명의 여러 곱이니라. 지금에 참으로 열반하는 것이 아니지마는, 문득 말하기를 마땅히 열반하리라 함은 여래가 이러한 방편으로 중생을 교화하기 위함이니라.

무슨 연고냐. 만일 부처가 세상에 오래 머문다 하면, 박덕한 사람들이 선근을 심지 아니하여 빈궁하고 하천 하면서도 다섯 욕락을 탐하여 기억하고 생각하는 허망한 소견에 들어갔으므로, 여래가 항상 있고 열반하지 아니함을 보고는, 문득 교만한 마음을 내고 게으른 생각을 품어서 만나기 어렵다는 생각과 공경하는 마음을 내지 아니하기 때문에 여래가 방편으로 말하는 것이니라.

⑱ 비구들은 이런 줄을 알라. 부처님이 세상에 오시는 일은 만나기 어려우니라. 왜냐하면, 박덕한 사람들은 한량없는 백천만

억 겁만에 혹 부처를 보기도 하고 보지 못
하기도 하느니라. 그러므로 내가 말하기를
'여러 비구들아, 여래는 만나 뵈옵기 어렵
다' 하느니라.

이 중생들이 이런 말을 들으면 반드시 만
나기 어렵다는 생각을 내고, 사모하는 마
음을 품으며, 부처님을 갈앙하여 선근을
심게 되나니, 그러므로 여래는 참으로 열
반하는 것이 아니지마는 열반한다고 말하
는 것이니라.

또 선남자여, 부처님 여래의 법이 다 이와
같이 중생을 위하는 것이므로 모두 진실하
여 허망하지 아니 하니라.

마치 훌륭한 의사가 있는데 지혜 있고 총
명하여 약방문과 약을 분명하게 알아 모든
병을 잘 치료하였으며, 그 의사에게 아들
이 많아서 열 스물 백에 이르더니, 볼일이
있어 다른 나라에 간 동안에 그 아들들이

그의 독한 약을 먹고 독기가 발작하여 정신이 없고 혼란하여 땅에 뒹굴고 있었느니라. 이때 그 아버지가 집에 돌아와 보니 아들들이 독약을 먹고는 혹 본 마음을 잃어버리기도 하였고, 혹 아주 잃어버리지 않은 이도 있다가, 멀리서 아버지를 보고, 모두 반가워서 절하고 꿇어앉아 문안하고 말하였다.

'안녕히 다녀오셨습니까. 저희들이 미련하여 잘못 독약을 먹었사오니, 바라옵건대 구원하시어 목숨을 살려주소서.'

아버지는 아들들의 이렇게 고통함을 보고 약방문에 의지하여 빛과 향기와 좋은 맛을 구비한 약재를 구하여 찧고 치고 화합하여 아들에게 주고 먹어라 하면서 말하였다.

'이 훌륭한 약은 빛깔과 향기와 아름다운 맛을 모두 갖춘 것이니, 너희들이 먹으면 속이 약의 독기가 풀리고 다시 걱정이 없

으리라.'

그 아들 중에 본심을 잃지 않은 이는 이 약의 빛과 향기가 훌륭함을 보고 곧 먹어서 병이 나앗지마는 본심을 잃어버린 이는 비록 아버지가 온 것을 보고 기뻐서 문안하고 독기를 풀어 달라 하면서도 그 주는 약을 먹으려 하지 않았다. 왜냐하면, 독기가 깊이 들어가 본심을 잃었으므로 그 좋은 빛과 향기를 갖춘 약을 좋지 못하다 하는 연고이니라.

⑲ 아버지는 이렇게 생각하였다.

'이 자식들이 가엾은 일이다. 독약에 중독이 되고 마음이 뒤집혀서 나를 보고 기뻐하며 독기를 풀어달라고 하면서도 이렇게 좋은 약을 먹지 않으니, 내가 방편을 내어 이 약을 먹게 하리라.'

그리고 이렇게 말하였다. '너희들은 분명히

알아라. 내가 지금 늙어서 죽을 때가 가까웠다. 이 훌륭한 약을 여기 두는 터이니 너희가 가져다 먹으면 차도가 없다고 걱정할 것이 아니니라.'

이렇게 일러두고 다시 다른 나라에 가서 사람을 보내어 말하기를 '너의 아버지가 벌써 죽었다'고 하였다.

이때 아들들은 아버지가 죽었다는 말을 듣고 크게 걱정하면서 이렇게 생각하였다. '아버지가 계셨으면 우리를 어여삐 여겨 구해주시련마는, 이제 우리를 버리고 타국에서 상사 나셨으니, 우리는 외로운 고아로서 의지할 부모가 없도다.' 하고는 항상 비감해 하다가 이에 본심을 회복하였다. 그래서 이 약의 빛과 맛이 향기롭고 아름다운 줄을 알고 가져다 먹고 중독되었던 병이 아주 나았다.

그 아버지는 아들들의 병이 쾌차한 말을

듣고 문득 돌아와서 아들들로 하여금 보게
하였느니라.

선남자들아, 어떻게 생각하느냐. 어떤 사람
이나 이 의사의 거짓말 한 죄를 능히 말할
이가 있느냐.'

"그렇지 않나이다. 세존이시여."

부처님이 말씀하였다. "나도 그와 같아서
성불한 지가 한량없고 그지없이 백천만억
나유타 아승지 겁이지만, 중생을 위하여서
방편으로 마땅히 열반하리라고 말하거니
와, 아무라도 나의 허망한 허물을 분명하
게 말할 이가 없느니라."

이때에 세존께서 이 뜻을 거듭 펴시려고
게송으로 말씀하였다.

내가 성불할 때부터 지내온 겁의 수효가
한량없는 백천만억 재 아승지니라. 항상
법을 말하여 무수억 중생을 교화, 불도에

들게 한 지가 지금까지 한량없는 억 겁 중
생을 제도하기 위하여 방편으로 열반을 나
타내지만 참으로 열반하는 것이 아니고 항
상 있어서 법을 말했나니, 나는 매양 여기
있으면서 여러 가지 신통한 힘으로 뒤바뀐
중생들로 하여금 가까이 와도 보지 못하게
중생들 내가 열반함을 보고 사리를 널리
공양하면서 연모하는 마음 품고 갈앙하는
생각 내나니, 중생들 믿고 조복되어 질직
하고 뜻이 보드라우며 한결같은 마음 부처
보고자 신명까지 아끼지 않으면 그때에 나
와 대중이 함께 영취산에 나타나 중생들에
게 말하기를, 항상 여기 있고 멸하지 않지
만 오직 방편으로써 멸하고 멸하지 않음
나타내고, 다른 세계 중생들 공경하고 믿
는 이 있으면 나는 또 그 가운데서 위없는
법 말하거니와 너희들은 듣지 못하고 내가
열반하다 하나니,

⑳ 나는 여러 중생들 고통에 빠짐을 보았기에 일부러 몸을 나투지 않고 그들의 앙모함을 내게 하다가 사모하는 마음 낸 뒤에야 나타나서 법을 말하나니 신통의 힘이와 같아서 아승지 겁 동안에 항상 영취산에나 또는 다른 곳에 있노라. 중생은 겁이 끝날 적에 큰불이 타는 것을 보지만 나의 이 국토는 편안하여 하늘과 사람이 항상 가득해 동산 숲 누각 갖가지 보배로 장엄하였고 보배 나무에는 꽃과 과실들 모든 중생들 즐거이 노니네. 여러 천인들 하늘북 치며 언제나 풍류 잡히고 만다라꽃을 비 내려 부처와 대중에게 흩으며 나의 정토 변함없지만, 중생들은 타버린다 보고 근심하고 공포하는 괴로움 이렇게 가득 차나니, 이 모든 죄업의 중생들 나쁜 업의 인연으로 아승지 겁을 지내도록 삼보의 이름도 듣지 못하고 공덕을 많이 닦아서 부드럽고 화평하고 곧은 이는 모두들 내 몸

이 여기 있어 법문 말함을 보게 되거든 어
느 때는 이 대중 위에서 부처의 수명 한량
없다 말하고, 오래되어 부처를 보는 이에
겐 부처님을 만나기 어렵다 말하며, 나의
이러한 지혜의 힘 한량없이 비춰는 지혜의
광명 무수겁을 사는 수명, 오래 닦은 업으
로 얻은 것. 그대들 지혜 있는 이 이것을
의심하지 말고 끊어서 없애 버리라. 부처
의 말 헛되지 않아 훌륭한 의사 좋은 방편
으로 중독된 아들의 병 고치느라고 살았으
면서 죽었다 말한 것, 허망하다 말할 수
없나니. 나도 이 세상의 아버지 모든 고통
과 근심 구원하려고 뒤바뀐 범부를 위하여
머물면서도 열반한다 함을. 언제나 내가
있는 줄 보면 교만하고 방자한 생각을 내
어 마음대로 다섯 욕락 탐내고 나쁜 갈래
에 떨어지나니, 중생이 도를 행하고 행하
지 않음, 내가 언제나 알고 있으며 제도할
방편을 따라서 가지가지 법을 말하며 매양

스스로 생각하기를 어찌하면 중생들로 하여금 위없는 지혜에 들어가 부처의 몸을 빨리 이루게 하나.

묘법연화경 여래수량품 종

분별공덕품 제 17

㉑ 그때, 모였던 대중이 부처님의 말씀하는 수명의 겁수가 이렇게 오랜 것을 듣고, 한량없고 그지없는 아승지 중생이 큰 이익을 얻었다.

이때 세존께서 미륵보살마하살에게 말씀하였다.

"아일다여, 내가 여래의 수명이 오랜 것을 말할 때에 육백 팔십만억 나유타 항하사 중생이 무생법인을 얻었느니라.

또 일천 곱 보살마하살은 듣고 지니는 다라니 문을 얻었느니라.

또 한 세계의 티끌 수 보살마하살은 말하기 좋아하는 걸림 없는 변재를 얻었느니라.

또 한 세계의 티끌 수 보살마하살은 백천만 억 한량없는 선다라니를 얻었느니라.

또 삼천대천세계의 티끌 수 보살마하살은 물러가지 않는 법륜을 굴리었느니라.

또 이천중천세계의 티끌 수 보살마하살은 청정한 법륜을 굴리었느니라.

또 소천세계의 티끌 수 보살마하살은 여덟 생에 아뇩다라삼먁삼보리를 얻었느니라.

또 네 사천하의 티끌 수 보살마하살은 네 번 생에 아뇩다라삼먁삼보리를 얻었느니라.

또 세 사천하의 티끌 수 보살마하살은 세 번 생에 아뇩다라삼먁삼보리를 얻었느니라.

또 두 사천하의 티끌 수 보살마하살은 두 번 생에 아뇩다라삼먁삼보리를 얻었느니라.

또 한 사천하의 티끌 수 보살마하살은 한번 생에 아뇩다라삼먁삼보리를 얻었느니라.

또 팔 세계의 티끌 수 중생은 모두 아뇩다라삼먁삼보리심을 내었느니라."

부처님이 이 보살마하살들의 큰 법의 이익 얻은 일을 말씀할 때에 허공 중에서 만다라화와 마하만다라화를 내려서 한량없는 백천만억 보배 나무 아래 있는 사자좌에 앉으신 여러 부처님께 흩었으며, 아울러 칠보탑 속 사자좌에 앉으신 석가모니불과 오래 전에 열반하신 다보여래께 흩고, 또 모든 대보살들과 사부대중에게 흩었다.

또 전단향과 침수 향의 보드라운 가루를 비 내리고, 허공 중에서는 하늘 북이 저절로 울리니 아름다운 소리가 깊고도 멀었으며, 또 일천 가지 하늘 옷을 비 내리며 여러 가지 영락을 드리우니, 진주영락 마니주영락 여의주영락이 구방(九方)에 두루 하였고, 모든 보배 향로에 값 칠 수 없는 향을 사르니, 저절로 두루 퍼져 큰 회중에 공양하였다.

낱낱 부처님 위에는 여러 보살이 번기와 일산을 들고 차례차례 올라가 범천에까지 이르며, 이 보살들이 미묘한 음성으로 한 량이 없는 게송을 노래하여 부처님을 찬탄하였다.

㉒ 이때 미륵보살이 자리에서 일어나 오른 어깨를 드러내고 합장하고 부처님을 향하여 게송을 말씀하였다.

부처님 희유한 법 말씀하시니 예전에는 듣지 못하던 일. 세존은 큰 위력 있으시고 수명도 헤아릴 수 없어 수가 없는 부처님 제자들 법의 이익 얻은 사람들을 세존께서 말씀하심을 듣잡고 환희한 마음 몸에 가득해 물러가지 않는 자리에 머물기도, 어떤 이는 다라니를 얻기도, 걸림 없는 요설변 재를 얻기도, 만억 선다라니도 얻었으며 삼천대천세계를 부순 가는 티끌수 보살들 제각기 물러가지 않는 법륜을 굴리는 이도 있고, 또 중천세계를 부순 가는 티끌수 보살들 제각기 청정한 법륜을 굴리는 이도 있고, 또 소천세계를 부순 가는 티끌수 보살들은 남은 것 각각 팔 생이 있어 마땅히 부처를 이룰 것이며, 또 네 사천하 세 사천하 두 사천하를 부순 티끌수 보살들, 그 수효의 생이 있어서 성불하고 혹은 한 사천하를 부순 가는 티끌수 보살들, 남은 것 일생이 있어 마땅히 온갖 지혜 이루고 이와 같은 중생들 부처님 수명 장구함 듣고 한량이 없고 누(漏: 번뇌)가 다 없어진 청정한 과보 얻으며, 또 여덟 세계를 부순 가는 티끌수 중생들 부처님의 수명 말씀 듣고 위없는 보리심 모두 내었나니, 세존께서 한량이 없는 불가사의한 법 말씀하시어 이익을 받은 많은 이들 허공과 같이 그지없고 하늘의 만다라꽃과 마하 만다라꽃을 비 내리니, 항하사 같은 제석천왕 범천

왕들 수 없는 부처 세계로부터 와서 전단
향 침수향을 비 내려 술렁술렁 떨어지는
일. 새가 허공에서 날아 내리듯 흩어서 부
처님께 공양하고 하늘 북은 허공중에서 아
름다운 소리를 내고 천만 가지의 하늘 옷
들 빙빙 돌아서 내려오며 보배로 만든 아
름다운 향로 값도 없는 향을 사르매 저절
로 각처에 퍼져 여러 세존께 공양하고 큰
보살 대중들 칠보의 번기와 일산을 드니
높고 묘하여 천만 억 가지 차례차례 범천
에 올라가 하나하나 부처님 앞에 훌륭한
짐대에 번기를 달고 그리고 천만 가지 게
송으로 여러 부처님 공덕을 노래해 이러한
가지가지 일들 예전에 있지 못하던 것. 부
처님 수명 한량없음을 듣고 여러 사람들
즐거워하며 부처님 이름 시방세계에 퍼져
많은 중생들 이익케 하니, 온갖 선근을 갖
추고 위없는 마음 도우나이다.

이때 부처님이 미륵보살마하살에게 말씀하
였다.

"아일다여, 어떤 중생이 부처님의 수명이
이와 같이 장구함을 듣고 한 생각이라도
믿음을 내면 그의 얻는 공덕은 한량이 없
느니라.

만일 선남자 선여인이 아뇩다라삼먁삼보리
를 위하여 팔십만 억 나유타 겁 동안에 보
시바라밀다, 지계바라밀다, 인욕바라밀다,
정진바라밀다, 선정바라밀다의 다섯 바라
밀다를 행하고 반야바라밀다만 제외한다
면, 이 공덕으로 앞의 공덕에 비하면 백분
의 일, 천분의 일, 백천만억분의 일에도
미치지 못하며, 내지 산수와 비유로도 알
수 없느니라.

만일 선남자 선여인이 이러한 공덕이 있고
서는 아뇩다라삼먁삼보리에서 퇴타하는 일
은 있을 수 없느니라."

㉓ 그때 세존께서 이 뜻을 거듭 펴시려고 게송을 말씀하였다.

누구나 부처의 지혜 구하여 팔십 만억 나유타 겁 동안을 지나면서 다섯 가지 바라밀다 행할세. 이렇게 많은 겁 동안 보시하여 부처님께 공양하고 연각 제자들과 아울러 보살대중에게 미치며 훌륭하고 맛난 음식, 희귀한 의복과 금침 전단나무로 절을 짓고 숲과 동산으로 장엄하며 이렇게 보시하는 일, 갖가지 미묘한 것들로 오랜 겁이 다하게 하여 부처님 도에 회향하고 또 계율을 잘 지니되 청정하여 모자람이 없게 위없는 도를 구하여 여러 부처님 칭찬을 받고 또 참는 일을 행하며 부드럽고 화평한 데 머물러 있어 여러 가지 나쁜 일이 덮치더라도 그 마음 흔들리지 않고 법을 얻었다는 사람들 잘난 체 하는 마음 품은 이 와서 시끄럽게 굴어도 이런 일 모두 다 참고, 또 부지런히 정진하며 가진 생각 항상 견고하여 한량없는 억만 겁 지내도 한결같은 마음 게으름 없고 또 수없는 겁 동안 고요하고 한적한 곳에서 앉았거나 거닐거나 하면서 졸음 없애고 마음을 거둬들이면 이러한 인연으로 선정에 들어가서 팔십억만 겁 있으면서 마음이 산란하지 않으리. 이 일심의 복으로 위없는 도를 구하려 하되 내 온갖 지혜를 얻어 선정의 짬까지 다하려 하면 이 사람이 백천만억의 겁을 지내 오면서 수행한 모든 공덕은 위해서 말한 것 같으리. 만일 선남자 선여인이 내가 말하는 장구한 수명 듣고 한 생각만이라도 믿으면 그 복은 저보다 많으리니, 이 사람이 온갖 의심과 뉘우침까지 아주 없어지고 깊은 마음으로 잠깐 믿었기에 그 복이 그와 같나니 어떤 보살들 한량없는 겁에 부처의 도를 행한 이라면 내가 말하는 수명을 듣고 곧 능히 믿으리니, 이런 사

람들은 이 경전을 머리에 이고 원컨대 나
도 오는 세상에 장수하면서 중생 제도하기
를 오늘날 세존과 같이 석가씨 중의 왕으
로서 도량에 앉아 사자후하면서 두려움 없
이 법을 말하며, 우리들 오는 세상에 모든
사람의 존경 받으며 도량에 앉았을 적에
수명 말하기 이와 같으리니. 만일 깊은 마
음 있는 이로서 깨끗하고도 질직하면 많이
듣고 모두 지니고 뜻을 따라 부처 말씀 이
해하리니. 이런 사람들은 여기 대하여 의
심 없으리.

㉔ "또 아일다여, 만일 어떤 이가 부처님
의 수명이 장구함을 듣고, 그 말하는 뜻을
이해한다면 이 사람의 얻는 공덕이 한량이
없으며 여래의 위없는 지혜를 일으키리라.

하물며 이 경을 많이 듣거나, 사람들로 하
여금 듣게 하거나, 스스로 지니거나, 사람
으로 하여금 지니게 하거나, 자기가 쓰거

나, 사람으로 하여금 쓰게 하고, 또 꽃과 향과 영락과 당기 번기와 비단 일산과 향유와 등불로써 경전에 공양하면 이 사람의 공덕이 한량없고 그지없어 갖가지 지혜를 능히 내리라.

아일다여, 만일 선남자 선여인이 내가 말하는 수명이 장구함을 듣고, 깊은 마음으로 믿고 이해하면, 곧 부처님이 항상 영취산에 계시면서 대보살과 성문 대중에게 둘러 싸여 법문 말하는 것을 보게 되리라.

또 이 사바세계의 땅이 유리와 같아서 평탄하고 반듯하며 염부단금으로 여덟 갈래 길의 경계에 느리고 보배 나무가 줄을 지었으며, 모든 대와 누각이 모두 보배로 되었고 보살대중들이 그 안에 있으니, 이렇게 관찰하는 이가 있으면 그는 곧 깊이 믿고 이해하는 모습이니라.

또 여래가 열반한 뒤에 이 경을 듣고 훼방

하지 않으며 따라서 기뻐하는 마음을 일으
키면 그것이 벌써 깊이 믿고 이해하는 모
습이어든, 하물며 읽고 외우고 받아 지니
는 사람일까 보냐. 이 사람은 곧 여래의
머리에 받든 것이 되느니라.

아일다여, 이러한 선남자 선여인은 다시
나를 위하여 탑을 쌓거나 암자를 짓고 네
가지 일로 공양할 필요가 없느니라.

왜냐하면, 이 선남자 선여인이 이 경전을
받아 지니고 읽고 외우면, 이미 탑을 쌓고
암자를 짓고 여러 스님을 공양한 것이니,
곧 부처님의 사리로 칠보탑을 쌓되 높이와
넓이가 점점 작아져서 범천에까지 이르게
하고, 여러 가지 번기와 일산과 보배 풍경
을 달며, 꽃과 향과 영락과 가루 향, 바르
는 향, 사르는 향과 여러 가지 북과 풍류
와 퉁소와 저와 공후로 가지가지 춤추고
희롱하며 아름다운 음성으로 노래하고 찬

탄하였으니, 곧 한량없는 천만 억 겁에 이렇게 공양함이 되느니라.

㉕ 아일다여, 만일 내가 열반한 뒤에 이 경전을 듣고, 능히 받아 지니거나 스스로 쓰거나 남을 시켜 쓰거나 하면, 그것이 곧 절을 지으면서 붉은 전단으로 삼십이 전당을 짓는 데 높이가 팔 다라수요 넓고 크고 장엄하여 백천 비구가 그 안에 있으며, 동산과 산림과 목욕하는 못과 거니는 선방과 의복 음식과 평상과 금침과 탕과 약 등의 온갖 기구가 속에 충만하니라. 이러한 암자와 전당과 누각이 수 없는 백천만억이어서 한량이 없거든, 이렇게 현재에서 나와 비구스님들에게 공양함이니라.

그러므로 내가 말하기를 '여래가 열반한 뒤에 어떤 사람이 이 경을 받아 지니고 읽고 외우고 다른 이에게 말하여 주며 제가 쓰거나 남을 시켜 써서 공양한다면, 다시 탑과 절을 창건하거나 암자를 짓거나 스님 네에게 공양할 필요가 없다'는 것이니라.

하물며 어떤 사람이 이 경을 받아 지니면 서, 겸하여 보시와 계율과 인욕과 정진과 한결같은 마음(선정)과 지혜를 행하면 그 공덕이 가장 수승하여 한량없고 그지없나 니, 마치 허공의 동 서 남북과 네 간방과 상방과 하방이 한량없고 그지없음과 같으 니라. 이 사람의 공덕도 그와 같아서 한량 이 없고 그지없어서 갖가지 지혜에 빨리 이르게 되리라.

어떤 사람이 이 경전을 읽고 외우고 받아 지니고 남에게 해설하거나, 제가 쓰거나 남을 시켜 쓰고, 또 탑을 쌓고 암자를 짓 고, 성문대중에게 공양하고 찬탄하며, 또 백천만억 가지 찬탄하는 법으로 보살의 공 덕을 찬탄하며, 또 다른 이를 위하여 여러 가지 인연으로 이 법화경을 뜻대로 해설하고, 다시 계행을 청정하게 가지며, 부드럽고 화평한 이들과 함께 있고, 욕됨을 참아 성내지 않으며, 뜻이 견고하고 항상 좌선하기를 좋아하여 깊은 선정을 얻고 용맹하게 정진하여 선한 법을 모두 섭수하여 가지며 지혜 있고 총명하여 묻는 뜻을 잘 해답하느니라.

아일다여, 내가 열반한 뒤에 선남자 선여인들이 이 경전을 받아 지니고 읽고 외우면서 또 이와 같은 선한 공덕이 있다면, 이 사람은 이미 도량에 나아가 아뇩다라삼먁삼보리에 가까워서 보리수 아래 앉음이니라.

아일다여, 이 선남자 선여인이 앉거나 섰거나 다니는 곳이면, 여기에는 마땅히 탑을 쌓을 것이며, 모든 하늘 사람, 인간 사람들이 모두 부처님의 탑과 같이 공양할 것이니라."

㉖ 이때 세존께서 이 뜻을 거듭 펴시려고 게송을 말씀하였다.

내가 열반한 뒤에 이 경전을 받들어 지니면 이 사람의 복이 한량이 없어 위에서 말함과 같으리니, 이것은 곧 모든 공양을 갖춘 것이 되며 사리를 탑에 모시고 칠보로 장엄함이니, 찰간이 크고 높은데 점점 작아져 범천에 이르고 천만 개 풍경을 달아 바람만 불면 소리가 들리며 또 한량없는 겁 동안 이 탑에 꽃과 향과 영락과 하늘옷과 하늘 풍류로 공양하고 향유와 우유의 등을 켜서 시방에 항상 밝으리니, 나쁜 세상 말법시대에 이 경전을 지니는 이는 벌써 이러한 여러 가지 공양을 두루 갖춤이 되며 만일 이 경전을 능히 지니면 부처님이 현재 하여 계실 적에 우두 전단 좋은 재목으로 암자를 지어 공양함과 같으며, 승당이 삼십이가 있어 높이가 팔 다라수가

되고 좋은 음식 훌륭한 의복과 평상과 금
침이 구족하며 백천 대중이 머물러 있고
동산과 숲과 맑은 못이며 거니는 일과 좌
선하는 토굴 온갖 것이 다 장엄했나니, 또
믿고 이해하는 마음으로 이 경전을 받아
지니고 읽고 외우고 쓰고 남을 시켜 써서
공양하며 꽃과 향과 가루 향 흩고 수만나
꽃과 담복화와 아제목다가를 섞어 짠 기름
으로 등을 항상 켜 밝히어 이렇게 공양한
이들 한량없는 공덕 얻나니, 허공이 끝간
데 없듯이 이 사람의 복도 그러하고 또 이
경전 받아 지니며 보시와 계행을 겸하고
인욕하며 선정을 닦아 성 안내고 욕설 안
하며 부처님 탑 공경하고 비구스님께 겸손
하고 교만한 마음 버리고 항상 지혜를 생
각하며 아무리 물어도 성내지 않고 그 성
품 따라 해설하여 이러한 행을 닦는 이는
그 공덕 한량이 없나니, 이러한 법사가 있
어 이런 공덕 이루었거든 하늘 꽃을 흩어

공양하고 하늘 옷으로 덮어주고 머리 조아
려 발에 예배하여 부처님 같다는 마음을
내고 오래지 않아 도량에 나아가리라는 생
각을 내야 하리라 번뇌가 없고 함이 없어
져 천상과 인간을 이익케 하리니, 그의 머
무는 곳에나 거닐고 앉고 눕는 곳에나 한
구절 게송을 말하는 곳에 마땅히 탑을 쌓
되 훌륭하게 장엄하며 가지가지로 공양 하
여라. 불자가 이 땅에 머무려면 부처님이
즉시에 거두어 주리라. 항상 그 가운데서
거닐고 앉고 눕고 하라.

묘법연화경 분별공덕품 종

묘법연화경 제 5권 종

묘법연화경 제 6권

수희공덕품 제 18

① 그때에 미륵보살 마하살이 부처님께 사뢰었다. "세존이시여, 만일 선남자 선여인이 이 법화경을 듣고 따라서 기뻐하는 이는 얼마만한 복을 얻었나이까."

게송으로 말하였다.

세존이 열반하신 뒤 이 경전 말씀을 듣고 따라서 기뻐하는 이는 얼마만한 복을 얻겠나이까.

이때 부처님이 미륵보살마하살에게 말씀하였다. "아일다며, 여래가 열반한 뒤에 비구 비구니 우바새 우바이나 그밖에 지혜 있는 이로서 늙은이, 젊은이가 이 경전을 듣고 따라서 기뻐하며, 법회에서 나와 다른데 가서, 암자에서나 공적한 데서나 도시에서나 마을에서나 논밭에서나 촌중에서, 법회에서 들은 대로 부모나 친척이나 친구나 아는 이에게 힘에 맞게 연설하거든, 또 그 사람이 듣고 기뻐서 다시 다른 이에게 말하고, 그 다른 사람들이 기뻐서 또 다른 이에게 말하여, 이와 같이 또 말하고 또 말하여 오십째 사람에게 말하느니라.

아일다여, 그 오십째의 선남자 선여인이 듣고 따라서 기뻐한 공덕을 내가 말하리니, 그대는 자세히 들으라.

사백만억 아승지 세계의 여섯 갈래에 네 가지로 나는 중생으로서 알로 나고, 태로 나고, 습기로 나고, 화해 나고, 형상 있고, 형상 없고, 생각 있고, 생각 없고, 생각 있는 것 아니고, 생각 없는 것 아니고, 발 없고, 두 발 가지고, 네 발 가지고, 여러 발 가진 것, 그런 중생들을 어떤 사람이 복을 구하려고 그들의 욕망하는 오락거리를 주는데 낱낱 중생에게 남섬부주에 가득히 채운 금 은 유리 자거 마노 산호 호박 등의 여러 가지 보물과, 코끼리 말 수레와, 칠보로 지은 궁전 누각 등을 주었느니라.

이 대 시주가 이렇게 팔십년 동안 보시하고는 또 생각하기를 '내가 중생들의 욕망을 따라 오락거리를 보시하였으나, 이 중생들이 이미 늙어서 나이 팔십이 넘어 머리가 세고 얼굴이 쭈그러지고 죽을 때가 가까웠으니, 이제는 부처님 법으로 인도하리라' 하였다.

그래서 그 중생들을 모으고 불법을 선포하여 보여주고 가르쳐서 이익하고 기쁘게 하였더니, 일시에 수다원과 사다함과 아라한 도를 얻었고, 모든 번뇌가 없어져서 깊은

선정에 자재하게 되고 여덟 가지 해탈을
구족하였느니라.

그대는 어떻게 생각하느냐. 이 대 시주의
얻은 공덕을 많다고 하겠느냐."

미륵보살이 부처님께 사뢰었다.

"세존이시여, 이 사람의 공덕이 엄청나게
많아서 한량없고 그지없나이다. 이 시주가
중생들에게 모든 오락거리만 보시하였어도
공덕이 한량없을 터이온데, 하물며 아라한
과를 얻게 함이오리까."

② 부처님이 미륵보살에게 말씀하였다.

"내 이제 분명하게 말하노라. 이 사람이 모
든 오락거리로 사백만억 아승지 세계의 여
섯 갈래 중생에게 보시하였고, 또 아라한과
를 얻게 한 공덕이, 이 오십째 사람이 법화
경의 한 게송을 듣고 따라서 기뻐한 공덕만
못하여 백분의 일에도, 천분의 일에도 백천

만억분의 일에도 미치지 못하며, 내지 산수와 비유로도 알지 못하느니라.

아일다여, 이 오십째 사람이 법화경을 차츰차츰 전하여 듣고 따라서 기뻐한 공덕도 한량이 없고 그지없거든, 하물며 맨 처음에 그 회중에서 듣고 따라서 기뻐한 이의 복덕이야 더욱 많아서 한량없고 그지없는 아승지로도 비길 수 없느니라.

또 아일다여, 어떤 사람이 이 경을 위하여서 암자에 가서 앉거나 섰거나 잠깐만 들어도 이 공덕으로 다음에 날 적에는 썩 훌륭한 코끼리와 말과 수레와 보배로 꾸민 연을 가지게 되며, 하늘 궁전을 타게 되리라. 또 어떤 사람이 법을 강론하는 처소에 앉았을 적에 다른 사람이 오거든, 그 사람을 권하여 앉아서 듣게 하되, 자기가 앉은 자리를 비켜서 앉게 하면 이 사람의 공덕으로 다음에 태어날 적에는 제석천왕이 앉는 곳이나 범천왕이 앉는 곳이나 전륜성왕이 앉는 곳에 앉게 되리라.

아일다여, 또 어떤 사람이 다른 이에게 말하기를 '저기 법화경 말하는 데가 있으니 함께 가서 듣자' 하여 그 사람이 그 말을 듣고 가서 잠깐만 듣더라도 이 사람의 공덕으로는 다음 태어날 적에 다라니를 얻은 보살과 함께 있게 되리라.

근성이 총명하고 지혜가 있으며, 백천만번 태어나도 벙어리나 말더듬이가 되지 않고 입에서 냄새가 나지 않고 혀에는 병이 없고 입에도 병이 없으며, 이는 검지도 누르지도 성글지도 않고, 빠지지도 않고, 들쭉날쭉하지도 않고 옥니도 아니며, 입술이 아래로 처지지도 위로 걷어 올라가지도 않고, 거칠지도 않고 부스럼도 없고, 언청이도 안 되고, 비뚤어지지도 않고, 두텁지도 크지도 않고 퍼렇지도 않아서 모든 미운 것이 없으며, 코가 납작하지도 않고 비뚤어지지도 않으며, 얼굴이 검지도 않고 좁지도 않고 길지도 않고 오목하지도 않아서 못생긴 모습이 하나도 없으리라.

입술 혀 치아가 모두 잘 생기고, 코는 길고 높고 곧으며, 얼굴은 원만하고, 눈썹이 높고 길며, 이마가 번듯하고 넓으며, 여러 가지 모습을 갖추느니라. 또 태어날 적마다 부처님을 뵈옵고 법을 듣게 되며 가르침을 믿고 받게 되리라.

③ 아일다여, 그대가 보라. 이 한 사람을 권하여 가서 듣게 한 공덕도 이러하거든, 하물며 일심으로 듣고 읽고 외우며 대중이 모인 데서 분별하여 말하며 들은 대로 수행함일까보냐."

이때 세존께서 이 뜻을 거듭 펴시려고 게송을 말씀하였다.

어떤 사람 법문하는 법회에서 이 법화경을 말하는데 한 게송만을 듣고는 기뻐서 다른 이에게 말하며 이렇게 차례차례 말하여 오십째 사람에게 이른다 하면, 이 나중의 사람이 얻는 공덕을 이제 분별하여 말하리라.

여기 큰 시주가 있어 한량없는 중생에게 이바지하되 팔십 년이 되도록 그들의 욕망대로 보시하였고, 그들이 늙어서 머리가 세고 얼굴이 쭈그러지고 이가 빠지고 몸이 여위어 오래 살지 못할 것을 보고는 이제는 저들을 교화하여 도의 결과를 얻게 하리라 하고 방편을 베풀어서 열반의 참된 법을 말하되, 이 세상은 견고하지 못해 물거품 같고 불꽃 같으니 그대들은 세상에 대하여 싫고 여읠 생각을 내라. 여러 사람들이 법문 듣고 모두 아라한을 얻어 여섯 신통, 세 가지 밝음, 여덟 해탈을 갖추었

으며, 최후의 오십째 사람 한 게송 듣고
따라서 기뻐하면 그 공덕 저보다 많아서
비유로도 말할 수 없으리. 이렇게 전하여
들은 것도 복덕이 한량이 없거든 하물며
법문하는 법회에서 처음 듣고 기뻐함이랴.
만일 한 사람만을 권하여 데리고 가서 법
화경 들을 제, '이 경이 깊고 묘하여 천만
겁에도 만나기 어렵다' 하여 그 사람 그
말 듣고 따라가 잠깐 동안만 들었더라도
그 사람의 얻을 복덕을 이제 분별해 말하
리니, 세세생생 날 적마다 입에 병 없고,
이는 성글고 누르고 검지 않으며, 입술은
두텁지도 건순도 언청이도 아니어서 나쁜
인상이 하나도 없고, 혀가 마르지도 검지
도 짧지도 않고, 코는 높고 길고 곧으며,
이마가 넓고 번듯하여 얼굴과 눈이 모두
다 단정. 사람들이 기쁘게 대하여 입에는
구린내 없고 우담발화 향기가 언제나 입에
서 나오리. 일부러 암자에 가서 법화경 법

문 들을 제 잠깐만 듣고 기뻐하여도 그 복덕 내가 말하리니, 내생에 천상과 인간에 나서 좋은 코끼리 말 수레와 보배로 꾸민 연을 가지며 하늘 궁전을 타게 되오리.

법문을 강설하는 곳에서 사람을 권하여 듣게 한다면 이 인연의 복덕으로 제석 범천 전륜왕 되거든 하물며 일심으로 듣고 그 뜻을 해설해 주고 말한 대로 행을 닦으면 그 복덕 한량이 없으리.

묘법연화경 수희공덕품 종

법사공덕품 제 19

④ 그때에 부처님이 상정진보살마하살에게 말씀하였다.

"만일 선남자 선여인이 이 법화경을 받아 지니거나 읽거나 외우거나 해설하거나 쓴다면 이 사람은 으례히 눈의 팔백 공덕과 귀의 천이백 공덕과 코의 팔백 공덕과 뜻의 천이백 공덕을 얻을 것이니, 이러한 공덕으로 육근을 장엄하여 모두 청정하리라. 이 선남자 선여인의 부모가 낳아준 청정한 육안으로 삼천대천세계의 안과 밖에 있는 산과 숲과 강과 바다를 보며, 그 가운데 있는 모든 중생을 보고, 업의 인연과 과보로 태어나는 데를 모두 보고 다 알 것이니라."

이때 세존께서 이 뜻을 거듭 펴시려고 게송을 말씀하였다.

어떤 사람 대중 가운데서 두려울 것 없는 마음으로 법화경을 해설한다면 그 공덕을 그대가 들으라. 이 사람이 훌륭한 눈의 팔백 공덕을 얻으리니, 이렇게 장엄하였으므로 그 눈이 매우 청정하리라. 부모가 낳아준 눈으로써 삼천대천세계의 안팎에 있는 미루산과 수미산과 철위산을 모두 보고 그 밖에 여러 산과 숲과 큰 바다와 강과 시내와 아래로는 아비지옥과 위로는 색구경천을 보고 그 속에 있는 중생들 모두 다 보게 되나니, 천안통을 얻지 못했어도 육안으로 보는 힘 이러하니라.

"또 상정진보살이여, 선남자 선여인이 이 법화경을 받아 지니어 읽거나 외우거나 해설하거나 쓴다면 귀의 일천이백 공덕을 얻으리라.

이 청정한 귀로 삼천대천세계에서 아래로
아비지옥과 위로 색구경천에 이르기까지
그 가운데 있는 가지가지 말과 음성을 들
으리라.

코끼리 소리, 말 소리, 소 소리, 수레 소
리, 우는 소리, 수심하는 소리, 소라 소리,
북 소리, 종 소리, 방울 소리, 웃는 소리,
말하는 소리, 남자의 소리, 여인의 소리,
동자의 소리, 동녀의 소리, 법다운 소리,
법 답지 않은 소리, 괴로운 소리, 즐거운
소리며 범부의 소리, 성인의 소리, 기쁜
소리, 기쁘지 않은 소리, 하늘 소리, 용의
소리, 야차의 소리, 건달바 소리, 아수라
소리, 가루라 소리, 긴나라 소리, 마후라가
소리, 물 소리, 불 소리, 바람 소리, 지옥
소리, 축생의 소리, 아귀의 소리, 비구의
소리, 비구니의 소리, 성문의 소리, 벽지불
의 소리, 보살의 소리, 부처의 소리를 들

으리라.

중요한 것으로 말하면 삼천대천세계의 온
갖 안팎에 있는 여러 가지 소리들을 천이
통을 얻지 않고도 부모가 낳아준 청정한
예삿 귀로서 모두 듣고 알 것이며, 이렇게
여러 가지 음성을 분별하여도 귀가 상하지
않느니라.

⑤ 이때 세존께서 이 뜻을 거듭 펴시려고
게송을 말씀하였다.

아버지 어머니 낳아준 귀 청정하고 더럽지
않아 이러한 예삿 귀로써 삼천대천세계의
소리를 들어 코끼리 말 수레 소의 소리,
종 풍경 소라 북 소리, 거문고 비파 젓대
소리, 퉁소와 피리에서 나는 소리, 맑고도
좋은 노래 소리들 들으면서도 집착이 없고
수가 없는 여러 사람의 음성 듣고 또 모두
이해하나니 또 여러 하늘 소리와 아름다운
노래를 들으며 남자의 소리, 여자의 소리

와 동자 동녀의 소리도 듣고 험한 산천과 골짜기에서 나는 가릉빈가의 소리도 듣고 명명새와 여러 새들의 아름다운 소리도 듣고 지옥에서 고통 받는 소리, 갖가지 고생하는 소리, 아귀가 기갈에 시달리어 음식을 찾는 소리 들으며, 여러 아수라들이 큰 바다 가에 있으며 서로 말하는 때에 큰 음성으로 떠드는 소리, 이 법을 말하는 이가 여기에 편안히 있어서 그 여러 가지 음성 들어도 귀가 손상하지 않나니 시방의 여러 세계에서 새와 짐승들 부르는 소리를 법을 말하는 그 사람이 여기서 모두 듣나니, 여러 범천의 위에 있는 광음천과 변정천으로부터 색구경천에 이르기까지 모든 말과 그 음성을 법사가 여기 있으면서 모두 다 듣기도 하고 모든 비구대중과 비구니들이 이 경을 읽고 외우고 다른 이에게 말하는 것을 법사가 여기 있으면서 모두 다 듣느니라.

또 여러 보살들이 이 경을 읽고 외우며 다른 이에게 해설하거나 경을 편찬하고 뜻을 해석해 이런 여러 가지 음성을 모두 다 들으며 부처님 거룩하신 이, 여러 중생을 교화하느라고 대중 가운데 계시어 미묘한 이 말씀하심을 이 법화경 받아 지니는 이, 모두 다 듣고 아나니 삼천대천세계의 안에서 나고 밖에서 나는 음성, 아래로는 아비지옥에서 위로는 색구경천까지 그 많은 음성 모두 들어도 귀는 조금도 상하지 않고 그 귀가 총명하여서 모두 분별해 아나니, 이 법화경 받아 지닌 이 천이통을 못 얻었으나 부모가 지닌 이 낳아준 귀의 그 공덕이러하니라.

⑥ "또 상전진보살이여, 선남자 선여인이 이 경을 받아 지니거나, 읽거나 외우거나, 해설 하거나 쓰는 이는 코의 팔백 공덕을 성취하느니라.

이 청정한 코로 삼천대천세계에 있는 위와 아래와 안과 밖의 여러 가지 향기를 맡느니라.

수만나꽃 향기, 사제화 향기, 말리화 향기, 답목화 향기, 바라라꽃 향기, 적련화 향기, 청련화 향기, 백련화 향기, 화수향, 과수향, 전단향, 침수향, 다라마라발향, 다가라향과 천만가지 화합한 향, 가루 향, 환 지은 향, 바르는 향을 이 경 지니는 이가 여기 있으면서 모두 분별하여 맡느니라.

또 중생의 냄새, 코끼리 냄새, 말 냄새, 소 냄새, 양 냄새, 남자 냄새, 여자 냄새, 동자 냄새, 동녀 냄새와 풀 나무 수풀 냄새와 가까이 있고 멀리 있는 냄새들을 모두 맡아서 분별하여 착오가 없느니라.

이 경을 지니는 이는 여기 있으면서도 천상에 있는 모든 향기를 맡나니, 파리질다라나무 향기, 구피다나무 향기, 만다라꽃 향기, 마하만다라꽃 향기, 만수사꽃 향기, 마하만수사꽃 향기, 전단향, 침수향, 여러 가지 가루 향과 여러 가지 꽃향기와 이러한 하늘향의 화합한 향기를 맡고 알지 못함이 없느니라.

또 여러 하늘들의 몸 향기를 맡나니, 제석천왕이 썩 좋은 궁전에서 오욕락을 즐기면서 희롱할 때의 향기, 묘법당에서 도리천들에게 법문 말할 때의 향기, 여러 동산에서 유희할 때의 향기와, 다른 천상 사람들인 남녀의 몸 향기들을 멀리서 맡고 알며, 이리하여 점점 올라가서 범천에 이르고, 색구경천에 이르는 여러 하늘의 몸 향기를 모두 맡느니라.

또 성문의 향기, 벽지불의 향기, 보살의 향기, 부처님의 몸 향기를 멀리서 맡고는 그 있는 데를 아느니라. 이런 향기들을 맡지마는 코는 상하지도 않고 잘못되지도 않으며 분별하여 다른 이에게 말하려 하여도 기억이 잘못되지 않느니라."

이때 세존께서 이 뜻을 거듭 펴시려고 게송을 말씀하였다.

이 사람의 코가 청정하여 이 세계에 있는 향기롭고 구린 냄새를 갖가지 맡아서 아나니 수만나 향, 사제 향과 다마라발전단향, 침수향과 계수향과 가지가지 꽃과 과실의 향기 그리고 중생들의 향기, 남자의 향기, 여자의 향기를 설법하는 이 멀리 있어서 향기 맡고 그 있는 곳 알며 큰 세력 가진 전륜성왕과 작은 전륜왕과 그의 아들들과 여러 신하와 궁녀들의 향기 맡고 그 있는 곳 알며 몸에 차고 있는 보물과 땅속에 매장된 보물, 전륜성왕 보녀까지를 향기 맡고 그 있는 곳 알며 여러 사람의 몸 단장거리 의복과 영락들이며 갖가지 바르는 향을 향기 맡고 그 몸을 알며, 모든 하늘들

앉고 가는 일 유희하는 일의 신통변화를
법화경 지니는 이가 향기 맡고 모두 다 알
며, 모든 나무의 꽃과 과실의 향기 수만나
로 짠 기름의 향기, 경을 지니는 이 여기
있어서 그들이 있는 곳 모두 다 알고, 모
든 산 깊고 험한 곳 전단나무 꽃이 피었
고, 그 속에 있는 중생을 향기 맡고 모두
다 알고, 철위산과 큰 바다와 땅 속에 있
는 중생을 경 지니는 이 향기 맡고 그들이
있는 곳 모두 다 알고, 아수라의 남자와
여자 그들의 모든 권속들 싸우고 유희할
때를 향기 맡고 모두 다 알고, 텅 빈 들과
험하고 좁은 곳 사자 코끼리 호랑이와 이
리 들소와 물소들을 향기 맡고 있는 곳 알
고, 만일 아기 밴 이가 아들인지 딸인지
생식기 없는지 사람 아닌지 향기 맡고 모
두 다 알고, 향기를 맡아 보고서 처음 아
기 밴 이가 성취할는지 못할는지 복된 아
들 낳을 것 알고, 향기를 맡아 보고서 남

녀의 생각하는 일과 음욕 어리석음 성내는
것과 착한 행실 닦는지 알며, 땅 속에 묻
힌 여러 보물과 금인지 은인지 모든 보배
와 구리 그릇에 담은 것들을 향기 맡고 모
두 다 알고, 갖가지 모든 영락의 그 값을
아는 이 없거든 비싸고 천함과 난 곳 있는
곳 향기 맡고 모두 다 알고,

⑦ 천상에 있는 여러 가지 꽃, 만다라꽃
만수사꽃과 파리질다 나무들 향기 맡고 모
두 다 알고, 천상의 여러 가지 궁전이 상
중 하로 차별했는데 모든 보배 꽃으로 장
엄한 것을 향기 맡고 모두 다 알고, 하늘
의 동산과 훌륭한 궁전 모든 누관과 미묘
한 법당 그 가운데서 즐겨 노는 일 향기
맡고 모두 다 알고, 모든 하늘들 법을 듣
거나 오욕락 누리고 있을 때 왕래하고 다
니고 앉고 누움을 향기 맡고 모두 다 알
고, 하늘 아씨 꽃과 향으로 잘 꾸민 의복

을 입고 두루 돌면서 유희하는 때 향기 맡
고 모두 다 알고, 이렇게 점점 올라가 범
천의 세계에 이르러 선정에 들고 나는 일
향기 맡고 모두 다 알고, 광음천과 변정천
이며 내지 색구경천까지 처음 나고 물러가
없어지는 일 향기 맡고 모두 다 알고, 여
러 비구 대중들 불법에 항상 전진하면서
앉기도 하고 거닐기도 하며 경전을 읽고
외우고 어떤 이는 나무 아래서 정성 다하
여 좌선하는 일, 경을 지니는 이의 향기
맡고 그 있는 데를 모두 다 알고, 보살의
마음이 견고해 좌선하고 경 읽고 외우고
다른 이에게 법을 말함을 향기 맡고 모두
다 알고, 간 곳마다 부처님들 모든 이의
공경 받으며 대중에게 법문 말함을 향기
맡고 모두 다 알고, 중생들 부처님 앞에서
경을 듣고 모두 기뻐해 법과 같이 수행하
는 일 향기 맡고 모두 다 아나니, 비록 보
살의 샘이 없는 법으로 생긴 코는 못 얻었

으나 이 경을 받아 지니는 이 먼저 이런 코부터 얻나니라.

"또 상정진보살이여, 만일 선남자 선여인이 이 경전을 받아 지니고 읽거나 외우거나 해설하거나 쓴다면, 혀의 일천 이백 공덕을 얻느니라.

맛이 좋거나 좋지 않거나 아름답거나 아름답지 못하거나 쓰고 떫은 물건이 그의 혀에 닿더라도 모두 좋은 맛으로 변하여 천상의 감로수 같아서 아름답지 않은 것이 없느니라. 만일 이 혀로써 대중 가운데서 연설할 적에 깊고 묘한 음성을 내어 그들의 마음에 들게 하면 모두 환희하고 쾌락하느니라.

또 모든 천자와 천녀와 제석천왕과 대범천왕들이 이 깊고 묘한 음성으로 연설하는 언론의 차례가 되면 모두 와서 듣느니라.

또 모든 용과 용녀 야차와 야차녀 건달바와 건달바녀 아수라와 아수라녀 가루라와 가루라녀 긴나라와 긴나라녀 마후라가와 마후라가녀들이 법을 듣기 위하여 모두 와서 친근하며 공경하며 공양하느니라.

또 비구 비구니 우바새 우바이 국왕 왕자 신하 권속들과 작은 전륜왕들의 칠보와 일천 아들과 안팎 권속들이 그들의 궁전을 타고 와서 법을 들을 것이며, 이 보살이 법을 잘 말하므로 바라문과 거사와 나라 안 사람들이 형상과 목숨이 다할 때까지 모시고 따라다니며 공양하느니라.

또 모든 성문과 벽지불과 보살과 부처님들이 항상 보기를 좋아하며, 이 사람이 있는 방면에는 부처님들이 모두 그곳을 향하여, 법을 말씀하거든 모든 부처님의 법을 능히 받아 지닐 것이며, 또 깊고 묘한 법의 음성을 내느니라."

⑧ 이때 세존께서 이 뜻을 거듭 펴시려고 게송을 말씀하였다.

이 사람의 혀 깨끗하여 언제나 나쁜 맛 받지 않고 그 사람 먹는 것은 모두 감로수 되오리. 깊고 깨끗하고 미묘한 음성 대중에게 법을 말하며, 이러한 인연과 비유로 중생의 마음 인도하면 듣는 사람 모두 환희해 가장 훌륭한 공양 베푸오리. 여러 하늘과 용과 야차와 그리고 아수라들 모두 공경하는 마음으로 와서 법을 들으리. 법을 말하는 이 사람 만일 아름다운 음성으로 삼천세계에 두루하려 하면 생각하는 대로 이르게 되오리. 큰 전륜왕 작은 전륜왕과 그의 일천 아들과 권속들 합장하고 공경하는 마음으로 항상 와서 법을 들으리. 하늘과 용과 야차들과 나찰과 비사사들도 역시 즐거운 마음으로 항상 와서 공양하오리. 범천왕과 마왕과 자재천과 대자재천

이러한 하늘 무리들 항상 그곳에 모여 오
리라. 부처님과 그 제자들까지 그 설법하
는 음성 듣고 항상 호념하고 수호하며 어
떤 때는 그 몸을 나투니,

"또 상정진보살이여, 선남자 선여인이 이
경을 받아 지니고 읽거나 외우거나 해설하
거나 쓰면 몸의 팔백 공덕을 얻느니라.

청정한 몸을 얻어 깨끗한 유리와 같으면
중생들이 보기를 좋아하느니라. 그의 몸이
청정하므로 삼천대천세계에 있는 중생들의
나는 때, 죽는 때와 높고 낮고, 잘 생기고
못 생기고, 좋은 곳에 나고 나쁜 곳에 나
는 것이 다 그 가운데 나타나느니라.

철위산과 대철위산과 미루산과 마하미루산
등 모든 산과 그 가운데 있는 중생들이 다
그 가운데 나타나고, 아래로 아비지옥과
위로 색구경천에 이르기까지 있는 것과 중
생들이 모두 그 가운데 나타나느니라."

이때 세존께서 이 뜻을 거듭 펴시려고 게
송을 말씀하였다.

법화경을 받아 지니는 이, 그의 몸 매우
청정해 저 깨끗한 유리 같거든 중생들이
모두 보기 좋아해, 또 깨끗하고 밝은 거울
여러 물상을 모두 보듯이 보살의 깨끗한
몸에 세상에 있는 것 다 보거니와, 혼자서
만 명백히 알고 다른 사람은 보지 못하며
삼천대천세계에 있는 여러 가지 무정물들
과 하늘과 사람과 아수라 지옥과 아귀와
축생 이러한 여러 물상들 모두 그 몸에 나
타나고, 여러 하늘의 궁전과 색구경천에
이르기까지 철위산과 미루산이며 마하미루
산들과 여러 큰 바다의 물 모두 그 몸에
나타나고, 부처님과 성문들과 부처님 제자
인 보살들 혼자 있거나 대중에 있어서 설
법하는 일 다 나타나고, 비록 새지 않는
법성의 묘한 몸 못 얻었으나 청정한 예삿

몸에 모든 것 다 나타나나니라.

⑨ "또 상정진보살이여, 선남자 선여인이 여래가 열반한 뒤에 이 경전을 받아 지니고 읽거나 외우거나 해설하거나 쓰거나 하면 뜻의 일천 이백 공덕을 얻느니라.

이 청정한 뜻으로써 한 게송이나 한 구절만 듣고도 한량없고 그지없는 이치를 통달하느니라. 이 이치를 알고는 능히 한 구절, 한 게송을 연설하되 한 달이나 넉 달이나 한 해에 이르고, 모든 법을 말한 것은 그 뜻을 따라서 실상과 서로 어기지 아니 할 것이며, 속세의 경서와 세상을 다스리는 말과 살림하는 사업을 말하더라도 모두 바른 법에 순응하리라.

삼천대천세계에 있는 여섯 갈래 중생의 마음으로 행하는 일과 마음으로 동작하는 일과, 마음으로 희론하는 일을 모두 다 아느니라.

비록 무루의 지혜는 얻지 못하였어도 그 뜻이 이렇게 청정하였으므로 이 사람의 생각하고 요량하는 말이 모두 부처의 법과 같아서 진실하지 않은 것이 없고, 역시 먼저 부처님의 경전 중에 말씀한 것이니라."

이때 세존께서 이 뜻을 거듭 펴시려고 게송을 말씀하였다.

이 사람의 뜻이 청정하고 밝고 영리하고 흐리지 않아 이 미묘한 뜻으로 상, 중, 하 법을 다 아나니 내지 한 게송만 듣고도 한량없는 이치 통달하고 차례차례 법대로 말하여 한 달, 넉 달, 한 해가 되어 이 세계의 안과 밖에 있는 모든 중생들로서 하늘과 용과 사람들과 야차와 귀신들까지 여섯 갈래에 있으면서 생각하는 여러 가지를 법화경 지니는 과보로 일시에 모두 다 알고 시방세계의 수 없는 부처님 백 가지 복덕으로 장엄하시고 중생들에게 말씀하는 법

문 다 듣고 받아 지니고 한량없는 뜻을 생
각하며 법을 말함도 한량이 없거든 자초지
종 잊음도 착오가 없나니, 이것은 법화경
지니는 연고. 여러 법의 모양 모두 다 알
고 이치를 따라 차례로 알고 이름도 말씀
도 통달하고서 아는 대로 연설하나니, 이
사람이 말하는 것은 모두 먼저 부처님의
법. 이런 법 연설하므로 대중에 두려울 것
없고 법화경 지니는 이는 뜻이 이렇게 깨
끗하여서 무루를 얻지 못하였으나 미리 이
런 모습 갖추었나니 이 사람 이 경전 지니
고 희유한 자리에 머물러 있어 모든 중생
들이 환희하여 공경함을 받게 되나니, 천
가지 만 가지 공교하고 잘하는 말솜씨로
분별하여 법을 연설함은 법화경을 지니는
연고.

묘법연화경 법사공덕품 종

상불경보살품 제 20

⑩ 그때에 부처님이 득대세보살마하살에게 말씀하였다.

"그대는 이제 알아라. 만일 비구 비구니 우바새 우바이로서 법화경을 지니는 이를, 어떤 사람이 나쁜 말로 욕설하거나 비방하면 큰 죄를 받을 것은 앞에 말함과 같고, 그의 얻는 공덕도 전에 말한 것과 같아서 눈과 귀와 코와 혀와 몸과 뜻이 청정하리라.

득대세보살이여, 지나간 옛적 한량없고 그지없고 불가사의한 아승지 겁 전에 부처님이 계시었으니 이름이 위음왕여래 응공 정변지 명행족 선서 세간해 무상사 조어장부 천인사 불 세존이시고, 겁의 이름은 이쇠요, 국토의 이름은 대성이었느니라.

그 위음왕부처님이 그 세상에서 천상 인간과 아수라를 위하여 법을 말씀하시는데, 성문을 구하는 이에게는 사제(四諦)법을 말씀하여 나고 늙고 병들고 죽는 일을 뛰어나 끝끝내 열반케 하시고, 벽지불을 구하는 이에게는 십이인연법을 말씀하며, 보살들에게는 아뇩다라삼먁삼보리를 인하여 여섯 가지 바라밀다법을 말씀하여 끝끝내 부처의 지혜를 얻게 하였느니라.

득대세보살이여, 이 위음왕부처님의 수명은 사십만 억 나유타 항하사 겁이요, 정법이 세상에 머무는 겁의 수효는 한 남섬부주 티끌 수와 같고, 상법이 세상에 머무는 겁의 수효는 사천하의 티끌 수와 같느니라.

그 부처님이 중생을 이익케 하신 연후에 열반하였고, 정법과 상법이 다 없어진 뒤에 이 국토에 또 부처님이 나셨으니 역시 이름이 위음왕여래 응공 정변지 명행족 선서 세간해 무상사 조어장부 천인사 불 세존이었느니라.

이렇게 차례차례로 이만억 부처님이 나셨는데 모두 이름이 같았느니라. 최초의 위음왕여래께서 열반하신 뒤 정법이 없어지고, 상법동안에 뛰어난 체 하는 비구들이 큰 세력을 가지었고, 그때 한 보살비구가 있었으니 이름은 상불경이라 하였느니라.

득대세보살이여, 무슨 인연으로 이름을 상불경이라 하였느냐. 이 비구가 무릇 만나는 이는, 비구거나 비구니거나 우바새거나 우바이거나 간에 보는 대로 예배하고 찬탄하면서 이렇게 말하였느니라.

'내가 그대들을 매우 공경하고 감히 경멸하지 못하노니, 왜냐하면 그대들이 다 보살의 도를 행하여 마땅히 성불할 것이니

라.'

이 비구가 경전을 전심하여 읽거나 외우지는 아니하고 다만 예배만을 행하는데, 멀리서 사부대중을 보더라도 일부러 따라가서 예배하고 찬탄하면서 '내가 그대들을 경멸하지 못하노니, 그대들이 다 마땅히 성불할 것 이니라' 하였느니라.

사부대중 가운데 성을 내거나 마음이 부정한 이가 있다가 나쁜 말로 욕설하면서 말하기를 '이 무지한 비구야, 어디서 왔길래 스스로 말하되, 내가 그대들을 경멸하지 못하노라 하면서 우리에게 마땅히 성불하리라고 수기를 주느냐. 우리는 그런 허망한 수기를 받지 아니 하리라.'

이렇게 여러 해를 다니면서 항상 욕설을 당하여도 성도 내지 아니하고 항상 말하기를 '그대들이 마땅히 성불하리라' 하였느니라.

이렇게 말할 적에 여러 사람이 작대기로 치거나 돌을 던지면 멀리 피하여 달아나면서 음성을 높여서 외치기를 '내가 그대들을 경멸하지 못하노니 그대들이 다 마땅히 성불하리라' 하였느니라.

그가 항상 이렇게 말하므로 뛰어난 체 하는 비구 비구니와 우바새 우바이들이 별명을 지어 상불경이라 하였느니라.

⑪ 이 비구가 운명하려 할 적에 허공 중에서 위음왕불이 먼저 말씀하신 법화경 이십 천만억 게송을 모두 듣고 다 받아지니며, 위와 같이 눈이 청정하고 귀와 코와 혀와 몸과 뜻이 청정하여졌으며, 여섯 근이 청정하여진 뒤에 다시 수명이 증장하여서 이백만 억 나유타 해를 지나도록 여러 사람들에게 이 법화경을 널리 선전하였느니라.

이때에 뛰어난 체 하던 비구 비구니 우바새 우바이들로서 이 사람을 천대하여 상불경이라는 별명을 짓던 이들이 그가 큰 신통의 힘과 말하기 좋아하는 변재의 힘과 매우 착하고 고요한 힘을 얻는 것을 보며 그 말하는 것을 듣고는 모두 믿고 복종하였으며, 이 보살은 다시 천만억 무리를 교화하여 아뇩다라삼먁삼보리에 머물게 하였느니라.

명을 마친 후에는 이천억 부처님을 만났으니 다 이름이 일월등명이시니라. 그 불법 가운데서 이 법화경을 말씀하였고, 그 인연으로 다시 이천억 부처님을 만났으니 다 같이 이름이 운자재등왕이시라, 이 여러 부처님 법 가운데서 이 경전을 받아 지니고 읽고 외우고 사부대중을 위하여 이 경전을 해설하였으므로 이 예삿 눈이 청정하고, 귀 코 혀 몸 뜻이 청정하게 되어 사부대중 가운데서 법을 연설하는데 두려운 마음이 없었느니라.

득대세보살이여, 이 상불경보살마하살이 이
러한 여러 부처님께 공양하고 공경하고 존
중하고 찬탄하여 모든 선근을 심었으며, 그
뒤에 또 천만 억 부처님을 만났고, 또 그
부처님 법 가운데서 이 경전을 말하며 공덕
이 이루어져 마땅히 성불하게 되었느니라.

득대세보살이여, 어떻게 생각하느냐. 그때
의 상불경보살이 어찌 다른 사람이랴. 내
몸이었으니, 내가 과거에 이 경전을 받아
지니고 읽고 외우고 다른 이를 위하여 말
하지 아니 하였더라면 아뇩다라삼먁삼보리
를 빨리 얻지 못하였으련마는, 내가 먼저
부처님 계신 데서 이 경을 받아 지니고 읽
고 외우고 다른 이에게 말하였으므로 아뇩
다라삼먁삼보리를 빨리 얻었느니라.

득대세여, 그때의 사부대중인 비구 비구니
우바새 우바이들은 성내는 마음으로 나를
천시하였으므로 이백억 겁 동안에 부처님

을 만나지 못하고 법을 듣지 못하고 스님
네를 보지 못하였으며, 일천 겁 동안을 아
비지옥에서 큰 고통을 받았고, 그 죄보가
끝나고는 다시 상불경보살을 만나서 아뇩
다라삼먁삼보리의 교화를 받았느니라.

득대세여, 어떻게 생각하느냐. 그때의 사부
대중으로서 이 보살을 경멸하던 이가 어찌
다른 사람이랴. 지금 이 회중에 있는 발타
바라 등 오백 보살과 사자월 등 오백 비구
와 니사불 등 오백 우바새들이니, 모두 아
뇩다라삼먁삼보리에서 물러가지 아니하는
이들이니라.

득대세보살이여, 이 법화경은 모든 보살마
하살들을 크게 이익케 하여 아뇩다라삼먁
삼보리에 이르게 하느니라. 그러므로 보살
마하살들은 여래가 열반한 뒤에 이 법화경
을 항상 받아 지니고 읽고 외우고 해설하
고 써야 하느니라."

⑫ 이때 세존께서 이 뜻을 거듭 펴시려고 계송을 말씀하였다.

지난 세상에 부처님이 계셨으니 이름이 위음왕불. 신묘한 지혜 한량없어 모든 중생을 권장하며 인도하고 하늘 사람 용 귀신들의 공양함을 받았으며, 이 부처님 열반하시고 법이 없어지려는 때에 한 보살이 있었으니 이름이 상불경보살.

그때에 있던 여러 대중들 법에 집착되었거늘 그때 상불경보살이 그들이 있는 처소에 가서 이렇게 말하기를, 그대들 경멸하지 못하노니, 그대들 도를 닦아서 모두 다 부처되리라. 그 사람들 이 말을 듣고 천시하고 욕설하지만 상불경보살은 반항 않고 받았으며, 죄보를 마친 뒤 보살의 목숨 마치려는 때 이 법화경 법문을 듣고 여섯 감관이 청정해지며 신통한 힘으로써 수명이 더하여지고 또 여러 사람을 위해 이 경전 널리 말

하였더니 법에 집착된 여러 무리들 보살의
교화를 받고 공덕을 성취하여 불도에 머물
게 했고, 상불경보살 명이 마치매 수없는
부처님 만나 이 경전 말씀한 연고로 한량없
는 복을 얻고 점점 공덕을 갖추어 부처의
도를 빨리 이루었나니, 그때의 상불경보살
은 지금의 내 몸이요, 그때 사부대중으로
법에 집착되었던 이들, 상불경보살이 말하
기를, 그대들 성불하리라 하매 그 말을 들
은 인연으로 수 없는 부처님 만난 이는 지
금 이 회중에 있는 오백 명 보살대중과 그
밖에 사부대중인 우바새 우바이들, 지금 나
의 앞에서 법문 듣는 이들이라.

내가 이전 세상에 이 여러 사람을 권하여
가장 첫째 되는 법인 이 법화경 법문을 듣
게 하며 열어 보이고 사람들 가르쳐 열반
의 길에 머물게 하며 세세생생에 이런 경
전 항상 받들고 지니게 하여 억억만 겁 동

안에 헤아릴 수 없을 때까지 여러 부처님
세존이 때때로 이 경 말씀하나니, 그러므
로 수행하는 사람들 부처님 열반하신 뒤
이 경전 듣고는 의혹을 내지 말 것이 마땅
히 한결같은 마음. 이 경을 널리 말하면
세세생생에 부처님 만나 빨리 성불하오리.

묘법연화경 상불경보살품 종

여래신력품 제 21

⑬ 그때에 땅속에서 솟아 올라온 일천 세계의 티끌 수 보살마하살들이 부처님 앞에서 일심으로 합장하고 존안을 우러러 뵈오며 부처님께 사뢰었다.

"세존이시여, 저희들이 부처님 열반하신 뒤에 세존의 분신이 계시는 국토와 열반하신 곳에서 이 경을 널리 해설하겠나이다.

그 까닭을 말씀하오면 저희들도 이 진실하고 깨끗한 이 법을 얻어서 받아 지니고 읽고 외우고 해설하며 써서 공양하려합니다."

이때 세존이 문수사리보살 등과 예전부터 사바세계에 있던 한량없는 백천만억 보살마하살과 모든 비구 비구니 우바새 우바이 하늘 용 야차 건달바 아수라 가루라 긴나라 마후라가와 사람과 사람 아닌 여러 대중 앞에서 큰 신통의 힘을 나투시며 넓고 긴 혀를 내밀어 위로 범천에 이르고, 모든 털구멍으로 한량없고 수없는 빛깔의 광명을 놓아 시방세계에 두루 비추었다.

여러 보배나무 아래 있는 사자좌 위에 앉으셨던 부처님들도 다 그와 같이 넓고 긴 혀를 내 밀고 한량없는 광명을 놓았다.

석가모니부처님과 보배나무 아래 계신 부처님들이 신통의 힘을 나투신지 백천 년만에 혀를 도로 거두시고, 한꺼번에 기침하시며 손가락을 튀기시니, 두 음성이 시방의 여러 부처님 세계에 두루 퍼지고 그 땅이 여섯 가지로 진동하였다.

그 가운데 있는 중생으로서 하늘 용 야차 건달바 아수라 가루라 긴나라 마후라가 사람, 사람 아닌 이들이 부처님의 신통한 힘을 말미암아 이 사바세계의 한량없고 그지없는 백천만억 보배나무 아래 있는 사자좌에 앉으신 여러 부처님을 보며, 또 석가모니불과 다보여래께서 보배탑 안에서 사자좌에 앉으심을 보고, 또 한량없고 그지없는 백천만억 보살마하살들과 사부대중이 석가모니불을 공경하여 둘러 모시고 있음을 보았다.

이런 것을 보고는 모두 환희하여 미증유함을 얻었더니, 그때에 여러 하늘들이 허공 중에서 소리를 높여 외치었다.

"이 한량없고 그지없는 백천만억 아승지 세계를 지나가서 국토가 있으니 이름이 사바세계요, 그 가운데 부처님이 계시니 이름이 석가모니시라, 지금 보살마하살들을 위하여 대승경을 연설하시니 이름이 묘법연화경이라. 보살을 가르치는 법이며, 부처님이 호념하시는 것이니, 그대들이 깊은 마음으로 예배할 것이며 석가모니불께 예배하고 공경하라."

저 중생들이 허공 중에서 나는 소리를 듣고는 합장하고 사바세계를 향하여 이렇게 말하였다.

"나무석가모니불, 나무석가모니불."

그리고 가지가지 꽃과 향과 영락과 번기와 일산과 또 몸을 단장하는 기구와 보배와 묘한 물건들을 가지고 모두 멀리서 사바세계에 던지었다. 그 던진 물건들이 시방에서 오는 것이 마치 구름이 모이듯이 하며, 변하여 보배휘장이 되어 여기 계시는 여러 부처님들의 위에 두루 덮이니, 이때 시방세계가 훤히 트이고 막힘이 없어 마치 한 세계와 같았다.

이때 부처님이 상행보살 등 대중에게 말씀하였다.

"여러 부처님의 신통한 힘이 이렇게 한량

이 없고 가이없어 생각하거나 의논할 수 없으니, 내가 이러한 신통의 힘으로써 한량없고 그지없는 백천만억 아승지 겁 동안에 뒤의 사람에게 유촉하기 위하여 이 경의 공덕을 말하더라도 오히려 다할 수 없느니라. 요령을 들어 말하건대, 여래의 가지신 법과 여래의 온갖 자재하신 신통의 힘과 여래의 온갖 비밀한 법장과 여래의 매우 깊은 온갖 일을 모두 이 경에서 펴 보이며 드러나게 말씀하였느니라.

⑭ 그러므로 그대들이 여래가 열반한 뒤에 한결같은 마음으로 받아 지니고 읽고 외우고 해설하고 쓰고 말한 대로 닦아 행할 것이니라.

어느 국토에서나 이 경을 받아 지니고 읽고 외우고 해설하고 쓰고 말한 대로 닦아 행하는 이가 있거나, 이 경전이 있는 곳이면 동산이거나 숲속이거나 나무 아래거나 암자에거나 거사의 집에서거나 전각이거나 산골짜기거나 넓은 들에거나 다 탑을 쌓아 공양하여야 하느니라. 왜냐하면 이곳이 곧 도량이니 모든 부처님들이 다 여기에서 아뇩다라삼먁삼보리를 얻었으며, 모든 부처님들이 여기에서 법륜을 굴리며 모든 부처님들이 여기에서 열반에 드시느니라.”

이때 세존께서 이 뜻을 거듭 펴시려고 게송을 말씀하였다.

세상 구원하시는 부처님 큰 신통에 머무르시고 중생들을 기쁘게 하시려고 한량없는 신통의 힘 나투시니 넓은 혀가 범천에 이르고, 몸에서 수 없는 광명을 놓아 불도 구하는 이 위해 이렇게 희유한 일 나타내. 부처님 기침 소리와 손가락 튀기는 소리 시방 세계에 두루 들리며 땅이 여섯 가지로 진동하고 부처님 열반하신 뒤 이 경전 지니므로써 여러 부처님 환희하시어 한량

없는 신통 나타내시며, 이 경전 유촉하려
고 받아 지니는 이 찬탄함이 한량없는 겁
동안에도 오히려 다 할 수 없어, 이 사람
의 짓는 공덕 그지없고 다할 수 없음 마치
시방의 허공 끝난 곳 알 수 없듯이, 이 경
지니는 이는 이미 나를 보았고 또 다보부
처님과 여러 분신 부처님을 보는 것, 또
오늘날 내가 보살을 교화함도 보나니, 그
래서 이 경 지니는 이는 나와 나의 분신과
열반하신 다보불 모두 다 기쁘게 하고, 시
방에 지금 계시는 부처님, 과거와 미래의
모든 부처님 뵙기도 하고 공양도 하여 모
두들 기쁘게 하나니, 부처님들 도량에 앉
아 얻으신 비밀한 법을 이 경 지니는 이도
오래지 않아 얻게 되오리.

이 경전 지니는 이는 모든 법문의 뜻과 이
름과 이야기들을 말 잘하여 다함이 없어
마치 바람이 공중에 불 때 어디나 걸림 없

듯이 여래가 열반한 뒤에 부처님 연설하신 경전의 인연과 차례를 알고 뜻 따라 실상대로 말하면 해와 달의 밝은 빛 모든 어둠을 없이 하듯이, 이 사람 세간에 다니면 중생의 어둠 능히 없애고 한량없는 보살을 교화 끝내고 일승에 머물게 하나니, 그러므로 지혜 있는 이, 이런 공덕과 이익을 듣고 내가 열반한 뒤에도 이 경전 받아 지니라. 이 사람 불도에 이르기 결정코 의심 없나니.

묘법연화경 여래신력품 종

촉루품 제 22

⑮ 그때에 석가모니불이 법상에서 일어나 큰 신통의 힘을 나투어 오른손으로 한량없는 보살마하살의 정수리를 만지시며 이렇게 말씀하였다.

"내가 한량없는 백천만억 아승지 겁 동안에 이 얻기 어려운 아뇩다라삼먁삼보리 법 닦아 익힌 것을, 이제 그대들에게 부촉하노니, 그대들은 마땅히 한결같은 마음으로 이 법을 오래오래 선포하여 널리 퍼지게 하라."

이와 같이 여러 보살마하살의 정수리를 세 번 만지면서 이렇게 말씀하였다. "내가 한량없는 백천만억 아승지 겁 동안에 이 얻기 어려운 아뇩다라삼먁삼보리 법 닦아 익힌 것을 이제 그대들에게 부촉하노니, 그 대들은 이 법을 받아 지니고 읽고 외워서 널리 선포하여 모든 중생으로 하여금 잘 듣고 알게 하라.

왜냐하면, 여래는 큰 자비가 있고 모든 간 탐이 없으며 두려운 바도 없어서 중생에게 부처의 지혜와 여래의 지혜와 자연의 지혜 를 주나니, 여래는 모든 중생의 대시주이 니라. 그대들도 여래의 법을 따라 배우고, 아끼는 생각을 내지 말라.

오는 세상에 만일 선남자 선여인이 여래의 지혜를 믿는 이가 있으면 이 법화경을 연 설하여 듣고 알게 할 것이니, 그 사람으로 하여금 부처의 지혜를 얻게 함이니라. 만 일 어떤 중생이 믿지 아니하면 마땅히 여 래의 다른 깊고 묘한 법에서 보여주고 가 르쳐서 이롭고 기쁘게 하라. 그대들이 만 일 이렇게 하면 모든 부처님의 은혜를 보답함이 되느니라."

이때 여러 보살마하살들이 이러한 부처님의 말씀을 듣고 크게 즐거움이 몸에 가득하여 더욱 공경하며 허리를 굽히고 머리를 숙이며 합장하고 부처님을 향하여 함께 말하였다. "세존의 분부대로 받들어 시행하겠사오니 바라옵건대 세존이시여, 염려하지 마시옵소서."

여러 보살마하살들이 이렇게 세 번 여쭈어서 함께 말하였다. "세존의 분부대로 받들어 시행하겠사오니 바라옵건대 세존이시여, 염려하지 마시옵소서."

이때 석가모니불이 시방에서 오신 여러 분신 부처님들을 본국으로 돌아가게 하려고 이렇게 말씀하였다. "여러 부처님들은 각각 편하실 대로 하시고, 다보여래께서는 아직 그대로 계시옵소서."

이렇게 말씀할 때에 시방에서 오셔서 보배 나무 아래 사자좌에 앉으셨던 한량없는 분신 부처님들과 다보부처님과 상행보살 등 그지없는 아승지 보살대중과 사리불 등 성문사중과 모든 세간의 하늘 사람 아수라들이 부처님 말씀을 듣고 매우 환희하였다.

묘법연화경 촉루품 종

약왕보살본사품 제 23

⑯ 그때에 수왕화보살이 부처님께 사뢰었다. "세존이시여, 약왕보살이 어찌하여 사바세계에 다니나이까. 세존이시여, 이 약왕보살이 얼마나한 백천만억 나유타의 행하기 어려운 고행이 있나이까. 거룩하시어라 세존이시여, 원컨대 간략히 해설하여 주소서. 여러 하늘 용 야차 건달바 아수라 가루라 긴나라 마후라가 사람, 사람 아닌 이들과 다른 국토에서 온 보살들과 이 성문 대중이 들으면 모두 환희하리이다."

이때 부처님이 수왕화보살에게 말씀하였다. "지나간 옛적 한량없는 항하사 겁 전에 부처님이 계셨으니 이름이 일월정명덕 여래 응공 정변지 명행족 선서 세간해 무상사 조어장부 천인사 불 세존이시며, 그 부처님께 팔십억 대보살마하살과 칠십이 항하사 대성문들이 있었느니라.

부처님의 수명은 사만이천 겁이요, 보살의 수명도 그와 같으며, 그 국토에는 여인과 지옥과 아귀와 축생과 아수라들과 여러 가지 어려움이 없고, 땅이 반듯하여 손바닥과 같은데 유리로 이루어졌으며, 보배나무로 장엄하고 보배휘장을 위에 덮었으며, 보배 꽃과 번기를 달았는데 보배로 된 병과 향로가 나라 안에 두루 가득하고, 칠보로 된 대가 있어 나무 하나에 대가 하나씩인데 나무에서 대까지가 활 한 바탕 거리이고, 여러 보배 나무에는 모두 보살과 성문들이 그 아래 앉았으며, 보배로 된 대 위에는 각각 백억 하늘들이 있어 하늘 풍류를 잡히고 노래하며 부처님을 찬탄하여 공양하였느니라.

그때 그 부처님이 일체중생희견보살과 여러 보살 대중, 성문대중을 위하여 법화경을 말씀하였느니라.

이 일체중생희견보살이 고행하기를 좋아하여 일월정명덕부처님의 법 가운데서 정진하고 거닐면서 일심으로 부처되기를 구하여 일만이천 세가 된 뒤에야 온갖 색신을 나타내는 삼매를 얻었느니라.

이 삼매를 얻고는 매우 즐거워서 이렇게 말하였느니라. '내가 온갖 색신을 나타내는 삼매를 얻은 것은 모두 법화경을 들은 힘이니, 내 이제 일월정명덕부처님과 법화경에 공양하리라.'

그리고 곧 이 삼매에 들어 허공 중에서 만다라화와 마하만다라화와 굳고 검은 전단가루를 비 내리니, 허공에 가득하여 구름처럼 내려오고, 또 해차안 전단향을 내리니, 이 향은 육수(六銖)의 값이 사바세계와 맞먹은 것으로 부처님께 공양하였느니라.

⑰ 이렇게 공양하고는 삼매에서 일어나 스스로 생각하기를 '내가 비록 신통의 힘으로 부처님께 공양하였으나 몸으로써 공양함만 같지 못하리라' 하고, 곧 전단향 훈육향 도루바향 필력가향 침수향 교향 등을 먹고, 또 담복 따위 여러 가지 꽃으로 짠 향유 마시기를 일천 이백 년이 되도록 하였으며, 또 향유를 몸에 바르고 일월정명덕부처님 앞에서 하늘의 보배 옷으로 몸을 감고 향유를 붓고, 신통의 힘과 서원으로 스스로 몸을 불사르니 광명이 팔십억 항하사 세계에 두루 비취었느니라.

그 세계에 계시는 부처님들이 한꺼번에 찬탄하시었느니라.

'착하여라, 착하여라. 선남자여, 이것이 진정한 정진이며, 이것이 참으로 법답게 여래께 공양함이니라. 만일 꽃과 향과 영락과 사르는 향, 가루향, 바르는 향과 하늘의 비단 번기와 일산과 해차안의 전단향이나, 이와 같은 여러 가지로 공양하는 것으로는 미칠 수 없으며, 가사 나라나 성시나 처자로 보시하는 것으로도 미칠 수가 없느니라. 선남자여, 이것은 제일가는 보시라 할 것이며, 모든 보시 중에 가장 존귀하고 가장 으뜸이니, 여래에게 법답게 공양하는 연고이니라.' 이렇게 말씀하고는 잠잠하였으며, 그 몸이 일천이백년 동안을 탄 뒤에야 몸이 다 하였느니라.

일체중생희견보살이 이렇게 법공양을 하여 목숨이 다한 뒤에 다시 일월정명덕부처님 국토에 나는데, 정덕왕의 가문에 결가부좌하고 홀연히 화생하였고, 곧 그 아버지를 위하여 게송을 말하였느니라.

천왕이여, 통촉하소서 내가 저곳에서 거닐면서 온갖 색신을 나타내는 삼매를 얻었나이다. 큰 정진을 부지런히 행할 제 사랑하는 몸을 버려 세존께 공양했으니 위없는 지혜 구함이외다.

이 게송을 말하고는 아버지에게 말하였다.

'일월정명덕부처님이 지금도 계시나이다. 내가 먼저 부처님께 공양하고 모든 중생의 말을 아는 다라니를 얻었고, 다시 법화경의 팔백 천만억 나유타 견가라 빈바라 아축바 등 게송을 들었사올세, 내가 지금도 이 부처님께 공양하려 하나이다.'

이렇게 말하고 칠보로 된 대에 앉아 칠 다라수 높이의 허공에 올라가서 부처님 계신 데 이르러 머리를 조아려 발에 예배하고 열 손가락을 모아 게송으로 부처님을 찬탄하였느니라.

존안이 매우 기묘하시고
광명이 시방에 비취나이다

제가 일찍이 공양하였삽더니
이제 또 친근하나이다.

⑱ 이때 일체중생희견보살이 게송을 말하고 부처님께 사뢰었다. '세존이시여, 세존께서 오히려 세상에 계시나이까.'

이때 일월정명덕불이 일체중생희견보살에게 말씀하였다.

'선남자여, 나의 열반할 때가 되었고, 없어질 때가 되었으니, 그대는 평상을 깔아 놓아라. 내가 오늘밤에 열반에 들리라.'

또 일체중생희견보살에게 일렀다.

'선남자여, 내가 불법을 그대에게 부촉하노라. 또 모든 보살 대제자들과 아뇩다라삼먁삼보리법과, 또 삼천대천의 칠보세계와 여러 보배 나무와 보배 대와 시중 드는 하늘들을 모두 그대에게 맡기노라.

내가 열반한 뒤의 사리까지도 그대에게 부

촉하노니, 마땅히 널리 선포하되 공양을
많이 베풀고 여러 천 개의 탑을 쌓으라.'

일월정명덕부처님이 이렇게 일체중생희견
보살에게 분부하시고 밤이 늦은 뒤에 열반
에 드시었느니라.

이때 일체중생희견보살은 부처님의 열반하
심을 보고 비감하고 안타깝고 부처님을 사
모하여 곧 해차안 전단나무로 소산을 만들
어 부처님 시체를 공양하여 사르고, 불이
꺼진 뒤에 사리를 가져다 팔만사천 보배
항하리에 담아 팔만사천 탑을 쌓았으니,
높이가 삼세계요, 찰간으로 장엄하고 번기
와 일산을 드리우며 보배 풍경을 많이 달
았느니라.

이때 일체중생희견보살이 다시 생각하였
다. '내가 비록 이렇게 공양하였으나 마음
이 흡족하지 못하니, 내가 이제 다시 사리
에 공양하리라' 하고 모든 보살 대제자들

과 하늘 용 야차 등 모든 대중에게 말하였다.

'그대들은 마땅히 일심으로 생각하라. 내 이제 일월정명덕 부처님의 사리에 공양하려 하노라.'

이렇게 말하고, 팔만사천 탑 앞에서 백 가지 복으로 장엄한 팔을 칠만 이천 년 동안 태워서 공양하여, 성문을 구하는 수 없는 대중과 한량없는 아승지 사람으로 하여금 아뇩다라삼먁삼보리심을 내고 모두 온갖 색신을 나타내는 삼매에 머물게 하였느니라.

⑲ 그때에 모든 보살과 하늘과 사람과 아수라들이 그의 팔이 없어진 것을 보고 근심하고 슬퍼하면서 이렇게 말하였다.

'이 일체중생희견보살은 우리의 스승이고 우리를 교화하시는 이어늘 이제 팔을 태워

서 몸이 불구가 되었구나.'

그때 일체중생희견보살이 대중 가운데서 이렇게 서원하였다. '내가 두 팔을 버렸으니 반드시 부처님의 금빛 같은 몸을 얻을 것이다. 이 말이 진실하고 허망하지 않을진댄 나의 두 팔이 전과 같아지이다.'

이렇게 서원을 마침에 저절로 두 팔이 이전과 같아졌으니, 이것은 보살의 복덕과 지혜가 순후한 연고이니라.

이때를 당하여 삼천대천세계가 여섯 가지로 진동하며 하늘에서 꽃비를 내려 모든 사람과 하늘들이 미증유 함을 얻었느니라."

부처님이 수왕화보살에게 말씀하였다.

"그대는 어떻게 생각하느냐. 일체중생희견보살은 다른 이가 아니라 지금의 약왕보살이니라. 그 몸을 버려 보시한 것이 이렇게 한량없는 백천만억 나유타이니라.

수왕화보살이여, 아뇩다라삼먁삼보리를 얻으려는 마음을 낸 이는 한 손가락이나 한 발가락을 태워서 부처님 탑에 공양하면, 나라나 도시나 처자나 삼천대천세계의 토지와 산림과 하천이나 모든 보물로 공양하는 것보다 더 나으니라.

만일 어떤 사람이 삼천대천세계에 칠보를 가득히 채워서 부처님과 대보살과 벽지불과 아라한에게 공양하더라도 그 사람의 공덕이 이 법화경의 네 구절, 한 게송만을 받아 지닌 많은 복덕과는 같지 못하느니라.

수왕화보살이여, 마치 모든 시내와 개천과 강들의 모든 물 가운데는 바다가 제일이듯이, 이 법화경도 그와 같아서 여러 여래가 말씀하신 모든 경 가운데 가장 깊고 크니라. 또 토산 흙산 소철위산 대철위산과 열보산 등 모든 산 가운데는 수미산이 제일이듯이, 이 법화경도 그와 같아서 여러 경전 가운데 가장 으뜸이니라. 또 모든 별 가운데는 달이 가장 제일이듯이, 이 법화경도 그와 같아서 천만억 모든 경 가운데 가장 밝게 비춰느니라.

또 해가 능히 모든 어두움을 없애듯이, 이 경도 그와 같아서 온갖 착하지 못한 어두움을 능히 깨뜨리느니라. 또 모든 작은 왕들 가운데는 전륜성왕이 가장 제일이듯이, 이 경도 그와 같아서 여러 경 가운데 가장 존중하니라. 또 제석천왕이 삼십삼천 가운데 왕이 되듯이 이 경도 그와 같아서 모든 경 가운데 왕이니라. 또 대범천왕이 모든 중생의 아버지이듯이, 이 경도 그와 같아서 모든 현인 성인과 학·무학과 보살의 마음을 낸 이의 아버지이니라.

또 모든 범부들 가운데는 수다원 사다함 아나함 아라한 벽지불이 제일이 되듯이,

이 경도 그와 같아서 모든 여래가 말하고 보살이 말하고 성문이 말한 여러 경법 가운데 가장 제일이 되고 이 경전을 능히 받아 지니는 이도 그와 같아서 모든 중생 가운데 제일이 되느니라.

모든 성문 벽지불 가운데는 보살이 제일이듯이, 이 경도 그와 같아서 모든 경법 가운데 가장 제일이 되느니라.

부처님이 모든 법의 왕이듯이, 이 경도 그와 같아서 모든 경 가운데 왕이 되느니라.

⑳ 수왕화여, 이 경은 능히 모든 중생을 구원하는 것이며, 이 경은 모든 중생으로 하여금 모든 괴로움을 여의게 하며, 이 경은 모든 중생들을 이익하게 하여 그 소원을 만족케 하느니라.

마치 서늘한 못이 모든 목마른 이를 만족케 함과 같으며, 추운 이가 불을 얻음과 같으며, 헐벗은 이가 옷을 얻은 것 같으며, 장사꾼이 상주를 만남과 같으며, 아들이 어머니를 만남과 같으며, 물 건너는 이가 배를 만남과 같으며, 병난 이가 의사를 만남과 같으며, 어두울 적에 등불을 얻음과 같으며, 가난한 이가 보물을 얻음과 같으며, 백성이 임금을 만남과 같으며, 장사치가 바다를 만남과 같으며, 햇불이 어두움을 없앰과 같듯이 이 법화경도 그와 같아서 중생으로 하여금 모든 고통과 모든 병을 여의게 하며 모든 중생의 속박을 풀어주느니라.

어떤 사람이 이 법화경을 듣고 제가 쓰거나 사람을 시켜 쓰면 그 얻는 공덕은 부처님의 지혜로 그 수효를 계산하여도 그 끝을 다할 수 없느니라.

만일 이 경을 쓰고 꽃 향 영락 사르는 향, 가루향, 바르는 향, 번기 일산 의복과 갖

가지 등인 우유등 기름등 향유등, 담복기
름등, 수만나 기름등, 바라라 기름등, 바리
사가 기름등, 나바마리 기름등으로 공양하
면 얻는 공덕이 한량없느니라.

수왕화여, 어떤 사람이 이 약왕보살본사품
을 들으면 이는 한량없고 그지없는 공덕을
얻을 것이며, 만일 여인이 이 약왕보살본
사품을 듣고 능히 받아 지니면, 이번 받은
여인의 몸을 다한 후에는 다시 받지 아니
하리라. 만일 여래가 열반한 뒤 후 오백년
가운데 어떤 여인이 이 경전을 듣고 말한
대로 수행하면 여기서 명을 마치고는 곧
극락세계의 아미타불이 보살대중에게 둘러
싸인 곳에 가서 연꽃 속에 있는 보좌 위에
나게 되느니라.

㉑ 다시는 탐욕의 이아침(괴로움)도 되지
않고, 성내고 어리석음의 이아침도 되지
않고, 교만과 질투 따위의 이아침도 되지

않으며, 보살의 신통과 무생법인을 얻으며, 이 법인을 얻고는 눈이 청정하게 되며, 이 청정한 눈으로 칠백만 이천억 나유타 항하사의 부처님 여래를 뵈옵느니라.

이때 부처님들이 멀리서 함께 칭찬하였다.

'착하여라, 착하여라. 선남자여, 그대가 능히 석가모니 불법 가운데서 이 경을 받아지녀 읽고 외우고 생각하며 다른 이에게 해설하나니, 얻는 복덕이 한량없고, 그지없으며 불이 태우지 못하고 물이 빠뜨리지 못하며, 그대의 공덕을 일천 부처님이 함께 말씀하여도 능히 다 하지 못하리라.

그대는 이미 모든 마군을 깨뜨렸으며, 생사의 군대를 파하였으며, 모든 원수와 대적을 꺾어 버렸느니라.

선남자여, 백천 부처님들이 신통의 힘으로 그대를 수호하나니, 모든 세간의 하늘 사람들 중에 그대와 같을 이가 없느니라. 오직 여래를 제외하고는 여러 성문이나 벽지불이나 내지 보살의 지혜와 선정으로는 그대와 대등할 이가 없느니라.

수왕화여, 이 보살이 이와 같은 공덕과 지혜의 힘을 성취하였느니라. 어떤 사람이 이 약왕보살본사품을 듣고 능히 따라 기뻐하고 찬탄하는 이가 있으면 입에서 청련화 향기가 항상 나고 몸에는 털구멍으로 우두전단 향기가 항상 날 것이며 얻는 공덕은 위에 말함과 같으리라. 그러므로 수왕화여, 이 약왕보살본사품을 그대에게 부촉하노니, 내가 열반한 뒤 후 오백년 동안에 널리 남섬부주에 선포하여 끊어지지 말게 하며, 나쁜 마군과 마의 백성과, 하늘 용 야차 구반도들이 그 짬을 얻지 못하게 하라.

수왕화여, 그대는 마땅히 신통의 힘으로 이 경을 수호해야 하리니, 왜냐하면 이 경은 남섬부주 사람들의 병에 좋은 약이 되느니라. 만일 병 있는 사람이 이 경을 들으면 병이 곧 소멸하여 늙지도 않고 죽지도 않으리라.

수왕화여, 그대가 만일 이 경을 받아 지니는 이를 보거든 마땅히 청련화에 가루향을 가득 담아 그 위에 흩어 공양할 것이며, 흩고는 다시 생각하기를 '이 사람이 멀지 않아서 길상초를 깔고 도량에 앉아서 마군을 파할 것이며, 법소라를 불고 큰 법고를 쳐서 모든 중생의 늙고 병들고 죽는 바다에서 해탈케 하리라.'

그러므로 부처의 도를 구하는 이는 이 경전을 받아 지니는 이를 보고는 마땅히 이렇게 공경하는 마음을 내야 하느니라."

이 약왕보살본사품을 말씀할 때에 팔만사천 보살이 모든 중생의 말을 아는 다라니를 얻었다.

다보여래가 보탑 가운데서 수왕화보살을 찬탄하였다. '착하여라 착하여라. 수왕화여, 그대는 불가사의한 공덕을 성취하였으니, 능히 능히 석가모니불께 이런 일을 물어서 한량없는 모든 중생을 이익케 하였느니라."

묘법연화경 약왕보살본사품 종

묘법연화경 제 6권 종

묘법연화경 제 7권

묘음보살품 제 24

① 그때에 석가모니불이 어른다운 몸매인 살상투의 광명과 미간 백호상의 광명을 놓아 동방으로 백팔만억 나유타 항하사의 부처님 세계를 비추었다.

이러한 세계를 지나가서 또 세계가 있으니 이름이 정광장엄이요, 그 세계에 부처님이 계시니 이름이 정화수왕지여래 응공 정변지 명행족 선서 세간해 무상사 조어장부 천인사 불 세존이시라, 한량없고 그지없는 보살대중에게 둘려 싸이어 공경을 받으면서 법을 말씀하시는데, 석가모니불의 백호상의 광명이 그 국토에 두루 비춰었다.

이때 일체정광장엄 세계에 한 보살이 있으니 이름이 묘음이라. 오래 전부터 모든 덕의 근본을 심었으며, 한량없는 백천만억부처님께 공양하고 친근하면서 매우 깊은 지혜를 다 성취하였다.

묘당상삼매, 법화삼매, 정덕삼매, 수왕희삼매, 무연삼매, 지인삼매, 해일체중생어언삼매, 집일체공덕삼매, 청정삼매, 신통유희삼매, 혜거삼매, 장엄왕삼매, 정광명삼매, 정장삼매, 불공삼매, 일선삼매를 얻어 이러한 백천만억 항하사의 모든 대삼매를 얻었다.

석가모니부처님 광명이 그 몸에 비취이매 곧 정화수왕지부처님께 사뢰었다.

"세존이시여, 제가 사바세계에 가서 석가모니불께 예배하고 친근하고 공양하려 하오며 또 문수사리법왕자보살, 약왕보살, 용시보살, 수왕화보살, 상행의보살, 장엄왕보살, 약상보살을 뵈오려 하나이다."

이때 정화수왕지불이 묘음보살에게 말씀하였다.

"그대는 저 국토를 업신여겨서 하열하다는 생각을 내지 말라. 선남자여, 저 사바세계는 높고 낮고 하여 평탄하지 못하고, 흙산 돌산에 더러운 것이 가득하였으며, 부처님 몸이 작고, 보살들의 형상도 작은데, 그대의 몸은 사만이천 유순이고, 내 몸은 육백팔십만 유순이며, 그대의 몸은 가장 단정하여 백천만 복덕에 광명이 특수하니라.

그러므로 그대가 가더라도 그 국토를 업신여기지 말고, 부처님과 보살과 국토에 대하여 하열하다는 생각을 내지 말라."

묘음보살이 그 부처님께 사뢰었다.

"세존이시여, 제가 지금 사바세계에 가는 것은 다 여래의 힘이오며, 여래의 신통으로 유희함이오며, 여래의 공덕과 지혜로 장엄함이니라."

이에 묘음보살이 자리에서 일어나지 않고 몸을 동요하지 않고 삼매에 들었다. 삼매의 힘으로 기사굴산의 설법하는 사자좌에서 멀지 않은 곳에 팔만사천의 보배 연화를 변화하여 만들었으니, 염부단금으로 줄기가 되고, 백은으로 잎이 되고, 금강으로 꽃술이 되고 견숙가보배로 꽃받침이 되었다.

이때 문수사리법왕자가 이 연화를 보고 부처님께 사뢰었다. "세존이시여, 무슨 인연으로 이 상서가 나타나니까. 수많은 천만 연화가 생기어, 염부단금으로 줄기가 되고 백은으로 잎이 되고, 금강으로 꽃술이 되고 견숙가 보배로 꽃받침이 되었나이다."

② 이때 석가모니불이 문수사리에게 말씀하였다. "이는 묘음보살마하살이 정화수왕불의 국토에서 팔만사천 보살에게 둘러싸

여 이 사바세계에 와서 나에게 공양하고 친근하고 예배하려는 것이며, 또 법화경을 공양하고 들으려는 것이니라."

문수사리보살이 부처님께 사뢰었다.

"세존이시여, 그 보살이 어떠한 선근을 심었으며 무슨 공덕을 닦았기에 이런 큰 신통력이 있으며, 무슨 삼매를 행하나이까. 저희들에게 그 삼매의 이름을 말씀하여 주옵소서. 저희들도 부지런히 닦으려 하나이다. 이 삼매를 수행하고야 그 보살의 몸매의 크고 작음과 가고 서는 위의를 볼 수 있겠나이다. 바라옵건대 세존께서 신통의 힘으로 그 보살을 오게 하여 저희들이 보게 하소서."

이때 석가모니불이 문수사리에게 말씀하였다. "오래 전에 열반하신 다보여래께서 그대들을 위하여 그 모습을 나타나게 하시리라."

이때 다보여래가 그 보살에게 말씀하였다.

"선남자여, 오너라. 문수사리법왕자가 그대의 몸을 보고자 하느니라."

이때 묘음보살이 그 국토에서 없어져서 팔만사천 보살들과 함께 떠나서 오는데, 지나오는 국토들이 여섯 가지로 진동하고, 모두 칠보 연꽃을 비 내리며 백천 가지 하늘 풍류는 잡히는 이가 없는데 저절로 울리었다.

이 보살의 눈은 넓고 청련화와 같으며, 가령 백천만 개의 달을 화합하더라도 그 얼굴의 단정하기는 이보다도 더 지나가며, 몸은 황금빛인데 한량없는 백천 공덕으로 장엄하였고, 위덕이 훌륭하고 광명이 찬란하여 여러 가지 모습을 구족한 것이 나라연의 견고한 몸과 같았다.

칠보로 된 대에 들어가 허공으로 올라가서

일곱 다라수 쯤 떠서 보살대중의 공경을 받으며 둘러 싸여서 오더니, 이 사바세계의 기사굴산에 이르러서는 칠보로 된 대에서 내려와 값이 백천만 금이나 가는 영락을 가지고 석가모니부처님 계신데 이르러 머리를 조아려 발에 예배하고 영락을 받들어 올리면서 부처님께 사뢰었다. "세존이시여, 정화수왕지부처님이 세존께 문안하시더이다.

'병이 없으시고 시끄러움이 없나이까. 기거하시기 편안하시고 안락하게 행하나이까. 사대가 고르고 화평하나이까. 세상일이 견딜만 하나이까. 중생들도 제도하기 쉬우나이까. 탐욕이 많고 성냄이 많고 어리석고 질투하고 간탐하고 교만이 많은 이는 없나이까. 부모에게 불효하고 사문을 공경치 않고 삿된 소견과 불선한 마음을 가진 이가 없나이까. 다섯 가지 정욕을 거두어들이나이까.

세존이시여, 중생들이 마군과 원수를 잘 항복 받나이까. 오래 전에 열반하신 다보여래께서 칠보탑 속에 계시며 와서 법을 듣나이까.

또 다보여래께 문안하기를, 안녕하시고 시끄러움이 없으시며 견디시며 오래 머무시나이까' 하시더이다. 세존이시여 제가 지금 다보부처님 몸을 뵈오려 하오니, 원컨대 세존께서 저로 하여금 뵈옵게 하옵소서."

이때 석가모니불이 다보부처님께 말씀하셨다. "이 묘음보살이 뵈옵고자 하나이다."

이때 다보부처님이 묘음보살에게 말씀하셨다. "착하여라, 착하여라. 그대가 석가모니불께 공양하고 법화경을 듣고, 문수사리를 보기 위하여 여기 왔구나."

③ 그때 화덕보살이 부처님께 사뢰었다.

"세존이시여, 이 묘음보살이 무슨 선근을 심었으며 무슨 공덕을 닦았기에 이런 신통의 힘이 있나이까."

부처님이 화덕보살에게 말씀하였다.

"지난 세상에 부처님이 계시었으니 이름이 운뢰음왕 다타아가도 아라하 삼먁삼불타이시고, 국토의 이름은 현일체세간이고, 겁의 이름은 희견이었느니라. 묘음보살이 일만 이천년 동안을 십만 가지 풍류로 운뢰음왕불께 공양하고 팔만사천 칠보로 바리때를 받들어 올렸느니라. 그 인연과 과보로 지금 정화수왕지부처님 국토에 났으므로 이런 신통의 힘이 있느니라.

화덕이여, 어떻게 생각하느냐. 그때 운뢰음왕부처님 계신 데서 묘음보살이 풍류로 공양하고 바리때를 받든 이가 어찌 다른 사람이랴, 지금의 묘음보살마하살이니라.

화덕이여, 이 묘음보살이 이미 한량없는 부처님들께 공양하고 친근하여 오래도록 덕의 근본을 심었고, 또 항하사 등의 백천만억 나유타 부처님을 만났느니라.

화덕이여, 그대가 묘음보살의 몸이 여기 있는 줄로만 보거니와, 이 보살이 갖가지 몸을 나타내어 여러 곳에서 모든 중생들을 위하여 이 경전을 해설하느니라.

범천왕의 몸도 나투고, 제석천왕의 몸도 나투고, 자재천의 몸도 나투고, 대자재천의 몸도 나투고, 하늘 대장군의 몸도 나투고, 비사문천왕의 몸도 나투며, 혹은 전륜성왕의 몸도 나투고, 작은 왕의 몸도 나투고, 장자의 몸도 나투고, 거사의 몸도 나투고, 재상의 몸도 나투고, 바라문의 몸도 나투고, 혹 비구 비구니 우바새 우바이의 몸도 나투며, 혹 장자의 부인의 몸도 나투고, 거사의 부인의 몸도 나투고, 재상의 부인의 몸도 나투고, 바라문의 부인의 몸도 나투고, 혹 동남동녀의 몸도 나투며 혹 하늘 용 야차 건달바 아수라 가루라 긴나라 마후라가 사람, 사람 아닌 이들의 몸도 나투어서 이 경을 말하느니라. 모든 지옥과 아귀와 축생과 여러 어려운 곳에서 모두 능히 구제하며, 내지 임금의 후궁에서는 여자의 몸으로 변하여서 이 경을 말하느니라.

④ 화덕이여, 이 묘음보살은 사바세계의 모든 중생들을 구호하는 이이니, 이 묘음보살이 이와 같은 가지가지로 변화하는 몸을 나타내어 이 사바세계에 있어 중생들에게 이 경전을 말하지마는, 그 신통변화와 지혜는 조금도 감손하지 않으며, 이 보살이 많은 지혜로 사바세계를 비추어 모든 중생들로 하여금 각각 알만한 것을 알게 하며, 시방의 항하사 세계에서도 역시 그

렇게 하느니라.

만일 성문의 몸으로 제도할 이에게는 성문의 몸을 나타내어 법을 말하고, 벽지불의 몸으로 제도할 이에게는 벽지불의 몸을 나타내어 법을 말하고, 보살의 몸으로 제도할 이에게는 보살의 몸을 나타내어 법을 말하고, 부처의 몸으로 제도할 이에게는 부처의 몸을 나타내어 법을 말하나니, 이렇게 여러 가지 제도할 바를 따라서 몸을 나타내며, 내지 열반함으로써 제도할 이에게는 열반함을 나타내느니라.

화덕이여, 묘음보살마하살이 큰 신통과 지혜의 힘을 성취한 일이 이와 같느니라."

이때 화덕보살이 부처님께 사뢰었다.

"세존이시여, 이 묘음보살이 선근을 깊이 심었나이다. 세존이시여, 이 보살이 무슨 삼매에 머물렀기에 이렇게 있는 곳마다 변화하여 나타나서 중생을 제도하나이까."

부처님이 화덕보살에게 말씀하였다.

"선남자여, 그 삼매의 이름은 온갖 색신을 나타내는 삼매라 하나니, 묘음보살이 이 삼매에 머물렀으므로 이렇게 한량없는 중생을 이익케 하느니라."

이 묘음보살품을 말씀할 때에 묘음보살과 함께 왔던 팔만사천 사람들은 온갖 색신을 나타내는 삼매를 얻었고, 이 사바세계의 한량없는 보살도 역시 이 삼매와 다라니를 얻었다. 그때에 묘음보살마하살이 석가모니불과 다보불탑에 공양함을 마치고 본국으로 돌아가는데, 지나가는 국토들이 여섯 가지로 진동하고, 보배 연꽃을 비 내리며, 백천만억의 온갖 풍류를 잡히었다.

본국에 돌아가서는 팔만사천 보살에게 둘러싸여 정화수왕지부처님 계신데 이르러 부처님께 사뢰었다.

"세존이시여, 제가 사바세계에 가서 중생을 이익케 하며, 석가모니 부처님을 뵈오며, 다보불탑을 뵈옵고 예배하며 공양하였삽고, 또 문수사리법왕자보살을 보았사오며, 겸하여 약왕보살과 득근정진력보살과 용시보살들을 보았고, 이 팔만사천 보살들로 하여금 온갖 색신을 나타내는 삼매를 얻게 하였나이다."

이 묘음보살내왕품을 말할 때에 사만이천 천자가 무생법인을 얻었고, 화덕보살은 법화삼매를 얻었다.

묘법연화경 묘음보살품 종

관세음보살보문품 제 25

⑤ 그때에 무진의보살이 자리에서 일어나 오른 어깨를 드러내고 합장하고 부처님을 향하여 이렇게 말하였다.

"세존이시여, 관세음보살은 무슨 인연으로 관세음이라 하나이까."

부처님이 무진의 보살에게 말씀하셨다.

"선남자여, 만일 한량없는 백천만억 중생이 모든 괴로움을 받을 적에 이 관세음보살의 이름을 듣고 일심으로 관세음보살을 일컬으면 곧 그 음성을 관찰하고 다 해탈케 하느니라. 이 관세음보살의 이름을 지니는 이는 설사 큰 불에 들어가도 불이 능히 태우지 못하나니, 이 보살의 위엄과 신력을 말미암음이니라.

큰물에 떠내려가더라도 그 이름을 일컬으면 곧 얕은 곳을 얻게 되며, 만일 백천만억 중생이 금 은 유리 차거 마노 산호 호박 진주 등 보배를 구하려고 큰 바다에 들어갔다가 가령 폭풍에 불려 그 배가 나찰들의 나라에 표착하였을 적에, 그 가운데 한 사람이라도 관세음보살의 이름을 일컫는 이가 있으면 여러 사람들이 모두 나찰의 난을 벗어나게 되나니, 이런 인연으로 관세음이라 하느니라.

또 어떤 사람이 해를 입게 되었을 적에 관세음보살의 이름을 일컬으면 그들이 가진 칼과 작대기가 조각조각 부서져서 벗어나게 되느니라.

만일 삼천대천세계에 가득한 야차와 나찰들이 와서 사람을 괴롭히려 하다가도 그 사람이 관세음보살의 이름을 일컬음을 들으면 이 악귀들이 흉악한 눈으로 보지도 못하겠거든 하물며 해할 수가 있으랴.

또 어떤 사람이 죄가 있거나 죄가 없거나 간에 수갑과 고랑과 칼과 사슬이 그 몸을 속박하였더라도 관세음보살의 이름을 일컬으면 모두 부서지고 끊어져서 벗어나게 되느니라.

만일 삼천대천세계에 도적이 가득 찼는데, 어떤 장사꾼 두목이 귀중한 보물을 가진 장사꾼들을 데리고 험난한 길을 지나갈 적에, 그중에 한 사람이 말하기를 '선남자들아, 무서워하지 말고 그대들은 일심으로 관세음보살의 이름을 일컬으라. 이 보살은 능히 중생들의 두려움을 없애주나니, 그대들이 그 이름만 일컬으면 이 원수인 도적들의 난을 벗어나게 되리라' 하여, 여러 장사꾼들이 듣고 함께 소리를 내어 '나무 관세음보살' 하면 그 이름을 일컬은 연고로 곧 벗어나게 되느니라.

무진의여, 관세음보살마하살의 위엄과 신력이 이렇게 어마어마하니라.

⑥ 어떤 중생이 음욕이 많더라도 항상 관세음보살을 생각하고 공경하면 문득 음욕을 여의게 되느니라.

만일 성내는 마음이 많더라도 항상 관세음보살을 생각하고 공경하면 문득 성내는 마음을 여의게 되느니라.

만일 어리석은 마음이 많더라도 항상 관세음보살을 생각하고 공경하면 문득 어리석음을 여의게 되느니라.

무진의여, 관세음보살은 이러한 큰 위엄과 신력이 있어 이익케 하나니, 그러므로 중생들은 항상 마음으로 생각할 것이니라.

어떤 여인이 아들을 낳기 위하여 관세음보살께 예배하고 공양하면 문득 복덕 많고 지혜 있는 아들을 낳게 되느니라.

딸을 낳기 원하면 문득 단정하고 잘생긴 딸을 낳으리니, 전세에 덕의 근본을 심었으므로 모든 사람이 사랑하고 공경하리라.

무진의여, 관세음보살은 이와 같은 힘이 있느니라.

만일 중생이 관세음보살께 공경하고 예배하면 복이 헛되지 않으리니, 그러므로 중생들은 모두 관세음보살의 이름을 받아 지닐 것이니라.

무진의여, 어떤 사람이 육십이억 항하사 보살의 이름을 받아 지니고, 또 몸이 마치도록 음식과 의복과 침구와 의약으로 공양한다면 그대는 어떻게 생각하느냐. 이 선남자 선여인의 공덕이 많겠느냐."

무진의 보살이 말하였다.

"매우 많겠나이다. 세존이시여."

부처님이 말씀하였다.

"만일 어떤 사람이 관세음보살의 이름을 받아 지니고 한 때 만이라도 예배하고 공양하면, 이 두 사람의 복이 꼭같고 다름이 없어서 백천만억 겁에 이르러도 다하지 아니하리라.

무진의여, 관세음보살의 이름을 받아 지니면, 이와 같이 한량없고 그지없는 복덕의 이익을 얻느니라."

무진의 보살이 부처님께 사뢰었다.

"세존이시여, 관세음보살이 어떻게 이 사바세계에 다니며, 어떻게 중생을 위하여 법을 말하며, 방편의 힘은 어떠하나이까."

부처님이 무진의보살에게 말씀하였다.

"선남자여, 어떤 국토의 중생으로 부처의 몸으로서 제도할 이에게는 관세음보살은 부처 몸을 나타내어 법을 말하고, 벽지불의 몸으로 제도할 이에게는 벽지불의 몸을

나타내어 법을 말하고, 성문의 몸으로 제
도할 이에게는 성문의 몸을 나타내어 법을
말하느니라.

범천왕의 몸으로 제도할 이에게는 범천왕
의 몸을 나타내어 법을 말하고, 제석천왕
의 몸으로 제도할 이에게는 제석천왕의 몸
을 나타내어 법을 말하고, 자재천의 몸으
로 제도할 이에게는 자재천의 몸을 나타내
어 법을 말하고, 대자재천의 몸으로 제도
할 이에게는 대자재천의 몸을 나타내어 법
을 말하고, 하늘 대장군의 몸으로 제도할
이에게는 하늘 대장군의 몸을 나타내어 법
을 말하고, 비사문의 몸으로 제도할 이에
게는 비사문의 몸을 나타내어 법을 말하느
니라.

작은 왕의 몸으로 제도할 이에게는 작은
왕의 몸은 나타내어 법을 말하고, 장자의
몸으로 제도할 이에게는 장자의 몸을 나타

내어 법을 말하고, 거사의 몸으로 제도할 이에게는 거사의 몸을 나타내어 법을 말하고, 재상의 몸으로 제도할 이에게는 재상의 몸을 나타내어 법을 말하고, 바라문의 몸으로 제도할 이에게는 바라문의 몸을 나타내어 법을 말하느니라.

비구 비구니 우바새 우바이의 몸으로 제도할 이에게는 비구 비구니 우바새 우바이의 몸을 나타내어 법을 말하고, 장자 거사 재상 바라문의 부인의 몸으로 제도할 이에게는 부인의 몸을 나타내어 법을 말하고, 동남동녀의 몸으로 제도할 이에게는 동남동녀의 몸을 나타내어 법을 말하느니라.

하늘 용 야차 건달바 아수라 가루라 긴나라 마후라가 사람, 사람 아닌 이들의 몸으로 제도할 이에게는 다 그 몸을 나타내어 법을 말하고, 집금강신으로 제도할 이에게는 집금강신을 나타내어 법을 말하느니라.

무진의여, 이 관세음보살이 이와 같은 공덕을 성취하고 가지가지 형상으로 여러 국토에 다니면서 중생을 제도하여 해탈케 하나니, 그러므로 그대들은 마땅히 한결같은 마음으로 관세음보살께 공양해야 하느니라.

이 관세음보살마하살이 무섭고 급한 환난 가운데서 두려움이 없게 하나니, 그러므로 이 사바세계에서 모두 그를 이름하여 두려움이 없도록 시주하는 이라 하느니라."

⑦ 무진의보살이 부처님께 사뢰었다.

"세존이시여, 제가 지금 관세음보살께 공양하겠나이다."

그리고 곧 목에 장식하였던 영락의 값이 백천 금이나 되는 것을 끌러서 드리면서 이렇게 말하였다. "당신이시여, 이 법으로 보시하는 보배영락을 받으옵소서."

이때에 관세음보살은 받지 않으려 하거늘, 무진의가 다시 관세음보살께 말하였다.

"당신이시여, 우리를 어여삐 여기시어 이 영락을 받으소서."

이때 부처님이 관세음보살에게 말씀하였다. "마땅히 이 무진의보살과 사부대중과 하늘 용 야차 건달바 아수라 가루라 긴나라 마후라가 사람, 사람 아닌 이들을 어여삐 여겨서 이 영락을 받으라."

곧 그때 관세음보살이 사부대중과 하늘 용 사람, 사람 아닌 이들을 어여삐 여겨서 그 영락을 받아 두 몫으로 나누어 한 몫은 석가모니불께 받들고 한 몫은 다보불탑에 받들었다.

"무진의여, 관세음보살은 이렇게 자유자재한 신통의 힘이 있어 사바세계에 다니느니라."

이때에 무진의보살이 게송으로 물었다.

세존께서 묘한 상호 갖추시오니, 제가 지금 저 일을 묻자옵니다. 불자가 어떠한 인연으로써 관세음보살이라 이르나이까.

묘한 상호 갖추신 세존께옵서 게송으로 무진의에게 대답하시되, 그대가 관세음의 행을 들으라. 곳을 따라 마땅하게 응하느니라. 큰 서원은 바다와 같이 깊었고 헤아릴 수가 없는 여러 겁 동안 여러 천억 부처님 모셔 받들며 천정한 큰 서원을 세웠느니라. 내 이제 그대에게 대강 말하니, 그 이름을 듣거나 몸을 보거나 마음에 생각하고 헛되지 않으면 모든 세상 괴로움 소멸하리니, 어떤 이가 해치려는 생각을 품고 불구렁에 밀어서 떨어뜨려도 관세음을 염하는 거룩한 힘이 불구렁을 못으로 변하게 하고, 큰 바다에 빠져서 떠내려 갈제 용과 고기 귀신의 난을 만나도 관세음을 염하는

거룩한 힘이 파도가 빠뜨리지 못하게 하
고, 수미산 봉우리에서 있을 적에 어떤 이
가 밀어서 떨어뜨려도 관세음을 염하는 거
룩한 힘이 해와 같이 허공에 떠있게 하고,
흉악한 사람에게 쫓겨 가다가 금강산에 떨
어져 굴러 내려도 관세음을 염하는 거룩한
힘이 털 하나도 손상치 못하게 하고, 원수
인 도적에게 둘러싸여서 제각기 칼을 들고
해하려 해도 관세음을 염하는 거룩한 힘이
모두 다 자비한 맘 생기게 하고, 어쩌다가
국법에 걸려 들어서 사형을 집행하여 죽게
되어도 관세음을 염하는 거룩한 힘에 칼날
이 조각조각 부수어지고, 옥중에 갇히어서
큰 칼을 쓰고 손발에 고랑 차꼬를 채웠더
라도 관세음을 염하는 거룩한 힘에 저절로
시원하게 해탈케 되고, 방자히 저주하며
독한 약으로 나의 몸을 해치려하는 자라도
관세음을 염하는 거룩한 힘이 도리어 그
사람을 해하게 되고, 흉악한 나찰이나 독

한 용이나 여러 가지 악귀들 만나더라도 관세음을 염하는 거룩한 힘이 그것들이 해하지 못하게 하고, 영악한 짐승들에 둘러싸이어 험상한 이와 발톱 무섭더라도 관세음을 염하는 거룩한 힘이 끝없는 먼 곳으로 도망케 하고, 산 무애 살무사와 독사와 전갈 독기가 불꽃처럼 내뿜더라도 관세음을 염하는 거룩한 힘이 소리 듣고 스스로 피하여 가고, 검은 구름 천동에 번개 치면서 우박과 소나기가 퍼붓더라도 관세음을 염하는 거룩한 힘이 잠시간에 흩어져 걷히게 되고 중생들이 곤액과 핍박을 받아 한량없는 괴로움 닥치더라도 관세음의 기묘한 지혜의 힘이 세간에 모든 고통 구해주나니,

⑧ 신통하고 묘한 힘 모두 갖추고 지혜의 방편까지 널리 닦아서 시방의 모든 세계 어디서든지 갖가지 몸 나투지 않는데 없어 가지가지 험하고 나쁜 갈래인 지옥과 아귀

들과 축생에까지 나고 늙고 병들고 죽는 고통을 차츰차츰 모두 다 없애버리네. 참된 관찰 청정한 관찰이오며 넓고 크신 지혜로 관찰하심과 가엾이 관찰함과 인자한 관찰 언제나 원하옵고 앙모합니다.

때 없이 청정하고 밝은 광명이 해와 같은 지혜로 어둠 깨치고 풍재와 화재들을 굴복시키고 골고루 밝은 빛이 세상 비추니 대비는 체가 되고 계행은 우레, 인자하온 마음은 묘한 큰 구름 감로 같은 법비를 뿌려 내려서 번뇌의 더운 불꽃 소멸하오며, 송사하고 다투는 관청에서나 무섭고 겁이 나는 진중에서도 관세음을 염하는 거룩한 힘이 원수들을 물리쳐 흩어버리네. 미묘한 음성이신 관세음이여, 범천왕의 음성과 조수의 음성 세간의 음성보다 동 뜨시오니, 그러므로 언제나 생각들하고 잠시라도 의심을 내지 말아요. 관세음보살님의 청정한 성(聖)이 괴로움과 번뇌와 죽는 액운에 능히 믿고 의지할 데가 됩니다. 여러 가지 공덕을 다 갖추시고 자비하신 눈으로 중생을 보며 복 더미 바다 같이 한량없나니, 그러므로 머리 조아려 예배하시오.

그때에 지지보살이 자리에서 일어나 부처님 앞에 나아가 사뢰었다. "세존이시여, 만일 중생으로서 이 관세음보살품의 자재하신 사업과, 넓은 문으로 나타내시는 신통의 힘을 듣는 이가 있으면, 이 사람의 공덕이 적지 아니함을 알겠나이다."

부처님이 이 보문품을 말씀하실 때에 팔만 사천 중생들이 모두 견줄이 없으면서 같은 아뇩다라삼먁삼보리심을 내었다.

묘법연화경 관세음보살보문품 종

다라니품 제 26

⑨ 그때에 약왕보살이 자리에서 일어나 오른 어깨를 드러내고 부처님을 향하여 사뢰었다. "세존이시여, 선남자 선여인으로서 법화경을 받아 지니는 이가 읽거나 외우거나 통달하거나 경책을 쓴다면 얼마나 많은 복을 받겠나이까."

부처님이 약왕보살에게 말씀하였다.

"만일 선남자 선여인이 팔백만억 나유타 항하사의 보살에게 공양하였다면, 어떻게 생각하느냐. 그의 얻는 복덕이 많다 하겠느냐."

"매우 많겠나이다. 세존이시여,"

부처님이 말씀하였다. "만일 선남자 선여

인이 이 경에서 네 구절로 된 한 게송만을
받아 지니고 읽고 외우고 뜻을 해설하며
말한 대로 수행하면 그 공덕이 더욱 많으
니라."

이때 약왕보살이 부처님께 사뢰었다.

"세존이시여, 제가 이제 법을 말하는 이에
게 다라니 주문을 주어 수호하겠나이다."

곧 주문을 말하였다.

안니 만니 마네 마마네 지례 차리제 샤먀 샤
리다위 선뎨 목뎨 목다리 사리 아위사리 상
리 사리 사예 아사예 아기니 선뎨 샤리 다라
니 아로가바 사파자비사니 네비뎨 아변다라네
리뎨 아단다파례수디 우구례 무구례 아라례
파라례 수가차 아삼마삼리 붓다비기리질뎨 달
마파리차례 싱가녈구사례 바사바사 수디 만다
라 만다라사야다 우루다 우루 다교사랴 악사
라 악사야다야 아바로 아마야나다야

"세존이시여, 이 다라니 신주는 육십이억 항하사 부처님들이 말씀한 것이니, 만일 이 법사를 침노하여 훼손하는 이가 있으면 그는 곧 이 여러 부처님을 침노하여 훼손함이 되나이다."

이때 석가모니부처님이 약왕보살을 찬탄하였다. "착하여라, 착하여라. 약왕이여, 그대가 이 법사를 어여삐 여기고 옹호하기 위하여 이 다라니를 말하니 이익함이 많으니라."

이때 용시보살이 부처님께 사뢰었다.

"세존이시여, 저도 법화경을 읽고 외우고 받아 지니는 이를 옹호하기 위하여 다라니를 말하겠나이다. 이 법사가 이 다라니를 얻으면 야차나 나찰이나 부단나나 길자나 구반도나 아귀 등이 그의 부족한 짬을 엿보아도 얻지 못하리이다."

곧 부처님 앞에서 주문을 말하였다.

자례 마하자례 욱기 목기 아례 아바라제 널례제 널례다바제 이디니 위디니 지디니 널례지니 널리지바디

"세존이시여, 이 다라니 신주는 항하사와 같은 부처님들의 말씀하신 바이며, 모두 따라서 기뻐하는 것이니, 만일 이 법사를 침노하여 훼손하는 이는 곧 이 여러 부처님을 침노하여 훼손함이 되나이다."

⑩ 이때 세상을 보호하는 비사문천왕이 부처님께 사뢰었다. "세존이시여, 저도 중생을 어여삐 여기며 이 법사를 옹호하기 위하여 다라니를 말하겠나이다."

곧 주문을 말하였다.

아리 나리 노나리 아나로 나리 구나리

"세존이시여, 이 신주로써 법사를 옹호하고, 저도 이 경전 지니는 이를 옹호하여

그 백 유순 안에는 궂은 걱정이 없게 하겠
나이다."

이때 지국천왕이 이 모임 가운데 있다가
백천만억 나유타 건달바 무리에게 공경하
며 둘러싸여 부처님 앞에 나아가 합장하고
부처님께 사뢰었다.

"세존이시여, 저도 다라니 신주로 법화경
지니는 이를 옹호하겠나이다."

곧 주문을 말하였다.

**아가네 가네 구리 건다리 전다리 마등기 상
구리 부루사니 알디**

"세존이시여, 이 다라니 신주는 사십이억
부처님들이 말씀하신 바이니, 만일 이 법
사를 침노하여 훼손하는 이는 곧 이 여러
부처님을 침노하여 훼손함이 되나이다."

이때 나찰의 여자들이 있으니, 첫째는 람
바요, 둘째는 비람바요, 셋째는 곡치요, 넷

째는 화치요, 다섯째는 흑치요, 여섯째는 다발이요, 일곱째는 무염족이요, 여덟째는 탈일체중생정기라. 이 나찰의 여자 열이 귀자모와 그 아들과 권속들로 더불어 부처님 계신 데 나아가서 소리를 함께하여 부처님께 사뢰었다.

"세존이시여, 저희들도 법화경을 읽고 외우고 받아 지니는 이를 옹호하여 그의 궂은 걱정을 덜겠사오며, 만일 법사의 부족한 쨤을 엿보는 이가 있으면 기회를 얻지 못하게 하겠나이다."

곧 부처님 앞에 주문을 말하였다.

이제리 이제민 이제리 아제리 이제리 니리 니리 니리 니리 니리 루혜 루혜 루혜 루혜 다혜 다혜 다혜 도혜 로혜

"차라리 내 머리 위에 올라앉을지언정 법사를 괴롭히지 말아야 하나니, 야차나 나

찰이나 아귀나 부단나나 길자나 비타라나 건타나 오마륵가나 아발마라나 야차길자나 사람길자나 열병귀로서 하루 열병귀 이틀 열병귀 사흘 열병귀 나흘 열병귀 내지 이레 열병귀나 늘 열병귀나 사내 형상이나 여자 형상이나 동남의 형상이나 동녀의 형상들이 꿈속에서라도 시끄럽게 하지 못하게 하겠나이다.”

곧 부처님 앞에서 게송을 말하였다.

나의 주문을 순종하지 않고 법 말하는 이를 시끄럽게 하면 머리를 깨어 일곱 조각에 아리 나무 가지와 같이하여 부모 죽인 죄와도 같고 기름을 짠 죄와도 같고 저울과 말을 속인 죄 같고 조달의 화합승 파한 죄 같이 이 법사를 침범한 자는 그와 같은 재앙 받으리.

모든 나찰 여자들이 이 게송을 말하고 부처님께 사뢰었다.

"세존이시여, 저희들도 몸소 이 경을 받아 지니고 읽고 외우고 닦아 행하는 이를 옹호 하여 항상 편안하고, 모든 쇠퇴하는 걱정을 여의며, 모든 독약을 소멸케 하겠나이다."

부처님이 여러 나찰의 여자에게 말씀하였다. "착하여라, 착하여라. 너희들이 능히 법화경 이름만 받아 지니는 이를 옹호하여도 복이 헤아릴 수 없겠거늘, 하물며 법화경을 구족하게 받아 지니며, 경책에 공양하기를 꽃 향 영락 가루 향, 바르는 향 사르는 향, 번기 일산과 풍류로 하고, 갖가지 등을 켜는데 우유등, 기름등, 향유등 소마나 꽃 기름등, 담복화 기름등, 바사가 꽃 기름등, 우발라 꽃 기름등 이러한 백천가지로 공양하는 이를 옹호 함일까보냐. 고제여, 너희들과 권속들이 마땅히 이런 법사를 잘 옹호하라."

이 다라니품을 말씀할 때에 육만팔천 사람
이 무생법인을 얻었다.

묘법연화경 다라니품 종

묘장엄왕본사품 제 27

⑪ 그때에 부처님이 대중에게 말씀하였다.

"지나간 옛적에 한량없고 그지없는 불가사의 아승지 겁 전에 부처님이 계시었으니 이름이 운뢰음수왕화지 다타아가도 아라하 삼먁삼불타이시고, 국토의 이름은 광명장엄이고, 겁의 이름은 희견이었느니라.

그 부처님의 법 가운데 임금이 있으니 이름이 묘장엄이요, 부인의 이름은 정덕이며, 두 아들이 있었으니 하나는 정장이요, 다른 하나는 정안이었느니라.

이 두 아들이 큰 신통의 힘과 복덕과 지혜가 있고 오래 전부터 보살이 행하는 도를 닦았으니, 이른바 단나바라밀다 시라바라밀다 찬제바라밀다 비리야바라밀다 선나바라밀다 반야바라밀다 방편바라밀다와 자비희사, 내지 삼십칠품의 도를 돕는 법이라, 모두 분명하게 통달하였느니라.

또 보살의 정삼매와 일성수삼매와 정광삼매와 정색삼매와 정조삼매와 장장엄삼매와 대위덕장삼매를 얻었는데, 이런 삼매도 모두 통달하였느니라.

그때에 그 부처님이 묘장엄왕을 인도하고 중생들을 어여삐 생각하므로 이 법화경을 말하였느니라.

이때 정장 정안 두 아들이 그 어머니에게 가서 열 손가락과 손바닥을 합하고 사뢰었다. '원컨대 어머니시여, 운뢰음수왕화지부처님 계신 데 가사이다. 저희들이 모시고 가서 친근하고 공양하며 예배하겠나이다. 왜냐 하오면, 이 부처님이 모든 천상 인간 대중 가운데서 법화경을 말씀하시오니, 마땅히 들어야 하나이다.'

어머니가 아들에게 말하였다.

'너의 아버지가 외도를 믿고 바라문의 법에 빠져 있으니, 너희는 아버지에게 가서 여쭙고 함께 가자고 하여라.'

정장 정안이 열 손가락을 합하고 어머니에게 여쭈었다. '우리는 법왕의 제자로서 이 삿된 소견 가진 이의 집에 태어났나이다.'

어머니가 아들에게 말하였다. '너희는 아버지를 근심하여 신통 변화를 보여라. 아버지가 보시면 마음이 깨끗하여져서 우리들과 함께 부처님 계신 데 갈 듯 하니라.'

이에 두 아들이 아버지를 생각하여 허공으로 일곱 다라수 쯤 올라가서 여러 가지 신통변화를 나타내는데 허공 중에서 가고 서고 앉고 눕기도 하고, 몸 위에서 물을 내고 몸 아래서 불을 내며, 몸 아래서 물을 내고 몸 위에서 불을 내며, 혹 큰 몸을 나

투어서 허공에 가득하다가 또 작은 몸을
나투기도 하고, 작은 몸으로 다시 큰 몸을
나투며, 공중에서 없어져서 땅 위에 있기
도 하고, 땅 속에 들어가기를 물과 같이하
고, 물 위에 다니기를 땅과 같이 하며, 이
렇게 갖가지 신통 변화를 나타내어서 아버
지로 하여금 마음이 깨끗하여 믿게 하였느
니라.

⑫ 그때 아버지는 아들의 신통이 이러함을
보고, 마음이 기뻐서 미증유함을 얻고는
합장하고 아들에게 말하였다. '너희들의 스
승은 누구이며 누구의 제자이냐.'

두 아들이 여쭈었다. '대왕이여, 저 운뢰음
수왕화지불께서 지금 칠보로 된 보리수 아
래 있는 법좌에 앉으사 모든 세간의 천상
인간 대중에게 법화경을 말씀하시니, 그가
저의 스승이옵고 저희는 그의 제자이옵니
다.'

아버지가 아들에게 말하였다. '나도 너의 스승을 뵈옵고자 하니 함께 가자.'

이에 두 아들이 허공에서 내려와 어머니의 앞에 가서 합장하고 여쭈었다.

'부왕께서 지금 믿었사오니, 마땅히 아뇩다라삼먁삼보리심을 낼 것이옵니다.

저희가 아버지를 위하여 불사를 지었사오니, 바라건대 어머니께서 저희들이 저 부처님 계신 곳에서 출가하여 도를 닦도록 허락하소서.'

이때 두 아들이 그 뜻을 거듭 펴려고 게송으로 어머니에게 여쭈었다.

어머니시여, 저희를 버리사 출가하여 사문이 되게 하소서. 부처님 만나기는 어려운 일 우리는 부처님 따라 배우렵니다. 우담발화를 만나기 어렵거니와 부처님은 이 보다 더 만나기 어렵고 팔난을 벗어나기 더 어렵사오니, 우리의 출가함을 허락하소서.

어머니는 말하였다. '너희들의 출가를 허락하노니, 왜냐하면 부처님을 만나기 어려운 연고이니라.'

이에 두 아들은 부모에게 사뢰었다.

'거룩하시어라 부모님이시여, 바라건대 이제 운뢰음수왕화지부처님 계신데 가서 친근하고 공양하사이다. 그 까닭을 말씀하오면, 부처님을 만나기 어려움이 우담발화와 같사오며, 또 애꾸 거북이 떠있는 나무의 구멍을 만남과 같사온데, 이제 우리가 전세의 복이 두터워서 금생에 불법을 만났습니다. 그러므로 부모님께서 저희들의 출가함을 허락하시오니, 그 까닭은 부처님을 만나기 어렵고 때도 만나기 어려운 연고입니다.'

⑬ 그때 묘음장엄왕의 후궁인 팔만사천 사

람이 다 이 법화경을 만나 받아지닐만 하
였고, 정안보살은 법화삼매를 미리부터 통
달하였으며, 정장보살은 한량없는 백천만
억 겁 전부터 나쁜 갈래 여의는 삼매를 통
달하였으며, 모든 중생들로 하여금 모든
나쁜 갈래를 여의게 하려는 연고요, 그 왕
의 부인은 여러 부처님 모으는 삼매를 얻
어서 여러 부처님의 비밀한 법장을 알았느
니라.

두 아들이 이렇게 방편의 힘으로 그 아버
지를 잘 교화하여 마음으로 믿어 불법을
좋아하게 하였느니라. 이에 묘음장엄왕이
여러 신하와 권속들을 데리고, 정덕부인은
후궁의 시녀들을 거느리고 두 왕자는 사만
이천 사람을 데리고 한꺼번에 부처님 계신
데 가서 머리를 조아려 발에 예배하고 부
처님을 세 번 돌고 물러가 한쪽에 앉았느
니라.

이때 저 부처님이 왕을 위하여 법을 말씀
하여 보여주고 가르치고 이익케 하고 기쁘
게 하니, 왕이 매우 기뻐하였느니라.

그때에 묘장엄왕과 그 부인이 목에 꾸몄던
백천 냥 값이 가는 진주 영락을 끌러 부처
님 위에 흩으니, 허공 중에서 네 기둥의
보배대로 화하였고, 대 안에는 큰 보배 형
상이 있어 백천만 가지 하늘 옷을 깔았는
데, 그 위에 부처님이 결가부좌하고 앉아
서 큰 광명을 놓았다.

그때 묘장엄왕은 이렇게 생각하였다.

'부처님의 몸이 희유하시여 단정하고 엄숙
하고 특수하여 제일 미묘한 색상을 성취하
시었도다.'

이때 운뢰음수왕화지부처님이 사부대중에
게 말씀하였다. '너희들은 이 묘장엄왕이
내 앞에 합장하고 섰는 것을 보느냐. 이

왕이 나의 법 가운데서 비구가 되어 부지 런히 수행하면서 부처님의 도법을 돕다가 당래에 성불하여 이름을 사라수왕불이라 하리라. 국토의 이름은 대광이요, 겁의 이 름은 대고왕이니라. 그 사라수왕불은 한량 없는 보살대중과 한량없는 성문이 있으며 국토는 평평하고 번듯하니, 공덕이 이러하 니라.

그 왕이 즉시 나라 일을 아우에게 맡기고, 부인과 두 아들과 여러 권속들과 함께 불 법에 출가하여 도를 닦았느니라.'

왕이 출가하고는 팔만사천년 동안에 부지 런히 정진하여 묘법연화경을 수행하다가 그 뒤에 일체정공덕장엄삼매를 얻고는 허 공으로 일곱 다라수를 올라가서 부처님께 사뢰었다.

'세존이시여, 저의 두 아들이 불사를 지어 신통 변화로 저의 삿된 마음을 도리켜 불법 가운데 편안히 머물게 하여 세존을 뵈옵게 되었나이다. 이 두 아들은 저의 선지식이온데, 전생의 선근을 일으켜 저를 이익케 하려고 저의 집에 태어났나이다.'

⑭ 그때에 운뢰음수왕화지불이 묘장엄왕에게 말씀하였다. '그러하니라, 너의 말한 바와 같느니라. 만일 선남자 선여인이 선근을 심은 연고로 선지식을 만나거든, 그 선지식이 불사를 지어 보여주고 가르치고 이익케 하여 기쁘게 하며, 아뇩다라삼먁삼보리에 들어가게 하느니라.

대왕이여, 반드시 알라. 선지식은 큰 인연이니 이른바 교화하고 지도하여 부처님을 뵈옵고 아뇩다라삼먁삼보리를 얻게 하느니라.

대왕이여, 네가 이 두 아들을 보느냐. 이 두 아들은 이미 육십오 백천만억 나유타 항하사 부처님께 공양하고 친근하고 공경하였으며, 여러 부처님에게서 법화경을 받아 지니고 삿된 소견 가진 중생을 가엾이 여겨 바른 견해에 머물게 하느니라.'

묘장엄왕이 허공 중으로부터 내려와 부처님께 사뢰었다.

'세존이시여, 여래께서 매우 희유하시나이다. 공덕과 지혜로 말미암아 정상의 살상투 광명이 환희 비추시고 눈이 길고 넓고 검푸른 빛이시고, 미간의 백호가 달과 같이 희고 치아는 희고 가지런하여 항상 광명이 있고, 입술은 붉고 아름다워 빈바의 열매와 같나이다.'

그때 묘장엄왕이 부처님의 이렇게 한량없는 백천만억 공덕을 찬탄하고는 여래의 앞에서 일심으로 합장하고 다시 부처님에게 사뢰었다. '세존이시여, 예전에 없던 일이옵니다. 여래의 법은 헤아릴 수 없이 미묘한 공덕을 구족하게 성취하였으므로 그 가르침이 행함을 따라 편안하고 쾌락하나이다. 제가 오늘부터는 다시 마음대로 행하지 않겠사오며, 삿된 소견과 교만한 버릇과 성내는 등의 나쁜 마음을 내지 않겠나이다.' 이렇게 말하고 부처님께 예배하고 떠났느니라."

부처님이 대중에게 말씀하였다.

"어떻게 생각하느냐. 묘장엄왕은 다른 사람이 아니다. 지금의 화덕보살이요, 정덕부인은 지금 이 앞에 있는 광조장엄상보살이니, 묘장엄왕과 모든 권속들을 어여삐 여기어서 저 가운데 난 것이요, 그 두 아들은 지금의 약왕보살과 약상보살이니라.

이 약왕보살과 약상보살이 이러한 큰 공덕을 성취하고는 한량없는 백천만억 부처님 계신 데서 모든 덕의 근본을 심고, 불가사의한 여러 선근 공덕을 성취하였느니라.

만일 어떤 사람이 이 두 보살의 이름을 아는 이가 있으면 모든 세간의 하늘과 사람들이 마땅히 예배할 것이니라."

부처님이 이 묘장엄왕본사품을 말씀할 때에 팔만사천 사람이 티끌을 멀리하며 때를 여의고 여러 법 가운데서 법눈이 깨끗함을 얻었다.

묘법연화경 묘장엄왕본사품 종

보현보살권발품 제 28

⑮ 그때에 보현보살이 자재한 신통의 힘과 위덕과 소문 난 이름으로써 한량없고 그지없고 일컬을 수 없는 대보살들과 함께 동방으로부터 오는데, 지나 오는 국토가 모두 다 진동하고 보배 연꽃을 비 내리며, 한량없는 백천만억 갖가지 풍악을 잡혔다.

또 수없는 하늘 용 야차 건달바 아수라 가루라 긴나라 마후라가 사람, 사람 아닌 이들의 대중에게 둘러싸여 각각 위덕과 신통의 힘을 나타내면서 사바세계의 기사굴산 중에 이르러서 석가모니부처님께 머리를 조아려 예배하며, 오른 쪽으로 일곱 바퀴를 돌고, 부처님께 사뢰었다.

"세존이시여, 제가 보위덕상왕부처님 국토

에 있으면서, 멀리 이 사바세계에서 법화경을 말씀하심을 듣잡고, 한량없고 그지없는 백천만억 보살 대중들과 함께 와서 듣자오려 하오니, 원컨대 세존께서 말씀하여 주옵소서. 만일 선남자 선여인이 여래가 열반하신 뒤에 어찌하면 이 법화경을 만날 수 있겠나이까."

부처님이 보현보살에게 말씀하였다.

"선남자 선여인이 네 가지 법을 성취하면 여래가 열반한 뒤에 이 법화경을 만날 수 있느니라. 하나는 부처님들의 호념함이요, 둘은 모든 덕의 근본을 심음이요, 셋은 바로 결정된 종류에 들어감이요, 넷은 모든 중생을 구호하려는 마음을 냄이리라. 선남자 선여인이 이렇게 네 가지 법을 성취하면 여래가 열반한 뒤에 반드시 이 경을 만나게 되느니라."

이때 보현보살이 부처님께 사뢰었다.

"세존이시여, 후오백세의 흐리고 나쁜 세상에서 이 경전을 받아 지니는 이가 있으면, 제가 마땅히 수호하여 궂은 근심을 덜고 편안함을 얻게 하며 그 짬을 엿보는 이가 없게 하겠나이다. 만일 마군이거나 마의 아들이나 마의 여자나 마의 백성이나 마에 잡힌 자나 야차나 나찰이나 구반도나 비사사나 길자나 부단나나 위타라 등의 사람을 시끄럽게 하는 자가 그 짬을 얻지 못하게 하겠나이다.

이 사람이 다니거나 섰거나 이 경을 읽고 외우면 제가 그때에 어금니 여섯 가진 흰 코끼리를 타고 대보살들과 함께 그의 처소에 가서 몸을 나타내어 공양하고 수호하여 그 마음을 위로하오리니, 역시 법화경을 공양하기 위함이니라.

이 사람이 만일 앉아서 이 경을 생각할 적에 제가 흰 코끼리를 타고 그 앞에 나타나되 그 사람이 법화경의 한 구절 한 게송을 잊었더라도 제가 가르쳐 주어 함께 읽고 외워서 도로 통달케 하겠나이다.

⑯ 이때에 법화경을 받아 지니는 이가 내 몸을 보고 매우 기뻐하여 더욱 정진하며, 나를 본 인연으로 삼매와 다라니를 얻을 것이니, 이름이 선다라니와 백천만억 선다라니와 법음방편 다라니이니, 이러한 다라니를 얻으리이다.

세존이시여, 만일 오는 세상의 후오백세의 흐리고 나쁜 세상에서 비구 비구니 우바새 우바이들로서 찾는 이, 받아 지니는 이, 읽는 이, 외우는 이, 쓰는 이들이 이 법화경을 닦아 익히려면 삼·칠일 동안 한결같은 마음으로 정진해야 하며, 삼·칠일이 되거든, 내가 어금니 여섯 가진 흰 코끼리를 타고, 한량없는 보살의 둘러싼 바가 되어, 모든 중생이 보기 좋아하는 몸으로 그

사람의 앞에 나타나서 법을 말하여 보여
주고 가르치고 이익케 하여 기쁘게 하겠사
오며, 다시 다라니 신주를 주겠나이다. 이
다라니의 힘을 말미암아 사람 아닌 것들이
감히 파손하지 못하며, 여인들의 유혹도
받지 아니하고, 저도 이 사람을 수호하겠
나이다. 바라옵건대 세존께서 저에게 이
다라니 신주를 말하도록 허락하시옵소서."

곧 부처님 앞에서 주문을 말하였다.

아단디 단다바디 단다바뎨 단다구사례 단다
수다례 수다례 수다라바디 붓타파선네 살바
다라니아바다니 살바바사아바다니 수아바다니
싱가바리사니 싱가녈가다니 아싱기 싱가 바가
디 뎨례아다 싱가도랴아라뎨파라뎨 살바싱가
디삼마디가란디 살바달마수파리찰뎨 살바살타
루타교사랴아누가디 신아비기리디뎨

"세존이시여, 어떤 보살이 이 다라니를 듣
는 이는 보현의 신통의 힘인 줄을 알아야

하오며, 법화경이 남섬부주에 유행할 적에 받아 지니는 이는 마땅히 보현의 위덕과 신통의 힘인 줄을 생각할 것이옵니다.

⑰ 만일 받아 지니고 읽고 외우고 바르게 기억하고 뜻을 해설하고 말한 대로 수행하는 이가 있으면, 이 사람은 보현의 행을 행하여, 한량없고 그지없는 부처님 처소에서 선근을 깊이 심으며 여러 여래의 손으로 머리를 만져주시는 줄을 알아야 하나이다. 다만 쓰기만 하여도 이 사람이 목숨이 마치고는 도리천상에 태어날 적에 팔만사천 하늘 아씨들이 모든 풍류를 잡히면서 와서 맞거든, 이 사람은 칠보관을 쓰고 시녀들 속에서 호사하며 즐길 것이어든, 하물며 받아 지니고 읽고 외우고 바르게 기억하고 뜻을 해설하고 말한 대로 수행함이겠습니까.

만일 받아 지니고 읽고 외우고 뜻을 해설하면 이 사람은 목숨이 마치거든 일천 부처님이 손을 내밀어주어 두렵지도 않고, 나쁜 갈래에 떨어지지도 않고, 곧 도솔천 상의 미륵보살 계신 데 왕생할 것이며, 미륵보살은 삼십이 어른다운 몸매가 있는 대보살들에게 둘러싸여서 백천만억 하늘 아씨 권속들이 있는 가운데 나게 하리이다.

이와 같은 공덕과 이익이 있사올세, 지혜 있는 이는 마땅히 일심으로 스스로 쓰거나 사람으로 하여금 쓰게 하여 받아 지니고 읽고 외우고 바르게 기억하고 말한 대로 수행 할 것이니이다. 세존이시여, 저는 신통의 힘으로 이 경을 수호하오며, 여래가 열반하신 뒤에 남섬부주에 널리 선포하여 끊어지지 않게 하겠나이다."

그때에 석가모니불이 찬탄하시었다.

"착하여라, 착하여라, 보현이여. 그대가 이 경을 보호하고 도와서 많은 중생을 안락하고 이익케 하였으니, 그대는 불가사의한 공덕을 성취하였고, 자비가 깊고 커서 오래 전부터 아뇩다라삼먁삼보리심을 내었으며, 능히 이렇게 신통한 서원을 세워 이 경을 받아 지니나니, 내가 신통한 힘으로써 보현보살의 이름을 받아 지니는 이를 수호하리라.

보현이여, 만일 이 법화경을 받아 지니고 읽고 외우고 바르게 기억하여 닦아 익히고 쓰는 이가 있으면, 이 사람은 석가모니불을 보고 부처의 입으로부터 이 경전을 들음인 줄을 알며, 이 사람은 석가모니불께 공양함인 줄 알며, 이 사람은 부처님이 착하다고 찬탄함인 줄 알며, 이 사람은 석가모니불이 손으로 그 머리를 만지는 것인 줄을 알며, 이 사람은 석가모니불이 옷으로 덮어줌인 줄을 알아야 하느니라.

이런 사람은 다시 세간의 욕락을 탐하지 않으며, 외도의 경서와 글씨를 좋아하지 않으며, 또 그 사람을 친근하기를 좋아하지 않으며, 백정이나 돼지 양 닭 개를 기르는 이나, 사냥꾼이나, 여색을 판매하는 나쁜 이들을 친근하지도 않나니, 이 사람은 마음이 질직하고 바른 기억이 있고 복덕의 힘이 있으므로 삼독의 시달림을 받지도 않고 질투 교만 사만(邪慢) 아만 뛰어난 체 하는 시끄러움도 되지 아니하며, 이 사람은 욕심이 적고 만족함을 알아서 보현의 행을 닦느니라.

⑱ 보현이여, 여래가 열반한 뒤 후오백세에 어떤 사람이 법화경을 받아 지니고 읽고 외우는 이가 있으면, 이 사람은 오래지 않아 도량에 나아가서 마군의 무리를 깨뜨리고 아뇩다라삼먁삼보리를 얻으며, 법륜을 굴리고 법고를 치며, 법소라를 불고 법비를 내리며, 하늘과 인간의 대중 가운데서 사자좌에 앉을 줄로 생각할 것이니라.

보현이여, 만일 후세에 이 경전을 받아지니
고 읽고 외우는 이는 이 사람은 다시 의복
이나 침구나 음식이나 살림하는 물품을 탐
하지 않을 것이며, 소원이 헛되지 아니하고
또 이 세상에서 그 복의 갚음을 얻으리라.

만일 어떤 사람이 업신여기며 말하기를
'너는 미친 사람이라, 부질없이 이런 행을
하는 것이요, 아무 소득도 없으리라' 하면,
이 죄보로 날 적마다 눈이 멀게 되고, 공
양하고 찬탄하는 이는 이 세상에서 좋은
과보를 받을 것이며, 만일 이 경을 받아
지니는 이를 보고 그의 허물을 드러내면,
사실이거나 사실이 아니거나 이 사람은 이
세상에서 백라병을 얻을 것이요, 경멸하고
비웃으면 세세생생에 이가 성글고 빠지고,
입술이 추악하고 코가 납작하고, 손발이
삐뚤어지고, 눈은 흑보기가 되고, 몸에 더
러운 냄새가 나고 나쁜 창질에 피고름 흐

르고 배는 고창이 되고 숨이 가쁘며, 여러 가지 나쁜 병에 걸리리라.

그러므로 보현이여, 이 경전을 받아 지니는 이를 보거든 일어나서 멀리 나가 영접하여 부처님을 공경하듯이 할 것이니라.”

이 보현권발품을 말씀할 때에 항하사와 같이 한량없고 그지없는 보살은 백천만억 선다라니를 얻고, 삼천대천세계의 티끌 수 보살들은 보현의 도를 구족하였다.

부처님이 이 경을 말씀하실 적에 보현 등의 여러 보살과 사리불 등의 여러 성문과, 하늘과 용과 사람과 사람 아닌 이 등 모든 대중이 모두 크게 환희하여 부처님 말씀을 받아 지니고 예배하고 물러갔다.

묘법연화경 보현보살권발품 종

묘법연화경 제 7권 종

법화경
영험록

법화삼매 증득한 천태지자 대사의 염불왕생

"타력(他力)수행이란 아미타부처님께서 염불하는 중생을 모두 대
자대비의 원력으로 거두어주심을 굳게 믿고서, 곧장 보리심을
내어 염불삼매(念佛三昧)의 수행을 하는 것이오."
_〈정토십의론(淨土十疑論)〉

순풍에 돛 단 듯이 나아가는 '이행도'

천태지자 대사 진영

이 법문은 "번뇌망상에 얽매인
범부가 어떻게 시방 삼계(윤회
계)를 벗어난 서방정토에 왕생
할 수 있겠는가"하는 의문에,
천태지자(天台智者, 538-597)
대사가 직접 답한 것이다.

지자 대사는 이어 "아미타 부
처님의 원력 가피에 편승하여,
중생 자신의 근기와 정성이 부
처님의 원력과 서로 감응함으
로써 곧장 서방정토에 왕생할
수 있다."면서 다음과 같이 '닦
기 쉬운 길(易行道)'을 부연해
서 설명하고 있다.

"사람이 물길을 따라 배를 타고 순풍에 돛 단 듯이 나아감에, 잠깐 사이에 천리에 이르는 것과 같으니, 이것이 타력수행에 해당한다."

천태종 개조가 염불법문 전한 까닭은

정토수행의 골수를 설하고 있는 이 법문을 본 불자들은 의아할 것이다. 오시팔교(五時八敎)의 교판 등 천태교학을 확립한 천태종의 실질적인 개조(開祖)인 지자 대사(천태종 제4대 조사)가 정토법문을 설하고 있으니 말이다. 사실, 정토종의 조사들은 대부분 후대에 추존된 분들이며 이 가운데는 영명 연수 선사와 철오 선사 등 선사들도 포함되어 있다. 〈정토성현록〉 등에는 선종은 물론 천태종, 율종 등 다양한 종파의 큰스님들이 등장한다. 이는 모든 종파의 고승들이 명심견성(明心見性)한 후 중년이나 말년에 염불삼매로 보임(保任)하거나 정토왕생을 발원한 사실로도 확인할 수 있다. 대장경의 3분의 1에 달하는 경전에서 정토법문이 설해져 있는 것이 결코 우연이 아니다. 천태지자 대사의 삶을 따라가 보면 이러한 흐름들이 보일 것이다.

어릴 때부터 서방정토와 인연

양무제(梁武帝) 대동(大同) 4년(538년) 7월에 태어난 지자 대사의 이름은 지의(智顗), 자는 덕안(德安), 성은 진(陳)씨이며, 형주(荊州) 영천(潁川)사람이다. 모친이 향기로운 연기가 오색으로 아롱지어 그의 몸을 감싸는 꿈을 꾸고 나서 임신

이 되어, 열 달 후 출산함에 신비로운 광명이 방안을 황홀하게 빛냈다고 한다. 태어난 아기는 눈동자가 겹으로 되어 있는 제왕의 상(相)이었으며, 눈썹이 여덟 무늬로 나뉘어 있었다 한다.

대사는 아주 어렸을 때, 누우면 꼭 합장을 하였고 앉아있을 때는 반드시 서쪽을 바라보았다. 조금 더 자라서는 불상을 보면 시키지 않아도 절을 했으며 스님네들을 만나면 항상 인사를 드렸다. 일곱 살 때 부모님을 따라 절에 갔는데 그절 스님이 보니 보통 아이가 아닌지라 〈법화경〉 '관세음보살보문품'을 읽어 주었더니, 한 번 듣고는 그 많은 글을 전부 다 외웠다고 한다.

18세에 상주(湘州) 땅 과원사(果願寺) 법서(法緒) 스님에게 출가하여 곧 〈법화경〉 전체를 외우고 율장과 여러 대승경전을 공부했으며, 이후 혜광(惠曠) 율사에게 구족계를 받았다.

혜사선사 문하에서 법화삼매 증득

진(晉)나라 문제(文帝) 원하 원년(560), 선(禪)을 좋아했던 지자 대사는 광주(光州) 땅 대소산(大蘇山)의 혜사(慧思) 선사를 참문하였다. 초면임에도 혜사 선사는 "옛적에 영산회상(靈山會上)에서 〈법화경〉 법문을 같이 들은 인연으로 오늘날 다시 만났다."고 말하고는, 보현도량의 네 가지 안락행(安樂行)에 대해 설법하였다.

이에 지자 대사는 대소산에서 법화삼매(法華三昧)를 닦으며 삼칠일(三七日: 21일)을 정진하던 중 〈법화경〉 '약왕보살품

(藥王菩薩品)'에 "이것(약왕보살의 소신공양)이 진(眞) 정진이며 이 이름이 진(眞) 법공양 여래(如來)"라는 대문에 이르러 신심이 활연(豁然)하게 정(定)에 들어 법화삼매를 증득, 모든 법상(法相)을 크고 밝게 깨달았다. 그는 영산회상에서 부처님께서 여전히 〈법화경〉을 설하고 계시는 모습을 선정 속에서 보았으며, 나중에 제자에게 "영산에서의 회상은 지금까지도 끝나지 않았다"고 말하였다.

천하 제일 법사로 '小 석가' 명성

지자 대사가 그와 같은 사연을 혜사 선사에게 말하니, 선사는 "그대는 선다라니(禪陀羅尼: 모든 법이 공한 도리를 체득)를 얻은 것이니 앞으로 모든 설법인 가운데 제일가는 법사가 될 것"이라고 예언했다. 그 후 지자 대사는 과연 천하에 제일가는 법사가 되었다. 그 변재(辯才)는 천녀의 변재처럼 미묘한 것이었으며, 설법은 청산유수(靑山流水)처럼 막힘이 없었다. 그의 법문을 듣고 감탄하지 않는 자가 없었으며, 발심 되지 않는 자가 없었다. 그 명성이 천하에 떨치게 되자 '석가여래의 화현(化現)' 또는 '중국의 작은 석가(小釋迦)'라는 칭송까지 듣게 되었다.

36사찰 창건, 천태종 기초 다져

31세가 되자 지자 대사는 금릉(金陵) 와관사(瓦官寺)에 주석하며 선법(禪法)을 널리 펼쳤다. 38세에는 태주(台州) 천태산에 이르러 북쪽 봉우리에 암자를 짓고 천태종의 터전을 닦았다. 그 후, 대사는 금릉과 여산(廬山), 형양(荊揚) 사이를 주유하다가 수(隋)나라 개황(開皇) 14년(595), 천태산으로 돌아왔다. 천태종의 기틀을 만든 지자 대사는 무려 36곳의 절을 창건하고 80만 구(軀)의 불상을 조성했으며, 승려 1만 4천 명을 직접 출가시켰다. 많은 물고기를 사들여 살려주었으며 60여 곳에 방생연못을 지었고, 조정에 어류 포획 금지를 요청하는 상소를 올리기도 했다. 무려 20여 부 1백50여 권이란 방대한 저술을 남길 정도로 세간과 출세간을 더불어 교화하니 당시의 불교교육이 크게 성행함은 물론이었다. 진(晉)나라 왕 양광(楊廣)이 대사로부터 보살계를 받을 정도로 그를 존중하여 '지혜로운 자(智者)'란 호를 내릴 정도였다.

반주(염불)삼매 닦고 '정토십의론' 저술

천태종의 종주(宗主)로서 수나라 때의 불교 중흥에 결정적인 역할을 한 대사는 말년에 이르러서는 왕생극락을 발원하며 정토수행에 전념하였다. 지자 대사는 〈관무량수경〉에 의거한 관상(觀想) 및 관상(觀像) 염불로 이론적인 근거를 삼았지만, 염불삼매를 주로 닦았다. 소리 내어 염불하거나 마음속으로 염불해서 아미타불을 생각하는 마음이 계속 이어지게 하는 반주삼매(般舟三昧)가 바로 그것이다. 대사의 명저인 〈마하지관(摩訶止觀)〉에 따르면 이 염불삼매의 요점은 "몸으로 걸음을 옮기고, 입으로 소리를 내고, 마음속에서 생각할 때마다 오직 아미타불을 잊지 않고 자신 안에 있게 하는 것(步步 聲聲 念念 唯在阿彌陀佛)"이다. "모든 존재가 꿈과 같다고 염(念)하되 쉬지 말라"며, 반야와 공의 입장을 견지하면서도 염불삼매를 닦은 대사는 〈정토십의론〉을 남기는 등 정토종 발전에도 큰 기여를 하였다.

관음 · 세지보살 접인 받고 좌탈 왕생

지자 대사가 서문(西門) 석성사(石城寺)에서 임종에 이르자, 제자에게 명해 침상을 동쪽 벽에 마련하되 서쪽을 향하도록 하였다. 대사는 '아미타불'과 '관세음보살'을 염하고, 향을 피운 후 〈불설무량수경〉을 독경한 뒤 게송으로 설했다.

"48원으로 훌륭하게 장엄해놓은 그 좋은 극락정토에 왕생을 원하는 자가 극히 적다. 지옥 경계가 나타나더라도 한생각 돌이켜서 아미타불을 염하여 왕생하길 발원하면 왕생을 얻게 되거늘, 하물며 계정혜(戒定慧)를 닦은 수행인이랴. 그대들은 왕생극락을 굳게 믿어 의심하지 말라."

최초의 등신불로 국청사 지자대사탑에 봉안

제자들이 스승에게 서방정토에 왕생하는 과위(果位)를 묻자, 지자 대사는 이렇게 대답하였다. "내가 만약 대중을 이끌지 않았다면 반드시 육근이 청정했을 것이다. 내 수행을 줄이면서 사람들을 이롭게 하였기에 내 과위(果位)는 단지 원오품(圓五品)일 뿐이다. 여러 선지식과 도반들이여, 지금 관음보살님과 대세지보살님이 나를 접인하러 오셨구나."

대사는 이 말을 마친 후 결가부좌(結跏趺坐)하여 마치 삼매(三昧)에 든 것처럼 편안히 극락세계로 왕생하셨다. 이때 대사의 연세는 67세요, 개황 17년(597년) 11월 24일 미시(未

時: 오후 1~3시)였다. 대사의 육신은 다비하지 않고 등신불로 봉안되었다. 이는 중국불교 최초의 육신불(육신보살)로 오늘날에도 천태종의 총본산인 국청사(國淸寺) 지자대사탑에 봉안되어 많은 가르침을 소리 없이 전하고 있다.

"육도윤회 벗어난 극락왕생 의심 말라"

요즘도 그렇지만, 옛날에도 '과연 극락이란 곳이 있을까? 죽은 후 어디로 갈까?' 하는 의문을 품는 이들이 많았나 보다. 당시 천향사(天鄕寺)의 혜연(慧延) 스님은 대사의 원적(圓寂) 소식을 들었지만 도저히 갈 형편이 아니었다. 그 후 혜연 스님이 '대사께서는 지금 어디에 계시는가?' 하고 몹시 궁금해하면서 〈법화경〉 사경으로 은연중에 그 답을 기다렸다. 하루 저녁에는 꿈에 서쪽에서 관세음보살이 금색 신(身)으로 광명을 놓으며 나타나시는데, 그 뒤를 보니 지자 대사께서 계시면서 하는 말씀이 "너는 아직도 내가 왕생극락 한 것을 믿지 않고 있느냐?"고 하시고는 사라졌다. 스님은 그제서야 대사께서 왕생한 사실을 조금도 의심하지 않게 되었다. 이 일이 있은 후, 후대의 천태종 스님들 가운데 왕생극락을 발원하는 이들이 무수히 생겨났다.

'석가여래의 화현'이라고까지 칭송을 들은 지자 대사까지 왕생극락을 발원하셨으니, 후대의 우리는 더 이상 극락정토에 대한 의심을 거두고 노는 입에 염불하여 속초성불(速超成佛: 신속히 윤회계를 벗어나 극락에서 무생법인을 증득하고 성불함)의 기연을 맺으시길 발원한다.

법화경 독경과 염불로 중생제도한 영명선사

참선 · 염불 같이 닦으면 스승 되어 윤회 벗어나

"참선수행도 하고 염불수행도 하면 마치 뿔 달린 호랑이 같아, 현세에 사람들의 스승이 되고 장래에 부처나 조사가 될 것이다.

참선수행은 없더라도 염불수행만 있으면 만 사람이 닦아 만 사람이 모두 가나니, 단지 가서 아미타불을 뵙기만 한다면 어찌 깨닫지 못할까 근심 걱정 하리오.

참선수행만 있고 염불수행이 없으면 열 사람 중 아홉은 길에서 자빠지나니, 저승 경지가 눈앞에 나타나면 눈 깜짝할 사이 그만 휩쓸려 가버리리.

참선수행도 없고 염불수행도 없으면 쇠 침대 위에서 구리 기둥 껴안는 격이니, 억 만겁이 지나고 천만 생을 거치도록 믿고 의지할 사람 몸 하나 얻지 못하리."

참선 보다는 염불이 가장 간단하고 효과적인 수행법이니 선(禪)과 염불(淨)을 같이 닦아 '뿔 달린 호랑이(戴角虎)'처럼 세상의 스승이 되라는 가르침을 담은 선정사료간(禪淨四料簡)이다. 참선과 염불을 같이 닦을 것을 설한 선정쌍수(禪淨雙修)의 근원이 된 이 법문을 설한 분이 바로 중국에서 아미타불의 화신으로 추앙받는 영명연수(永明延壽: 904~975) 선사이다. 중국에서 아미타부처님 성탄절을 영명연수선사의

탄신일인 음력 11월 17일로 정해 기념할 정도로 유명한 이 스님은 선종인 법안종(法眼宗)의 제5대 조사(祖師)이자 연종(蓮宗: 정토종)의 제6대 조사로 양대 종파에서 높이 존숭을 받은 분이다. 시대적으로 앞선 고승·대덕을 일단 뒤로 미루고 이 분을 연재의 서두에 소개하는 이유도 바로 이 때문이다.

아직도 많은 스님과 불자들이 참선이 가장 수승한 수행법이요, 염불이 하열한 수행방편으로 알고 있는 현실에서, 본래 성품을 깨달은 선종의 조사가 왜 6바라밀을 닦고 염불로 보림하여 윤회를 벗어나게 되었는지 설명하기 위해서이다. 그럼, 이 분의 일대기를 따라가며 공부해 보자.

공금으로 방생하다 사형에 처해도 무심한 경지

북송시대에 태어난 스님의 법명은 연수(延壽)이고 호는 포(抱)이며, 영명사(永明寺)에 오래 머물렀으므로 세상에서 영명선사라 일컬었다. 16세에 글을 지어 세상에 천재로 뽑힐 정도로 숙세(宿世)의 선근이 많은 이 분은 일찍부터 출가에 뜻을 두었다. 그러나 부모들이 허락을 하지 않자 세속에 계시면서도 불법을 돈독히 공부하였다. 총각시절부터 법화경을 수지독송해 오셨으며, 법화경을 보실 때는 글을 한 번에 다섯 줄씩 봐 나갈 정도로 비상한 근기였다. 세속에 살면서도 살생이라고는 벌레 한 마리를 죽이지 않을 뿐만 아니라 항상 방생(放生)하길 좋아하셨으며, 육류와 오신채(五辛菜)도 먹지 않았다. 세속에서 이미 출가승보다 엄정한 계행을 실천한 분이었다.

일찍이 과거(科擧)에 급제(及第)하여 고을 원 살이를 할 때의 일화다. 워낙 자비로운 분이라 산짐승이나 물고기 파는 것을 보면 그것을 꼭 사서 방생을 해줘야만 했던 스님은 자기 돈이 없을 때에는 공금(公金)으로 사서 방생을 해줄 정도였다. 그와 같이 수년을 하다 보니 마침내는 많은 공금을 축내어, 그런 사실이 조정에까지 알려져 처형(處刑)을 받게 되었다. 그 당시 국법은 공금을 사사(私事)로 쓴 자에게는 많은 사람들이 보는 앞에서 목을 베어 죽이게 되어 있었다.

당시 조전왕이 명령을 내리길 "죄인을 형틀에 매달아 칼로 목을 치려 할 때 죄인의 안색이 변하거든 목을 베고 안색이 변하지 않거든 목을 베지 말고 풀어주라"고 했다.

명을 받은 형리(刑吏)가 죄인을 형틀에 매달고는 칼을 들어 목을 치려 해도 스님의 안색이 하나도 변하지 않고 태연(泰然)하더라는 것이다. 형리는 왕의 분부대로 목을 베지 않고 풀어주었다.

종달새가 옷자락에 집 지을 정도의 자비심과 삼매력

이런 일을 겪은 스님은 인생무상(無常)을 더욱 크게 느끼시고는 가족들에게 말하기를 "나는 이번에 꼭 죽을 사람이었는데 부처님 덕에 살아나서 이제 부처님 제자가 되고자 하니 나를 이미 죽은 사람으로 알고 잊어주기를 바란다."고 하시고는 명주(明州) 땅에 용책사 취암영명(翠巖永明) 대사에게 출가하셨다. 그때 스님의 나이는 34세였다.

그 후 천태산의 천태덕소(天台德韶)국사에게 찾아가서 그곳에서 비로소 대도(大道)를 성취하게 되셨다. 처음 깨달음을 얻기 전, 지자암에서 90일간 잠을 안 자고 철야정진을 하며 애를 써서 정(定: 삼매)에 들게 되셨다. 그렇게 몇 날 며칠을 정에 드시어 마침내 견성(見性)하여 법안종의 제5조(祖)가 되신 것이다. 당시 삼매에서 나와 출정(出定)을 하고 보니 옷자락 속에 종달새가 집을 지어 놓았다고 한다. 보통 사람들은 몸에 살기(殺氣)가 있어서 짐승들이 보면 모두 달아나는데 이 스님에게는 오직 자비한 마음뿐으로 살생을 하지 않고 방생을 수없이 해온 공덕이 빛을 발한 것이다. 부처님께서는 6년 고행 시에 머리 위에다 까치가 집을 지었었다고 하며, 그 인연공덕으로 까치가 부처님 열반 후 천년이 지나 나제국왕이 되었다고 한다.

법화경 독송 · 염불 · 설법 · 보살행하며 짐승까지 구제

영명선사는 조사가 되어서도 두 가지 뜻을 가지고 계셨다. 하나는 평생토록 법화경을 독송하고자 하는 것과 많은 중생들께 이익을 주고자 하는 것이며, 다른 하나는 계속 선정(禪定)을 닦아 나갔으면 하는 것이었다. 그런데 두 가지를 같이 행할 수는 없어서 부처님께 의뢰하여 결정을 하기로 하셨다.

그리하여 지자선원에 올라가서 심지를 두 개 만들어 하나는 '일심선정(一心禪定)'이라고 쓰고 다른 하나는 '송경만선장엄정토(誦經萬善莊嚴淨土)'라고 써서 말아놓고는 부처님 전에 판단하여 주시기를 기원하고는 두 가지 가운데 하나를 집어서 펴보니 '송경만선장엄정토'라고 쓴 것이었다. 다시 섞어 가지고 두 번째로 집어서 펴보니 역시 처음 것과 같았다. 그와 같이 하기를 일곱 번을 해보았으나 '일심선정'은 단 한 번도 집혀지지 않고 일곱 번 모두 다 '송경만선장엄정토'였다.

이에 영명선사 모든 의심을 풀고 법화경을 독송하며 많은 중생들에게 이익을 주면서 정토수행을 하기로 결심하고는 그 즉시로 염불을 하기 시작하셨다. 모든 중생들을 위하여 매일같이 설법과 만행(萬行)을 행하심에 하루도 휴식 없이 실천하셨다. 마침내는 산에 사는 조류(鳥類) 금수(禽獸) 미물(微物)들을 위해 천주봉에 올라가 법화경을 외우시고 높은 소리로 염불을 해주곤 하셨다.

관음보살 친견 후 변재 얻고 하루 10만 번 염불

그와 같이 3년을 하시고 난 어느 날 삼매에 드시어 관세음보살을 친견하자, 관세음보살께서 감로수(甘露水)로 입을 씻어 주시더라는 것이다. 그 후부터는 관음변재(觀音辯才)가 열려 입을 열면 청산유수(靑山流水)같이 법문이 나오고, 듣는 사람들도 모두 환희심을 내어 발심을 하게 되며, 또한 모두 염불하여 윤회를 벗어난 세계인 극락정토에 왕생할 것을 발원하게 되었다.

이때 영명선사께 법을 배우려 모여든 대중은 무려 2천여 명. 영명사에서 15년 동안 주석한 사이에 제자 1,700인을 제도하였고, 천태산에 들어가서는 1만 명에게 계(戒)를 주었다. 평생 염불을 하며 정토왕생을 발원하였고, 저녁에는 별봉(別峰)에 가서 염불할 적에는 옆의 사람들이 하늘의 음악(天樂)소리를 들었다고 한다. 떠도는 귀신에게 시식하고 방생하기를 말할 수 없이 많이 하였고 40만 본의 미타탑(彌陀塔)을 찍어서 보시하며, 또 승속에 염불을 권장하여 정토종을 널리 퍼뜨리는데 전력하여, 세상에서는 미륵보살이 화생하였다고 칭송하였다.

특히, 매일 108가지의 일과 조목을 정하여 지키고 있었는데, 그 중에는 염불만도 10만 번씩에 달했다. 생전에는 〈법화경〉을 1만 3천 번 외웠고, 특히 〈법화경〉을 들에서 암송하면 양떼가 감응하여 엎드려 들었다고 할 정도였다. 국청사에서 참회법을 닦고 있을 때, 밤 중에 절을 돌아보다가 보현보살상 앞에 공양한 연꽃이 홀연히 자기 손에 있는 것을 보고 이때부터 일생동안 꽃을 뿌리는 공양을 하였다.

선과 교의 금자탑 '종경록' 100권… 선정쌍수 황금시대

영명선사는 관음보살이 감로수를 입에 부어주는 감응을 받고 관음변재(觀音辯才)를 얻게 된 후 팔만대장경을 요약했다는 〈종경록〉 100권, 〈만선동귀집〉 6권, 〈유심결〉 1권 등 60여 부 외에도 많은 저술을 남겼다. 〈종경록〉을 세 권으로 요약한 〈명추회요〉는 성철 스님이 평생 애독한 어록이기도 하다.

영명선사는 일반 선사들과는 달리 신도들을 두루 자비로 대하고 보살행을 널리 실천했다. 율사로서 계율도 설하고,

선사로서 선을 지도하며, 인연 있는 사부대중에게 염불을 가르치며 대자대비행을 펼쳤다. 항상 옆에 따르는 제자들이 2~3천 명이었으며 대중법회 때마다 1만여 대중이 운집할 정도로 선정쌍수의 황금시대를 구가한 대 선지식이었던 것이다.

선사께서는 개보(開寶) 8년(975) 2월 26일 새벽에 대중을 모아 고별인사를 하시고는 서쪽을 향해 단정히 앉으셔서 향을 사루고 염불하시고는 고요히 열반에 드셨다. 다비를 하고 나니 많은 사리가 나와 탑에다 모시어 지금까지도 보존해 내려오고 있다.

영명선사가 왕생하신 뒤 무주의 어떤 스님이 여러 해 동안 선사의 탑을 돌았는데 누가 그 까닭을 물었더니 그는 이렇게 대답하였다고 한다.

"병을 앓다가 명부(지옥)에 들어갔더니 전각 왼쪽에 어떤 스님의 탱화가 있는데, 염라대왕이 무수히 예배하는 것을 보고 물었더니, 맡아보는 관리가 말하기를, '그는 영명선사인데 이 스님처럼 모든 덕행(德行)이 구족원만(具足圓滿) 한 분은 일찍이 보지 못했다. 염불을 잘 닦아 지금은 극락세계에서 상품상생하여 계시오.'라고…"

견성 후 염불과 108가지 행으로 보림한 대선지식

깨달음 이후에도 하루 108가지 행을 닦으셨다는 선사의 행

적을 살펴보면, 오늘날 위기의 한국불교에 시사하는 바가 적지 않다. 깨달음만 있고 보살행이 없는 소승불교, 참선만 위대하고 다른 방편은 하열하다는 오만, 출가승이 육식과 음주, 음행 등을 태연히 자행하는 파계, 매년 안거에 드는 선승은 많지만 깨닫지 못하는 수행가풍. 그리고 해오(解悟) 또는 작은 깨달음을 확철대오로 착각하여 깨달음 이후 성태(聖胎)를 보호하고 지켜가는 공부인 보림(保任)법이 없어 막행막식에 떨어진 풍토, "책 보지 마라"(문자에 집착하지 말고 경전을 굴려라)는 말을 잘못 알아듣고 경전을 비방하고 공부하지 않는 풍토를 만들어 이른바 '무식불교'에 떨어진 한국불교의 현실에 영명선사의 삶은 경종을 울리기에 충분하다.

특히, 선종과 정토종은 물론 교종의 대선지식으로서 염불수행을 하고 정토왕생을 발원한 것을 볼 때 염불이 결코 하근기만의 전유물이 아님은 물론, 오히려 지혜와 공덕을 함께 닦은 상상근기(上上根機)들이 닦고 간절히 권유한 원돈(圓頓: 원만하고 단박에 증득하는)법문임을 알 수 있다.

철오(徹悟)선사께서 "이 염불법문은 문수보살과 보현보살 등 여러 대보살로부터 마명·용수 등 여러 대조사들과, 천태·영명·초석·연지 대사 등 여러 대선지식들에 이르기까지, 모두 한결같은 마음으로 귀의하신 가르침이다. 그런데 내가 뭐라고 감히 귀의하지 않는단 말인가."하고 탄식한 고구정녕한 말씀을 우리 불자들은 자세히 살펴보고 정토법문에 대해 참구해 보시길 간절히 발원한다.

법화삼매 통달하고 왕생극락한 행책 대사

"아직 깨닫지 못했다고 해서 자신을 얕보지 말라. 일념을 지혜광명으로 돌리면 곧 본래의 깨달음과 같다(莫輕未悟 一念回光 便同本得)."
_〈행책대사 정토경어〉

깨달음의 비결은 '일념회광'에 있다

행책 대사

예로부터 도를 찾고 깨달음과 열반, 부처를 찾는 구도자들은 진정한 대장부가 아니라면 스스로의 근기와 수행력에 좌절감을 느끼기 마련이다. 하지만 대승의 가르침은 '본래부처'를 가린 분별·망상·집착만 제거하면 본래의 성품, 깨달음(覺·붓다)을 회복해 진짜 부처가 될 수 있다는 자신감을 주고 있다. 이런 확신을 가진 구도자들은 오랜 역경과 슬럼프를 극복하고 자성불을 회복하여 스스로도 해탈하고 중생을 제도하는 깨달음의 행을 원만하게 구족할 확률이 훨씬 높다. 그래서 조사스님들은 구도자들에게 자신을 과소평가하지 말고 무한한 불성의 힘을 꺼내 쓰라고 조언을 하신 것이다.

행책(行策) 대사께서 〈정토경어(淨土警語)〉를 통해 밝힌 것처럼, 예로부터 조사·대덕께서 개오(開悟)한 비결은 바로 '일념회광(一念回光)'에 있다. 여기서 '회(回)'는 고개를 돌린다는 뜻이고, '광(光)'은 자성이 본래부터 가지고 있는 지혜광명을 말한다.

'일심불란' 돼야 자성의 지혜·공덕 현전

그렇다면 자성의 지혜광명을 어떻게 돌리라는 것일까? 그 답은 '이념(二念)'이면 돌릴 수 없기에 오로지 '일념(一念)'을 활용하라는 것이다. 일념은 곧 일심불란(一心不亂)이다. 이 일념을 닦으려면 다른 생각과 뒤섞지 않으면 된다. 한편으로 염불하면서 한편으로 망념과 뒤섞으면 공부가 진보할 수 없다. 수행자가 망상에 휘둘리지 않고 순일하게 염불하게 되면, 이 일념이 곧 '아미타불'이고 '나무아미타불'이다. 자나 깨나 일념으로 '나무아미타불'을 염한다면 진정으로 자성이 본래 갖추고 있는 지혜와 공덕이 현전할 수 있다. 바깥에서 오는 것이 아니기 때문이다.

그렇다면, 우리 염불인들이 오랫동안 공부해도 한 덩어리를 이루지 못하는 이유는 무엇일까? 열심히 염불을 하면서도 일어나는 온갖 잡다한 망념에 관여하고, 그 망념에 대해 걱정하며, 그 망념을 상기하고, 그 망념을 두려워하기 때문이다. 따라서 망념에 상관하지 않는 것이 바로 공부의 비결이다. 망념이 흘러가도록 내버려두면 된다. '나무아미타불' 이 한마디 부처님 명호를 단지 한 글자 한 글자 또렷하게 염하고 또렷하게 들으면 된다. 이것이 바로 일념회광(一念回光)이

다. 근대 중국 정토종의 대덕인 하련거 거사는 〈정어(淨語)〉
에서 "망념에 상관하지 않는 것을 제1념(第一念)이라" 하고,
"이런 생각 저런 생각으로 제2념, 제3념에 떨어지지 말고
제1념을 사용하여 일념회광을 닦으라"고 하였다. 염불인이
생활하는 가운데 사람을 상대하고 일을 처리하며 사물을 접
하는데 제1념을 사용한다면, 지혜로운 삶을 영위하는 동시
에 제대로 염불하는 방법을 터득하게 되리라.

5년 장좌불와로 선(禪)의 종지 깨쳐

이와 같이 염불행자들에게 실질적인 수행지침이 되는 〈정토
경어〉를 남긴 행책 대사는 훗날 정토종 제10대 조사로 추존
되었으며, '윤회의 흐름을 끊다'란 뜻을 지닌 절류 대사(截流
大師, 1626-1682)로도 불린다. 명나라 희종(熹宗) 천계(天
啟) 6년(1626)에 태어나 청나라 초에 활동한 대사는 중국
강소성(江蘇省) 선흥(宜興) 사람으로 속성은 장(蔣)씨이며 휘
(諱)가 행책(行策)이며, 그의 부친은 전창(全昌)이라는 분이
다. 부친은 유교의 선비로서 일찍부터 유불선에 달통한 감
산(憨山, 1546-1623) 대사와 교류해 왔다. 그런데 감산 대
사께서 세상을 떠나 등신불이 되셨는데(남화선사에 육조대사
와 나란히 모셔져 있음), 3년 후 꿈에 대사께서 주장자를
짚고 방에 들어와 은연히 앉으심을 보고 임신이 되어 낳은
분이 행책 스님이라는 것이다. 그래서 어렸을 때 이름이 몽
감(夢憨)이었다.

행책 스님이 성년이 될 즈음 부모님들이 잇따라 세상을 떠
나자, 세간을 떠나 도를 닦겠다는 발심을 하게 된다. 드디어

23세에 무림(武林, 지금의 절강浙江 항주杭州) 이안사(理安寺)에 출가하여 약암문공(箬庵問公) 선사 문하에서 공부하는 법을 배웠다. 거기서 무려 5년간 옆구리를 바닥에 닿지 않으며 눕지 않고 애써 정진하여 마침내 깊은 진리의 근원(法源)을 깨달으셨다.

법화삼매 닦아 천태종 정수 통달

청나라 순치(順治) 8년에 문공 선사께서 입적하신 후, 행책 스님은 주로 보은사(報恩寺)에 머물다가 우연히 식암 영(息庵瑛) 선사를 만나 정토법문을 듣고 염불을 열심히 하게 된다. 그리고는 또 다시 전당(錢塘)에 있는 초석(樵石) 법사를 뵙고 천태(天台) 교리를 열람해 보시고는, 함께 정실(淨室)에 들어가서 법화삼매(法華三昧)를 닦으셨다. 행책 스님은 이 법화삼매를 수행하면서 숙세의 지혜가 갑자기 돈발되어 천태교의의 정수를 철저히 통달하게 된다.

강희(康熙) 2년(1663)에 이르러 행책 스님은 항주 법화산 서쪽 시냇가에 연부암(蓮柎庵)이라는 암자를 하나 지어 그곳에서 전적으로 염불수행에 매진하셔서 득력하셨다. 그곳에서 7년 간 주석하신 스님은 그 후 강소성 오산(虞山, 지금의 상숙常熟 땅) 보인원(普仁院)에 가서서 염불을 창도하고 정토결사(蓮社)를 만들자 수행자들이 구름처럼 몰려왔다. 아울러 7일 동안 잠을 자지 않고 염불정진 하는 불칠(佛七, 7일 참선정진은 '선칠禪七'이라 한다)법회를 열면서 대중이 함께 모여 정진하는 큰 염불도량이 형성되었다. 이러한 불칠법회의 전통은 지금까지 이어져 정토종의 시원인 여산(廬山) 동림사

(東林寺)의 경우 한 번에 무려 2천여 불자들이 모여 7일간의 '나무아미타불' 염불정진에 매진하는 모습을 볼 수 있다.

'불칠'법회로 7일 용맹정진도량 세워

행책 스님은 정업(淨業)을 닦는 수행자가 오랫동안 염불해도 윤회를 벗어난 청정한 세계인 정토에 왕생하는 자가 드문 이유를 통찰하고, 제자들의 근기와 성향에 맞는 방편을 선택하여 간절한 노파심으로 약방문을 제시하듯 지도하였다. 대사께서 파악한 바로는, 사람들이 왕생하지 못하는 원인은 모두 탐욕과 애정의 뿌리를 뽑지 못하고 그 굴레에 매여 있기 때문이었다. 왕생극락이 비록 아미타부처님의 '본원의 힘(本願力)'에서 가능한 일이지만, 염불행자가 현생에 대한 집착이 강할 경우는 왕생이 쉽지 않은 것이 현실이다. 따라서 행책 스님은 염불행자들이 왕생극락에 대한 진실한 서원을 발하는 동시에 사바세계의 삶을 싫어하는 염리심(厭離心)을 갖고 삼계를 벗어나려는 출리심(出離心)을 가져야 한다고 간절히 당부했던 것이다.

대사의 광명 보고 2인이 지옥에서 환생

그토록 활발하게 정토법문을 열어보였던 행책 스님은 당신의 정토업(淨土業)을 성취하시자 조용히 세상을 떠나시게 되었다. 보인원에 주석한 지 30년 되는 강희(康熙) 21년(1682) 7월 19일 세수 57, 승랍 35세를 일기로 생사윤회의 수레바퀴에서 벗어나신 것이다.

〈정토성현록(淨土聖賢錄)〉에는 스님의 왕생과 관련한 기이한 일화 두 건이 간략하게 기록되어 있다.

그 당시 손한(孫翰)이란 사람이 병으로 앓다가 죽었는데, 하루를 지나 다시 깨어나서 하는 말이 "명부(冥府)에 가서 심판을 받던 중 갑자기 밝은 광명이 천지를 밝게 비추니 염라왕이 엎드려 절을 하더라"는 것이다. 그리고는 하는 말이 "방금 이 광명은 청나라 행책 대사께서 왕생극락 하시면서 비추신 광명인데, 너희들이 다행히 그 빛을 받은 인연으로 많은 죄업이 소멸되어 다시 환생시켜 주니 나가서 많은 공덕을 짓도록 하라"고 했다는 것이다. 그리고 같은 날, 남관 밖에 살고 있는 오씨(吳氏)의 아들도 역시 깨어나서 손씨와 똑같은 말을 하더라는 것이다. 그 후 두 사람은 크게 발심하여 염불수행을 철저히 행한 것은 물론이다.

대신심 있어야 염불삼매 · 왕생 가능

당시에는 큰 화제가 된 이러한 기록을 요즘 사람들이 보면 진위여부를 따지며 황당하다는 반응을 보일 지도 모르겠다. 하지만 선종에서 화두를 타파하기 위해 스승과 공안(公案)에 대한 대신심(大信心)을 강조하듯이, 정토종에서도 '믿음'이 왕생을 결정하는 가장 중요한 요인임을 알아야 한다. 〈대혜선사어록〉에 '신득급(信得及)'을 강조했듯이, 어떤 수행방편이든 절대적인 믿음과 확신(信)이 있어야만 체험하여 증득(得)할 수 있고, 수행의 과지(果地)에 도달(及)할 수 있음을 기억하자.

임종 시 윤회 벗어나는 생사해탈법

오늘날 대다수의 어르신들은 만년에 질병이 몸에 달라붙고, 임종 시에 매우 큰 고통이 따를 것이며, 어떤 분들은 치매로 몇 년 끌다가 운명하는 때에 혼미하고 정신이 맑지 못한 경우가 대부분이다. 그러니 우리는 인생의 큰일(大事)로 정토에 왕생함을 가장 우선순위로 삼아야 한다. 진실한 믿음, 간절한 염불로 시시각각 마음에 아미타부처님이 계시다면, 눈빛이 땅에 떨어지는(眼光落地) 크나큰 고통의 순간에도 여여하게 '나무아미타불'을 염하여 육도윤회의 고통스런 수레바퀴에서 벗어나는 기연을 맞이하게 될 것이다.

만약 염불이 아닌 참선과 위빠사나를 통해 견성성불하거나 아라한이 된다면 그 또한 생사해탈의 큰 길이겠지만, 그 확률은 과연 60억 분의 몇이나 될까? 냉철한 판단으로 생사해탈의 가장 빠르고 효과적인 지름길이 담긴 제불보살과 조사 스님들의 특별법문(정토법문)에 귀 기울여 보시길 간절히 발원한다.

법화행자 가구 스님이 믿은 과보로 왕생극락함

『왕생전(往生傳)』에서 말하였다.

명주(明州)의 스님 가구(可久)는 항상 『법화경』을 독송하였기 때문에 구법화(久法華)라고 불렸다. 평생 동안 정토업을 닦았다.

원우(元祐) 팔년, 나이 여든한 살에 앉은 채로 천화하였다가 다시 살아나서 정토에서 있었던 일을 말하는데 『십육관경』에서 설한 것과 동일했다.

"정토에 가서 연화대를 보았더니 합생자(合生者)의 이름이 모두 표시되어 있었다. 한 자금대(紫金臺)에는 송나라 성도부(城都府)의 광교원(廣教院)이 법화경을 익혀서 그 가운데 앉을 것이라고 표시되어 있고, 또 다른 금대에는 명주의 손자 12랑(郎)이 그 가운데 합생(合生)할 것이라고 표시되어 있고, 또 한 금대에는 구법화라고 표시되어 있고, 또 한 은대(銀臺)에는 명주의 서도고(徐道姑)라고 표시되어 있더라"라는 말을 마치고 다시 천화하였다.

5년이 지나서 서도고가 죽자[卒] 기이한 향기가 방에 가득 찼고, 또 12년이 지나서 손자인 십이랑이 죽자 하늘 음악 [天樂]이 허공에 가득 찼다.

오늘 이 도량의 동업대중이여, 위에서 설한 바와 같이 왕생하였으니 오늘날 승려된 이들은 마땅히 이와 같이 스스로 생각해야 한다.

'나는 출가인이다. 생사를 요달하는 것이 본분이니 이와 같이 티끌 세계인 속세에 골몰해서는 안 된다. 하루아침에 대한(大限: 임종)이 도래하면 무엇을 의지할 것인가. 세간의 선업을 짓는다 해도 생사윤회를 면할 수 없다. 만약 정토를 수행하면 속히 생사를 벗어나 면전에서 아미타부처님을 뵐 수 있다. 이렇게 해야만 비로소 출가사(出家事)를 마치는 것이다. 또 나아가 이로써 다른 이를 교화하고 자기를 위하는 것을 승(僧)이라 한다.'

그 말을 반드시 믿고 따라서 행하면 이익이 무궁하여 반드시 상품에 왕생할 것이니, 다 같이 지극한 마음으로 오체투지하여 세간의 대자비하신 어버이께 귀의하라.

게송 삼천 장을 50년간 외우고 왕생한 지통 스님

석지통의 성은 정씨며 하동 기씨 사람이다.

나면서부터 총명하고 도를 숭상하며 글을 익히고는 출가하고자 하니 부모가 괴이하게 여기면서도 허락했다. 열 살에 삭발하여 계행을 닦아 법어를 읊었으며 법화경을 주야로 끊이지 않고 읽었으며 많은 경전 중에 부처님을 찬탄한 중요한 게송 삼천여 장(章)을 오십여 년 간 외었다.

애초 아프다는 말이 없다가 대업 7년(611년) 10월 24일 질병으로 산사에서 입적했으니 춘추 64세였다.

임종하기 전 수일 동안 의식이 없다가 유나(維那)가 종을 울리니 종채가 저절로 꺾어져 논의를 했으나 어찌할 줄 몰랐다. 이에 지통이 듣고 시자에게 "아미타불과 법화의 이름을 불러 생각과 마음을 돌이켜 섭수해서 나를 서방정토에 나도록 발원하라" 했다.

저녁 늦게 서야 눈을 뜨고 한참을 바라보았는데 눈을 깜짝이지 않은 상태로 쳐다보았다. 곁에 있던 시자는 향을 사르고 적연(寂然)히 공경하는 자세로 서 있었는데 손가락을 퉁기며 이르기를 "불가사의로다."

어떤 이가 그 이유를 물으니 "보배의 깃발과 꽃으로 된 일산으로 장엄한 탑묘를 보았노라."

초저녁에 다시 머리를 돌이켜 옆을 보고 이르되 "처음에 밝은 구슬을 보았는데 지금은 어딘고?" 다시 이르되 "무슨 연고로 큰 등불이 비추다가 갑자기 등불이 꺼지고 어둡는고?" 잠깐 있다가 다시 이르기를 "불빛이 한창이었는데 해를 가려 실내가 어두워졌도다." 이에 합장하고 아침에 이르러 말하기를 "내가 정토에 태어났도다."

이로 인해 고요한 가운데 산과 땅이 동요하고 문과 창이 떨어질 듯 흔들렸으며 수많은 꿩들이 놀라 소리쳤다. 그러한 소리가 항상 들릴 뿐만 아니라 도혜스님도 날이 밝기 전에 잠에서 놀라 깨어 요사에서 나와 이르기를 "선사께서 입적하고는 반드시 정토에 태어났으리라." 그러한 징후를 알 수 있었던 것은 "잠결에 서쪽 고개 위 누각 위로 허공을 타고 가는 것을 보았노라." 말을 마치자 지통스님이 가 버렸다.

그의 어머니 왕씨는 오랫동안 불교를 신봉하여 많은 경전을 독송예참(讀誦 · 禮懺)하고 발심하여 극락왕생 하는 것으로 일상을 삼았다.

정관 11년(637년) 2월 임종에 가까워지자 더욱 열심히 정근하니 상(床) 앞에 50말이 들어갈 만한 항아리 크기의 붉은 연꽃이 보였고, 또한 푸른 연꽃을 집안 가득 볼 수 있었다.

아미타불과 관음보살, 대세지보살이 협시 보살들과 이르렀으니 형상이 몹시 컸으며 보살들이 가까이서 오랫동안 같이 있었다. 이는 실록에 전해진다.

- 〈속고승전(續高僧傳)〉에서

법화삼매로 보현보살 감응 받고 왕생한 법성 스님

석법성의 성은 번씨며 옹주 만년 사람이다. 어려서 남전 왕효사에 출가하여 사문 승화를 스승으로 섬겼다. 승화는 벼슬하는 이들에게 성인에 비교할 만큼 추앙받았다.

어떤 사람들이 그를 해치고자 하여 밤에 방 앞에 가서 안을 들여다보니 맹렬한 불꽃이 그를 보호하고 있기에 모두가 물러나왔다. 이는 그가 평소 맑은 물을 마시며 청결히 했기 때문이다.

사람들이 혹 그를 놀리기 위해 몰래 양의 뼈를 물에 담구곤했다. 승화가 평소대로 아무것도 모르고 그 물을 마시면 어김없이 구토를 했다. 이는 확실한 의식이 있었기에 가능했다.

법성은 열심히 정진했는데 특히 법화경 독송으로 일상을 삼았다. 선림사 상선사(相禪師)를 뵙고 정행(定行)을 물었으며 덕화(德化)가 있어 배우는 무리가 많았다.

대중이 숭앙하여 말년엔 운화에 머물면서 승려들의 기강을 세웠고 수나라 문제가 그의 덕을 흠모하여 스승으로 초청했지만 깍듯한 예로써 고사했다.

이윽고 걸망을 지고 멀리 명산의 선지식을 찾아 도를 구했다. 그로 인해 초공을 만나 조용히 은거하면서 마음을 닦았다.

남곡에 주석할 때 책상 하나를 겨우 놓을 만큼 좁은 장소여서 잘못 움직였다가는 깊은 골짜기로 떨어질 위험이 있었다. 이어 사람의 자취가 끊어지고 구름을 헤친 숲속에 띠로 지붕을 이은 초가집을 지었다. 마치 깨진 옹기로 창문 삼은 듯한 조촐한 집을 짓고 정진하여 홀연히 깨쳤으니, 그곳이 오진사다.

법화삼매(法華三昧)에 들어 용맹스러이 정진했다. 그리고 조석으로 목욕재계하고 온갖 정성을 다해 정진하니 꿈에 보현보살의 감응을 받게 되었는데 기쁘게 대교(大敎)를 권하며 이르되, "대교대승(大敎大乘)은 모든 부처님의 지혜로써 반야(般若)라 한다."

손수 법화경을 노지(露地)에서 사경하다가 다른 일로 미처 수습하지 못한 채 개울이 넘치는 큰비를 만났다. 이윽고 비는 그쳤지만 큰물이 계속 흘러 자빠진 소나무에 매달려 개울 위로 나오지 못했는데 홀연히 언덕 위로 올라와 털끝 하나 상하지 않았다.

정관(貞觀) 14년(640년) 늦여름 어느 날 갑자기 신병(身病)이 있음을 알고 곧 극락에 가기를 발원하고 목욕을 마쳤다. 그리고 상여를 손수 점검하고는 호화롭지 않도록 당부했다.

정확히 월말에 이르러 밝은 해가 뜨자 까닭 없이 이르되, "단지 가고프니 연주가 필요 없구나." 시자를 돌아보며 이르되, "모든 것은 항상 하지 않으며 나고 멸하여 구류(九類) 중생에 머물지 않고 (윤회를 벗어난 서방정토 극락세계에) 왕생한다 했으니 이 말을 증험하리라. 지금 문 밖에서 오랫동안 동자가 와서 맞이하려 하니, 내 이제 세상을 떠나리라. 그러니 그대들은 부처님의 정계(正戒)를 어겨 후회하는 일이 없도록 하여라."

말을 마치자 입에서 광명이 나와 온 실내를 비추며 신비로운 향내음이 풍겼다. 그리고 단정히 앉아 홀연히 입적하였으니, 78세였다.

항상 정성을 다해 독송하였으며 1년에 법화경 오백 번을 읽었다. 그 밖의 날은 독송과 아울러 수많은 이들을 제접(提接)하였는데 경부(經部)에 있는 내용이 아니면 타인에게 말하지 않았다. 대략 십년동안 만여 번이나 독송했다.

법화경 독송으로 극락에 태어난 묘공 스님

비구니 묘공(妙空)은 검소한 공양과 의복으로 오로지 법화경만을 독송하고 다른 경에서는 한 게송도 수지하지 않았다.

항상 윤회를 벗어난 정토인 극락에 태어나기를 발원하고 겸해서 염불삼매(念佛三昧)도 익혔다. 임종에 이르러 자줏빛 구름이 도량을 가득 덮고 신비로운 향이 한 고을에 두루 했다.

후에 제자 비구니의 꿈에 "내가 일생 동안 법화경을 수지하여 극락 상품중생(上品中生)에 태어났는데, 만약 의취(義趣: 경의 뜻)를 겸해서 알았더라면 반드시 상품상생(上品上生)에 태어났으리라."

- 〈법화경 전기〉 중에서

법화경 공양으로 업장 소멸되고 왕생한 혜진스님

석혜진의 성은 요씨며 오흥 사람이다.

어려서부터 용맹스러웠고 타고난 협객이었다. 나이 40이 되어 문득 깨친 바가 있어 세속을 떠나 궁성이 있는 곳의 고좌사에 머물면서 매우 검소한 공양과 의복으로 정진했다.

서원을 세우고 법화경을 매우 열심해 독송하다가 병을 얻게 되었다. 이에 발원하기를 "원하옵건대 법화경 백 부(部)를 만들어 앞서 지은 업장을 참회하옵니다."

비로소 천 육백 문(文)의 돈을 모았다. 때마침 도둑이 들어 묻기를 "있는 것을 모두 내시오."

답하되 "경만 들 돈이 부처님 전에 있을 뿐이오."

도둑 떼들이 그 말을 듣고 도로 놓고 갔다. 이렇게 해서 다시 신도들의 시주를 모아 경 백 부를 만들었다. 그 후 병 또한 나았다.

법화경을 전체 독송하려는 소원을 이루고 나서도 더욱 열심히 정진했다. 항상 복업(福業)을 회향하고 극락에 태어나기를 발원했으니, 홀연히 공중에서 소리가 들려 오기를 "그대의 소원이 이루어져 반드시 서방정토에 태어나리라." 제(齊) 영명(永明) 3년(485년)에 아무런 병이 없이 입적했으니 85세였다.

열병에 빠졌던 치아가 솟아나고 왕생한 보안 스님

석보안의 성은 진씨며 어려서 출가하여 법화경을 독송하고 통달한 자긍심이 대단했다. 열병을 얻어 치아가 모두 빠져 자긍심이 사라진 후 다시 일심으로 1년을 열심히 독송했다. 그러던 어느 날 꿈에 하늘에서 동자가 내려와 버들가지로 잇몸을 가리키며 이르되 "그대는 일심으로 경을 독송했기에 빠진 치아가 본래대로 나리니 앞으로 득도(得道) 시(時)에는 치아가 희고 고르게 나리라." 말을 마치고 꿈에서 깨자 입속에 치아가 모두 솟았다.

후에 고요한 방으로 옮겨 창을 향해 독송하니 저절로 음식이 책상 앞에 놓였으며 공양을 먹고 난 후로 칠일 동안이나 배가 불러 예전과 같이 몸에 살이 붙었다. 이렇게 감응으로 얻은 영험이 헤아릴 수 없다. 춘추 89세에 입적하니 향기가 도량에 가득하고 공중에서는 음악이 들렸다. 그날 밤 보안의 제자 꿈에 한 외국승려가 게송을 설하되,

> 만약 법화경을 일심으로 독송한다면
> 성중(聖衆)이 와서 수기(授記)를 내려
> 반드시 극락정토(極樂淨土)에 태어나리라.

이로 미루어 보건대 법화경을 독송하면 극락정토에 태어나리라.

염불한 공덕으로 정토에 화생한 승연 스님

석승연(釋僧衍)은 병주 사람이다. 병주인들은 7세 이상이면 모두가 염불을 할 줄 알아 많은 이들이 정토에 태어나곤 했다.

승연이 오래도록 병주에 거주하면서 법화경을 독송하며 안양(安養: 극락세계)을 희구했다. 이는 곧 경에 이르되 '극락세계에 가기 때문이라.' 해서 매일 한번씩 3년동안 천 번을 읽게 되었다.

이윽고 꿈에 자신의 좌우에 날개가 나서 법화문자로써 문양을 만들고 날아오르려 하자 곧 몸이 가벼워져 서방까지 날아갔다. 칠보지(七寶地)의 궁전에 다다르자 그곳엔 천인이 가득했으며 자신의 몸을 돌아보니 날개가 달려 있었다.

대보연화대엔 낱낱 문자가 있었으며 육불신(六佛身)이 모습을 변하여 각기 게를 설하되 "그대가 세상에 있으면서 묘법을 독송했으되 중생의 업장으로 인해 오직 글자만을 보았을 뿐이나 사실은 삼신원만불(三身圓滿佛)이니, 이제 날개를 달고 본래 몸으로 돌아 왔도다."

게를 듣고 연화대를 보니 육만구천삼백여 화신(化身) 부처님이 연꽃잎 위에 앉아 있었으니, 연화대 위의 부처님은 아미타불이었다. 이에 앞으로 나아가 정례(頂禮)하니, 연화대 부처님이 승연에게 이르되 "그대는 염부제로 돌아가 내가 이른 말을 중생들에게 보여 법화공덕을 널리 펴도록 하여라." 그때 마침 모든 부처님들이 본래의 날개를 변화해 만들고 사바세계로 돌아갔다.

꿈을 깨고 감격의 눈물을 흘리며 법화경을 독송하고 깊이 마음을 관(觀)했다. 혀끝에는 여덟 송이의 연꽃이 있었으며 꽃송이마다 부처님이 결가부좌하고 앉아 법화경의 낱낱 문자를 입으로부터 송출(誦出)했으니 모두가 금색으로 광명이 났다. 이윽고 부처님 몸으로 변하여 허공에 가득했으며 경을 가진 이들로 에워싸여 있었다. 이러한 모습은 눈을 감으면 곧 나타나고 눈을 뜨면 볼 수 없었으니 오직 관하고 독송할 뿐이었다.

임종할 때에 자줏빛 구름이 섬돌에서 일어났고 단정히 앉아 경을 독송하며 입적하니, 춘추 79세였다. 이같은 경의 오묘한 일들이 비밀리에 간직되어 오던 것을, 후에 알게 된 이들이 애석하게 여겨 전한 것이다.

죽은 지아비와 친척들을 서방정토로 천도한 양씨

여인 양씨(揚氏)는 어려서 부모를 잃고 중년엔 남편을 잃어 홀로 지냈다. 이로 인해 무상(無常)을 절실히 느꼈고 아울러 여인의 몸인 것을 몹시 싫어했다.

스승으로부터 도를 구해 제바품(提婆品)을 수지하고 정성을 다하여 열심히 독송했다. 일년 동안 밤낮을 가리지 않고 암송하니 저절로 연화에 앉아 송경하는 꿈을 꾸었다. 꿈에 깨어나 스승에게 아뢰니, 스승이 이르되 "경에 이르기를 蓮華 화생한 일이로다."

이 후 더욱 뜻을 굳게 하여 정진하자, 다시 꿈에 자신이 단박에 장부로 변하여 백천 권속(眷屬)에게 에워쌓였다. 이 일을 스승께 아뢰자,

스승이 이르되 "경에 이르기를 장부상(丈夫相)을 갖춘 것이니라. 꿈에 다가올 모습을 나타낸 것으로 그대의 소원이 반드시 이루어지리니, 의심의 여지가 없노라."

여인이 신심으로 정결히 하고 발원하기를 '원하옵건데 저희 부모와 아울러 죽은 지아비와 모든 친척들이 송경(誦經)한 공덕의 힘을 입어 고통에서 벗어나게 하여 주옵소서.'

꿈에 부모와 지아비 그리고 여러 친우가 그녀에게 와서 이르되 "우리들이 그대의 은혜를 입어 연화좌(蓮華座)를 얻었노라."

꿈속의 일을 다시 스승께 아뢰니, 스승이 이르되 "그대의 송경한 공력으로 정토에서 맞이했노라."

그녀가 몹시 기뻐하며 말하되 "저 또한 욕락(欲樂)을 좋아하지 않아, 금생의 몸으로 극락에 잘 회향하여 시방의 부처님 전에 태어나고자 하온데, 글이 어찌 서방을 분간하리오."

발원하고 주야로 송경했으며, 임종에 이르러 스승께 사뢰되 "여러 친우와 아울러 관세음보살이 와서 저를 맞이하오니 먼저 정토에 태어납니다."

스승께 말을 마치고 입적하니 미세한 음악이 밖으로부터 들려오고 희유한 향내음이 그녀의 온몸에서 풍겼다.

당시 남녀들이 제바(提婆) 1품(品)을 수지한 이들이 많아 장안의 옛 본에 다수가 이 품이 결여되어 있다. 이는 서사(書寫)에 힘쓰지 않고 대부품(大部品)만을 공부한 까닭이다.

사묘의 귀신이 된 축담수가 사경 공덕으로 왕생하다

축담수(竺曇邃)는 어느 때 스님인지 알 수 없다. 젊어서는 방탕하여 계행을 닦지 않고 자만과 오만으로 다른 이로 하여금 불편하게 하였으며 혹 말 한마디를 하더라도 남과 시비하는 것 같은 말투였다. 해가 갈수록 함께 있던 대중들이 원한을 품게 되어 성난 감정을 갖지 않은 이가 없었다.

어느 날 저녁 꿈에 옛 부인이 와서 말하기를 "당신은 마땅히 청계(靑溪)의 묘신(廟神)이 되고 훗날 병을 얻게 되리라."

임종에 이르러 같이 수학하던 이들에게 이르되 "나는 평생토록 많은 이들에게 거스르게 했으며 진실함이 적어 복덕마저 천박해서 귀신의 몸을 받아 청계묘주(靑溪廟主)가 될 것이니, 그대들이 인연이 있으면 방문해 주시오."

운명을 하자 과연 묘소에 신이 있다는 말이 들려 여러 도반들이 그곳에 이르러 서로 대화를 나누니, 목소리와 웃음소리가 마치 살아 있을 때와 같았다. 이어 도반들에게 법화경을 돌아가면서 독경해 주기를 간청했다. 마침 혜근(慧覲)스님이 있었는데 그는 전부터 항상 독송해 오던 터라, 그 일로 인해 자주 계합(契合)하여 매번 법화경을 독송해 주었다.

어느 땐 문득 보살을 불러 슬픔을 이기지 못하여 그를 위해 눈물을 흘렸다. 이로 인해 묘수(廟邃)가 말하기를 "지금 악신(惡身)의 몸을 받아 괴로운 것은 추악하고 더러운 데에 있는 것이 아니요, 지극히 고통스러운 것에 있는 것입니다."

다시 말하기를 "제가 예전 방문 문지방 밑에 돈 오천 문(文)을 두었으니 그 돈으로 복전을 지어 주면 자못 이 고통에서 벗어날 것입니다."

이렇게 헤어진 후 함께 수학하던 대중들이 그를 위해 법화경 세 부를 만들고 재(齋)를 시설(施設)해 참회하니 묘수가 잠잠해지고 신의 자취도 없어졌다. 이는 경을 서사(書寫)한 공력으로 인해 고통을 여의고 극락에 태어난 사실임을 알아야 하느니라.

아귀 과보를 받은 후 참회하여 왕생극락한 법풍 스님

석법풍(釋法豐)의 성은 축씨(竺氏)며 돈황 사람이다. 지난 날 구자국에 있으면서 한 사찰을 빈틈없이 수리했기에 당시 그의 호를 따서 법풍사라 했다.

오로지 사찰 소임에 전념하여 공력을 더욱 인정받았다. 그 즈음 사찰에 있는 물건을 거두어 밖으로 내니 그 일이 점점 심해져 어느 날 승려의 식량마저 줄어들어 부족하게 되었다. 얼마 후 마침내 사망하여 아귀에 태어나 늘 사원에 있으면서 초저녁부터 밤 늦게까지 아귀가 되어 울먹이며 방을 돌면서 소리쳤다.

제자 보혜가 듣고 탄식하며 이르되 "분명 우리 스승의 소리인데 무슨 일인지 여쭈리라."

법풍이 이르되 "승려들의 식료(食料)를 부족하게 만들어 아귀의 고통을 받고 있으며 그 고통이 너무 심해 견딜 수가 없으니 원하건대 나를 구제해 주오."

제자가 법화경을 서사(書寫)해서 널리 재를 올려 참회토록 하여 극락에 태어나게 했다.

- 〈자경록(自鏡錄)〉·〈징험전(徵驗傳)〉에서

법화경을 읽고 중풍이 나은 왕명 스님

스님 왕명(王名)은 어디 사람인지 알 수 없으나, 불행히 중풍이 걸렸다. 별의별 방법을 다 써보았으나 아무런 효과도 없었다. 그러다가 문득 법화경은 '염부제 사람의 병의 양약'이란 말을 듣고, 법화경을 독송할 뜻을 세우고, 한 질을 전부 독송하니 병이 말끔히 나았다.

또 남대녹사 유씨도 그 병에 걸려 여러 가지로 치료해 보았으나 역시 도무지 보람이 없었다.

어느 날 유씨가 길에서 한 스님을 만났다. "나도 그 병에 걸렸었는데 법화경을 독송한 공덕으로 완전히 나았습니다." 이에 유씨는 결정하고 믿을 마음이 생겨서 곧 법화경을 구해서 잠시도 손에서 놓지않고 부지런히 독송하였다.

한 질을 다 독송하니, 꿈에 한 이승(異僧)이 나타나서, 손으로 유씨의 몸을 어루만지고, 쑥으로 온 몸을 떴다.

유씨가 놀라 잠을 깨어보니 땀이 흠뻑 나서 물 흐르듯하는데, 몸과 마음이 상쾌하였다. 그리고, 구름이나 안개가 걷히듯 병이 깨끗이 나았다.

- 〈법화영험전〉 중에서

법화경을 지송하다가 산삼의 정기가 품에 들다

정견이라는 스님이 어릴 때 출가하여 오래도록 용문산에 머물면서 법화경 지송하기를 일만삼천 편을 하고 나니 몸이 피곤하여 얼굴이 수척해지는지라.

그럼에도 정진하기를 그치지 않고 줄곧 이십여 년을 끌어나갔더니 하루는 북쪽에서 어린아이 수십 명이 몰려들며 왁자지껄 떠드는데 그 시끄러움을 견디기 어려우나 그 아이들이 어느 곳으로 좇아옴을 알 수 없기에 주저주저하는데 뜻밖에 한 백두 노옹이 나타나며 하는 말이 "스님의 기력이 어떠하십니까?" 한다.

이에 정견이 대답하기를 "점점 피곤이 더해감을 깨닫는데 어느 곳에서 좇아왔는지도 알 수 없는 조무래기 아이들이 날마다 분란을 피워 차마 그대로 더 볼 수가 없습니다"라고 하였다.

정견의 말을 듣고 노옹이 가로되

"스님은 이제 그 아이들이 노는 곳에 가서 모두 옷을 벗고 목욕함을 기다렸다가 한 놈이 벗어놓은 옷을 집어가지고 돌아오십시오. 그러면, 옷을 빼앗긴 아이가 분명히 따라와서 옷을 내어달라 간청할 것입니다. 그러나, 모른척하고 내어주지 않으면 필경에 욕지거리까지 할 것입니다. 스님은 그때 꾹 참고 아무런 응답도 하지 말고 계시면 제가 와서 말씀하여 드리리다.” 하였다.

정견이 노옹의 말대로 여러 아이들이 옷을 벗고 못에 들어가 목욕하는 곳에서 한 작은 아이의 옷을 집어가지고 방으로 돌아오니 그 아이가 얼른 보고 뒤를 따라오며 옷을 달라 하거늘 정견은 노옹의 부탁을 생각하고 영 돌려주지 않고 그 아이가 악담으로 욕설을 퍼부어도 조금도 마음을 움직이지 않고 앉아있었다.

그때 어디선가 노옹이 달려와서 그 아이에게 일러 말하되 “너는 스님의 품으로 들어가!” 하는 것이었다. 그 아이가 머뭇머뭇하며 듣지 않다가 노옹이 몰아 내쫓기를 두 세 번 한 후에 어쩔 수 없이 정견의 품으로 달려들어 뱃속으로 빠져 없어지거늘 노옹이 그때 정견에게 묻기를 “스님의 기분이 어떠합니까?” 하였다.

정견이 대답하되 “기력이 그전보다 훨씬 더 나아졌습니다” 하니 노옹은 “감사합니다” 하며 그 즉시 작별하고 떠나갔다.

정견은 그로부터 정신이 백 배나 나아져서 경전 독송에 아무런 힘도 들지 않는데 식자는 말하기를 그것은 보현보살이 산신을 시켜 산삼의 정기를 모아 한 작은 아이로 변형을 시켜 정견의 품에 들어 병을 없게 해준 까닭이라 하였다.

문둥병 환자가 법화경을 통달하자 병이 낫다

중국 당나라 산서성에 있는 강주 고산의 함천에 법철 선사라는 분이 있었다.

하루는 조용히 산을 돌아다니면서 부처님의 가르침을 생각하는 수행을 하는데 한 문둥병 환자가 토굴 속에 있다가 스님을 보자 먹을 것을 빌었다. 이에 스님은 그를 불쌍히 여겨 절로 데리고 와서 토굴을 파서 거처하게 하고 옷과 음식을 주면서 법화경을 가르쳐주었는데, 그 사람은 본래 글을 모르는데다가 아둔하고 어리석어서 가르치기가 몹시 힘들었다. 하지만, 스님은 한 구절 한 구절 싫증내지 않고 꾸준히 가르쳐 주었다.

절반쯤 독송하게 되었을 때 꿈에 한 스님이 나타나 그를 깨우쳐 준 후부터는 차차 총명해져서 깨달음이 빨랐으며, 이리하여 제 5권에 이르자 몸의 헌 데가 차차 아물더니 법화경을 전부 통달하자 몸이 완전히 건강하게 되었다.

부처님의 말씀은 병에 대해 좋은 약이라는 말의 뚜렷한 징험이었다.

법화경을 독송함에 호법선신이 뜰에 가득하다

승영이라는 스님은 젊어서 출가하여 강양 영제사에 머물러 있었는데 나이가 늙도록 법화경을 독송하고 익히기를 게을리 하지 않았다.

이웃 방에 다른 법사 한 분이 있어 항상 승영스님이 소리높여 법화경을 읽는 것이 자기 자신의 간경에 방해가 된다 하여 승건이라는 스님에게 승영스님의 고성 독경을 못하도록 부탁하였다. 승건스님이 허락하고 그날부터 권고하기로 하였는데, 마침 승영스님이 달이 창에 밝음을 이용하여 언제나처럼 경을 외우거늘, 승건스님이 막 승영스님에게로 가려고 할 때 멀리서 바라보니 승영스님의 방 앞에 수천의 사람이 있어 몸에 의갑주를 굳게 하고 창과 활을 지니고 합장하고 꿇어앉아 정성스럽게 그 송경소리를 듣거늘 승건이 크게 놀라 가만히 자기 방으로 돌아왔다. 다음날 이웃 방의 법사를 찾아가 어젯밤 일을 자세히 설명하고 승영스님에게 그들의 허물을 크게 참회하였다.

승영스님이 혹 출입을 하게 되면 팔부신중의 호위하는 형적이 항상 나타났는데 개황연중에 영제사에서 열반하였다고 한다.

소가 된 어머니를 인간계로 환생시킨 성천 스님

명나라 성천 스님의 호는 낭연이었다.

오성 사람으로 일찍이 보타사에 들어가 출가하여 불법을 배워 익혔는데 돌아가신 어머니가 좋은 곳에 가지 못하고 축생의 보를 받았을 것 같아 태창 경신년에 남해로 가서 훌륭한 법사를 청해다가 법화경을 독송하니 우연히 부근에 있던 힘이 센 소가 갑자기 죽었다.

그날 밤 스님의 꿈에 어머니가 나타나서 말하기를 "나는 옛날 업이 무거워 아무개네 집 소가 되어있었는데, 오늘 네가 법화경을 독송해준 공덕으로 소의 몸을 면했다"고 스님에게 절을 하면서 참회하였다.

성천스님이 몹시 측은하여 다시 부처님 앞에 나아가 어머니의 인간계 환생을 기도드리니 그날 밤 꿈에 어머니가 또 나타나서 "나는 네가 경 읽고 예참한 힘을 입어 동쪽 마을 아무개네 집에 태어나게 되었으니 그리 알라"고 하였다.

스님이 이 말을 명심했다가 이듬해 그 집을 찾아가보니 과연 정씨집에서 아들을 낳았는데 서로 보고 놀라는 표정을 할 뿐이었다.

스님은 절로 돌아가자 곧 도량을 깨끗이 치우고 몸에서 피를 내어 법화경 일곱 권을 다 써마치고 진흙으로 연잎을 만들어

벽에 붙이니 모든 상이 관세음보살께 절을 하는 모습을 했다.

이를 보는 사람마다 환희심을 일으켜 발심하지 않은 이가 없었다.

혜초 스님의 독경으로 기와가 연꽃으로 변하다

혜초 스님은 단양 건원현 사람으로 어려서부터 원대한 생각을 가지고 법화경 독송을 업처럼 삼고 있었다.

그러던 중 나라에서 영을 내려 승려가 되는 것을 엄중히 금지하고 단속했다. 이에 스님은 기왓굴 속에 숨어서 여러 해를 지내게 되었는데, 뒤에 금령이 없어져 자유롭게 되자, 숨어지내던 기왓굴의 주인을 찾아가서, "빈도가 이 안에서 법화경을 천여 번이나 독송했으니 깨끗이 소제하여 공양하시고 다시 기와 굽는데 쓰지 마십시오"라고 하였다.

그러나, 주인은 스님의 말을 믿지 아니하고 수리하여 전처럼 기와를 구웠는데 꺼내보니 모두 연꽃모양으로 변하여 사방의 벽에 덮여있었다. 이에 먼 데서까지 많은 사람들이 구경을 와보고 모두 감탄하기를 마지않았다.

또 혜초 스님이 일찍이 절에서 법화경을 독송하고 있을 때, 사나운 짐승이 와서 들었는데 스님이 수계를 시키니 마치 집에서 기르는 개처럼 온순했으며, 스님이 신도는 이제 돌아가라고 하니 맹수는 순순히 가버렸다.

이렇듯 스님이 하신 일들은 이승과 저승을 다 수없이 감동시켜 이루 다 기록할 수가 없었다.

뒤에 병이 들어서 위독해지자 제자들이 눈물을 흘리며 슬퍼하니 혜초 스님은 오래 산다고 기뻐할 것도 없고, 일찍 죽는다고 슬퍼할 것도 없다하고, 서쪽을 향하여 단정히 앉아서 조용히 숨을 거두시니 나이 일흔 일복 무덕5년(서기 622년) 12월 6일이었다.

문인 중에 좋은 생각을 가지고 있는 이가 있어 역시 법화경을 일만여 번이나 독송하였는데, 임종하는 날 번개와 하늘꽃이 하늘에서 분분히 떨어지고 하늘의 음악이 요란히 들려와 절에 있던 스님들이 모두 보고 들었다. 또 스님은 윤회계를 벗어난 세계인 극락에서 온 연화대가 당신을 맞으러오는 것을 보고 단정히 서서 합장하고 입적하였으니 사방에서 수없이 많은 사람들이 구경하러 몰려들었다.

꿈에 부처님이 손으로 어루만져 병이 낫다

송나라 나여의 아내 비씨는 중국 감숙성에 있는 영주 사람이 었는데 삼보를 믿고 공경하였으며 여러 해동안 법화경 독송을 부지런히 힘써 조금도 게으름이 없었다.

그런데, 갑자기 병에 걸려 가슴이 몹시 아프게 되어 그 고통이 점점 더 심해져서 극도에 이르러 온 집안이 크게 두려워하고 근심하였다.

비씨는 속으로 내가 법화경을 부지런히 독송하였으므로 반드시 좋은 도움이 있으리라 생각했는데 끝내 그 보람이 없이 이제 죽어가는 것인가 하고 애타하다가 잠이 들었다.

꿈에 부처님이 나타나 창밖에서 손을 뻗으셔서 그의 가슴을 어루만져주시니 이때 집 안팎이 온통 금빛으로 빛나고 방에는 기이한 향기가 가득했다.

비씨는 꿈을 깨고 나서 그 마음이 몹시 상쾌했는데 그 뒤로 병이 차차 나아 이내 완쾌되니 이것을 본 사람들은 신심을 일으키지 않는 이가 없었다.

범이 포효하여 도적을 물리치고 좋은 사람을 만나다

법애라는 스님은 장사땅 사람이라 항상 법화경을 외우더니 어느해 무슨 사고가 있어 교지국이란 곳에 가게 되었는데, 뜻밖에도 그곳에서 난리를 만나 산속으로 피신하려던 와중에 다섯 명의 도적을 만나게 되었다.

도적들은 법애를 붙들어 으슥한 곳으로 끌고 가서 어느 집 빈방에 가두어놓았다. 그리고, 문밖에서 수군거리며 하는 말이 "점심을 먹고 난 후 저 놈을 죽여 몸에 지닌 것을 빼앗아 가지자"라고 하였다.

법애가 놀라는 마음을 진정시키며 방안을 이리저리 살펴보니 마침 목창하나가 방 구석에 세워져 있는지라, 얼른 그 창을 가지고 벽을 뚫어 뛰어나와 북쪽을 향하여 도망을 쳤다.

이때 도적들이 밥을 다 먹고 일어나서 문을 열고 보니 법애는 간 곳이 없고 북쪽 벽이 뚫려있는지라 다섯 놈이 소리를 치며 뒤를 쫓아오기에 법애는 창황망조해서 길 옆 가시덤불 속으로 뛰어들어 잠깐 몸을 숨기려 하는데 뜻밖에도 커다란 범 두 마리가 그곳에 엎드려 있다가 법애가 들어옴을 보고 대가리를 들어 쭈뼛쭈뼛하는지라.

법애가 더욱 겁이 나서 무심결에 말하기를 "두 분 산군이시여, 빈도가 지금 도적에게 쫓기어 산군이 있는 곳으로 달려왔으니 구호하여 주시기를 바랍니다" 하였다. 두 마리 범이 귀를 기울이고 법애의 말을 듣는 듯하더니 즉시 밖으로 뛰쳐나가 산이 무너져라 하고 크게 소리를 질러대니 도적들이 달려오다가 그 광경을 보고 겁이 나서 각각 도망을 치기에 정신이 없었다.

여기서 법애는 한참을 쉬다가 또 북쪽을 바라보며 달아났는데 범이 뒤를 따르며 보호하였다.

한 강변에 이르니 웬 사람이 좋은 음식으로 요기를 하다가 법애를 보더니 그곳으로 인도하여 앉게 하고 밥을 나누어 주기에 법애가 받아먹으니 감미가 참으로 이상하였다.

법애가 그 사람에게 감사하다는 인사를 드리고 곧 물을 건너 언덕에 오름을 보고 두 마리 범은 고개를 흔들며 하직하여 사라져갔다.

그 길로 얼마를 더 가다가 무인지경 외딴집을 만나 그곳에서 잠을 청하려 하는데 뜻밖에도 두 사람이 많은 음식을 장만하여 들어와 법애에게 많이 먹기를 권하고 같이 자게 되었다.

이튿날 아침 떠나는 길에 그들이 법애에게 말하기를 "그대는 북쪽으로만 달려가라. 그러면 자연히 구호해줄 사람이 있을 것이다"라고 하였다.

이에 법애는 감사하다는 인사로 작별하고 삼십여 리를 가다가 천만 뜻밖에도 각별한 친구를 만나 고향으로 돌아올 수 있게 되었다.

아, 법화경 공덕이 이 얼마나 거룩한가.

도적에게 쫓길 적에는 범이 뒤를 따라오며 보호하고 강변에 이르러 배가 고플 때에는 웬 사람이 점심을 대접하여 무인공가에서 숙박하려 할 때에는 또 두 사람의 도움을 받았으며 다시 친한 벗을 만나 고향으로 무사히 돌아오게 되었으니 이는 모두 호법신장님이 이리저리 도와 준 것이라.

불자들은 다시 한 번 깊이 생각하고 그 큰 은혜를 마음깊이 새길지이다.

급병환이 낫고 대풍창에도 이롭게 되다

조천수는 성품이 바르고 견고하나 불행하게도 급질에 걸려 갖가지 의약으로 치료하였으나 낫지를 않았다.

그래서, 지성으로 법화경을 외우니 그 병이 모두 낫게 되어 찬수는 그로부터 항상 경을 외워 게을리하지 않았다.

또 망명이라는 스님 역시 불행하게도 나병에 걸려서 만방으로 치료해보았으나 조금도 효험이 없었다. 누가 말하기를 법화경은 이 염부제 사람의 병에는 영약이라 하기에 망명이 정성을 다 바쳐 법화경을 독송하니 문둥병이 곧 나았다.

남대녹사 유씨가 또한 그 병에 걸려서 갖가지로 치료하였으나 효험이 없더니 어느 날 길을 가던 망명법사와 우연히 만나서 법사가 유씨에게 말하되 "나도 그 전에 이 병을 얻었으나 법화경을 독송하고 쾌효를 얻었습니다." 하기에 유씨가 그 말을 듣고 결정한 신심을 일으켜서 즉시 법화경을 준비하고 밤낮으로 손에서 책을 놓지 않더니 어느날 꿈에 한 스님이 들어오며 손으로 전신을 뜨는지라.

유씨가 놀라 깨어보니 온몸에 땀이 비오듯하며 몸과 마음이 활연하여 운권청천으로 즉시 병이 낫게 되었다.

수명을 늘려주고 어깨에 기록하다

법랑스님은 중국 황하강의 북쪽 산동성에 있는 무성 사람으로 강소성에 있는 팽성 정도사에 가서 사미스님이 되어있을 때부터 법화경을 읽고 외우고 쓰기 시작하여 늙도록 멈추지 않았다.

개황 13년에 쉰 세 살의 나이로 죽었는데 칠일만에 염라대왕을 만났다.

대왕 앞에 여섯 도인이 있었는데 왕이 첫번째 스님에게

"그대는 어떤 덕업이 있는고?" 하고 물었더니,

스님이 대답하기를 "예, 유마거사가 세존의 제자들과 대승불교에 대해서 문답한 경전인 유마경을 독송했습니다."라고 대답하니,

왕은 "남쪽으로 가서 있으라." 하고, 다시 둘째 번 스님에게 "그대는 어떤 행업이 있는고?"하고 물었다.

"저는 세존께서 이 세상을 떠나실 때 가섭, 고귀덕왕, 사자후, 교진여 네 보살의 물음에 대해 일승불성의 미묘한 뜻을 설하신 경인 열반경 열 권을 독송했습니다."라고 하니, 왕이 역시 남쪽으로 가서 있으라 하였다.

왕이 다시 넷째 번 스님에게 물으니 그 스님이 대답하기를

"저는 열반경을 강설했습니다." 하니,

왕은 "서쪽으로 가 서 있으라."고 하였다.

이번에는 다섯 번째 스님에게 물으니 스님은 "저는 인도의 천친(天親)보살이 화엄경의 십지품을 해석한 십지론을 강설했습니다."라고 대답했다.

왕은 눈살을 찡그리고 "북쪽에 가 있으라" 하고 여섯 번째 스님에게도 물어보고 남쪽에 가 서있으라고 하였다.

왕이 이번에는 법랑에게 물었다.

"그대는 어떤 행업이 있는고?"

"법화경을 독송했습니다." 하고 스님이 대답하니

왕이 "동쪽에 가 서 있으라."고 하였다.

그리고, 왕은 사람을 시켜 북쪽에 있는 사람은 지옥도로 데려가게 하고, 서쪽에 있는 사람은 축생도로 데려가게 하고, 남쪽에 있는 네 스님은 인간세상으로 데려가게 한 다음 법랑스님은 천상세계로 데려가서 그 태어날 곳을 보게 하고 수명을 여든 다섯 살로 늘려 집으로 돌려보내 주었다.

스님은 천궁에서 돌아와 홀연 깨어났는데 어깨 위에 여든 다섯 살이라는 붉은 글자가 은은히 나타나 보였다.

동지섣달에 연꽃 피고 사슴이 법융스님 법문을 듣다

법융 스님은 속성이 위씨인데 단양 연릉현 신정사람이다.

어려서 속세를 떠나 법복을 입고 회영상 숲속에서 법화경을 배우다가 책을 짊어지고 천리 길을 멀다 하지 않고 높은 스승을 찾아다녔다.

뒤에 그는 단양 우두산의 유서사로 돌아와서 따로 조그마한 집을 짓고 다시 법화경 수행에 몰두하니 사방에서 학자와 스님들이 모여들어 흔연히 그에게 귀의하였다.

그래서 법융 스님은 골짜기 어귀에서 크게 법화경을 강설하였는데, 이때가 몹시 추운 겨울이라 나뭇가지에는 서리가 하얗게 엉겨붙었는데, 강설하는 곳에는 두 줄기의 연이 나서 연꽃이 활짝 피었다. 모두들 크게 놀라고 기이하여 감탄하기를 마지않았다.

그리고, 법화경을 강설할 때면 또 한 마리 커다란 사슴이 반드시 와서 강설을 들었으므로 문인들은 크게 발심하여 법화경 수행을 정업으로 삼고 힘써 행하였다.

법융 스님은 뒤에 어디서 입적하였는지 아무도 아는 사람이 없었다.

함에 담았던 경책이 풀묶음으로 변해 아들을 건지다

고구려와 당나라가 치열하게 전쟁을 하던 의봉연간이었다.

당의 여주땅 양현 북촌에 신심이 돈독하고 성실한 유씨 성을 가진 사람이 살고 있었다. 그 유씨와 아들에 얽힌 일화다.

한참 고구려와 당나라가 밀고 당기는 팽팽한 싸움을 계속하고 있을 때, 그의 아들이 징발되어 전쟁터로 나가게 되었고 당나라의 패전으로 싸움에 임했던 거의 모든 당군은 죽거나 고구려의 포로가 되었다.

유씨의 아들도 포로가 되어 요동 해안 고구려의 어느 성에서 말먹이꾼으로 하루하루를 고달프게 지내고 있었다.

그러던 어느 날 그 아들의 꿈에 스님이 한 분 나타나서

"네가 바닷속으로 뛰어들어 헤엄쳐 도망하면 살아날 길이 열려 고향으로 돌아갈 수 있을 것이다. 그러니 명심해서 시도해 보라." 하면서 생시와 같이 말하는 것이었다. 그런 꿈이 그 후에도 며칠이나 계속되었다.

유씨의 아들은 꿈이 하도 생생하고 또 포로로 사람답지 못하고 희망을 잃고 사느니보다는 죽더라도 한 번 살 길을 시도나 해보는 것이 옳다고 생각을 정하고 어느 아침은 몰래 성을 빠져나와 근처의 바닷가로 나가 보았다. 눈앞은 망망대해, 어디를 보아도 배 한 척 보이지 않고 오직 출렁대는 파도뿐

이었다.

하도 암담해서 "에라, 죽어버리자." 하고 훌쩍 몸을 던졌다. 물에 빠져 허우적거리는데 천만 뜻밖에도 바다 한가운데서 문득 무슨 풀무더기 같은 것이 그의 몸을 받쳐주는 것이 아닌가?

그것을 끌어않고 물결을 따라 표류하던 중 어느 새 서해를 건너게 되었고 드디어 그리던 고국 땅 어느 언덕에 닿았다.

고국 땅을 딛고서서 붙잡고 온 풀무더기를 잘 살펴보니 그것은 국화대를 잔뜩 묶어놓은 풀묶음이었다.

그 풀무더기가 너무 고맙고 신기해서 건져가지고 바닷가 언덕에 썩지 않게 잘 말리려고 조심스럽게 풀어헤쳐보니 하도 이상하고 신기해서 부모를 만나면 자랑하려고 소중히 품속에 간직하고 고향집으로 돌아왔다.

죽은 줄로만 알았던 아들을 만났던 유씨는 아들을 어루만지며 울고 불고 한참을 지체하다가 아들의 품속에 법화경 한 권이 들어있음을 보고 그것을 지니게 된 연유를 물으니 아들은 자초지종을 전부 부모에게 고했다.

유씨는 그 말을 듣고 정신이 번쩍 들어 아들의 손을 잡고 자기 집 후원 별당으로 가보았다.

그곳 별당은 유씨 내외가 아들이 포로가 되었다는 소식을 들은 후 그 아들의 안위를 염려하여 지극한 정성으로 법화경 한 질을 잘 필사하여 좋은 함에 담아 정결하게 모셔놓고 날마다 지성껏 옥수와 향을 바치며 기도 발원하던 곳이었다.

부자는 조심스럽게 함을 열어보았다.

놀라운 일이었다. 칠축 법화경의 여섯째 권이 비어있었다. 그래서 아들이 품속에 넣어 온 법화경을 꺼내어 비교해보니 틀림없는 그 것이었다.

유씨 내외와 아들은 그 후 더욱 더 법화경을 지극히 독송하며 간절하게 모셨다고 한다.

제석천과 용왕이 강경을 청한 신라의 연광 스님

연광이라는 스님은 신라 때 사람으로 권세 있고 이름 높은 집안 사람으로 일찍이 출가하여 수나라 인수년에 중국에 들어가 천태지자 대사를 만났다.

대사가 법화경을 가르쳐 줌에 연광은 아침 저녁으로 항시 익히고 외워서 수년동안 부지런히 하더니 홀연 통달하였다.

천태별원에 머물면서 늘 법화삼매를 수행하는데 하루는 이상한 사람 두어 명이 나타나서 하는 말이 "우리는 하늘 제석천왕의 명을 받아 스님께 강청장을 가지고 왔습니다." 하였다.

연광은 묵연히 승낙하고 그 즉시로 앉은 자리에서 목숨이 끊어졌는데 안색은 하나도 변치 않았으며 십여 일 후에 깨어나 전과 같이 경 읽기를 계속하였다.

연광은 고국인 신라로 돌아오려 할 때 지자대사에게 하직한 후 십여 명의 사람과 함께 떠나 커다란 배를 타고 바다 한복판에 이르렀는데 배가 문득 멈추더니 웬 사람이 말을 타고 물결을 저어오다가 뱃머리에 이르러 하는 말이 "저는 용왕님의 명을 받아 이곳에 이르렀는데 스님께서 잠깐 용궁에 왕림하사 대승경을 설해 주실 것을 간곡히 청하나이다." 하였다.

연광이 대답하되 "빈도는 중생의 이로움을 위해 살 것을 서원하였는데 이제 용궁으로 들어가 버린다면 이 배와 남은 사람들은 어찌하겠습니까?" 하였다.

그러니 그 사람이 "모든 이들을 함께 동행케하시고 배 또한 염려하지 마십시오." 하기에, 연광이 대중에게 일장 경계한 후 함께 용궁으로 들어가는데 바라보니 큰 길이 평탄하게 뚫렸고 향화가 길에 가득하며 바다신이 백천 시종을 거느리고 궁중으로 환영하니 금벽이 휘황찬란하여 모두 놀라울 뿐이었다.

바다 가운데의 훌륭한 음식과 다과로 대접을 받고 난 후 법화경을 강송하여 마치니, 용왕이 크게 기뻐해 중칠보를 기념품으로 전하며 시종에게 명하여 배가 있는 곳까지 전송하거늘 연광이 그 배를 다시 타고 고국으로 돌아왔다.

고국에 돌아와서는 날마다 한 번씩 경을 독송하다가 나이 팔십이 되어 열반에 들게 됨에 따라 화장을 하는데, 온몸이 다 재가 되었음에도 오직 혀만 타지 않고 남아있으므로 보고 듣는 자가 모두 희유함을 찬탄하였다.

연광 법사에게는 누이 두 사람이 있었는데 역시 불교를 깊이 믿어 모셨다.

그 혀를 거두어 나무상자에 담아 깨끗한 곳에 모셔놓고 예배 공양 하는데 항상 그 혀에서 법화경 낭송하는 소리가 들렸으며 그 누이들이 법화경을 읽어나가다가 모르는 글자가 있어 그 뜻을 혀를 향해 묻게 되면 일일이 잘 가르쳐 주었다고 한다.

강에 빠졌으나 법화경 이고 살아난 파주 자사의 첩

무덕년에 소장이라는 사람이 파주 자사가 되어 부임하는 도중에 가릉강에 당도하여 배를 타고 노를 저어가던 중 중류쯤에 이르렀는데 갑자기 폭풍이 일어 배를 여지없이 흔들어 부수어 같이 탔던 육십 명의 사람이 한꺼번에 빠져 죽음을 면치 못했는데 오직 자사의 첩 한 사람만이 살아났다.

그녀는 그전부터 법화경을 몸에 지니고 다니면서 가만가만히 독송해왔는데, 그날 배가 뒤집힐 때 파도가 배안으로 넘쳐 들어옴을 보고 생각하기를 내가 평생 모셔 온 법화경을 죽어도 버리지 않으리라 하고 경함을 머리에 인 채로 물 속에 잠겨가게 되었다. 그런데, 천만뜻밖에도 목판같은 것이 두 발을 받쳐주니 그것에 몸을 실어 이리저리 표류하다가 언덕에 닿아 생명을 건지게 되었다.

그때 그 여자가 법화경이 들어있는 경함을 살펴보니 물이 한 방울도 묻어있지 않았다. 이에 부처님의 신력을 무수히 공경하여 우러러 사모하였고, 그 후 다른 집에 개가하여 살면서도 몸이 다하도록 법화경을 수지독송하여 부처님 은혜의 만분의 일이라도 보답하게 되기를 발원하였다.

돌림병이 낫고 수명 늘어난 시흥 과심사 혜치 스님

혜치라는 스님은 시흥 땅 사람이었다.

어릴 때부터 법화경을 배워 3천여 번이나 읽어 외웠는데, 나이 스물 세살이 되었을 적에 돌림병에 걸려 10여 일을 지냈는데, 꿈에 어떤 사람이 혜치를 데리고 한 곳에 이르니 울긋불긋한 장원이 둘러있고 거대한 궁전이 즐비하였다.

큰 대문으로 따라 들어가니 대청 위에 귀인이 앉아있는데, 키가 팔구 척이나 되며 몸에는 검붉은 비단 용포를 입고 머리에는 오사포를 썼는데, 그를 염라대왕이라 불렀다.

염라대왕이 묻기를, "스님께서는 무슨 공덕을 지었는고?" 하므로

혜치 스님 대답하기를 "어릴 때부터 법화경을 독송하였습니다." 하니,

왕이 이르기를, "그러시다면 이 자리에서 한 번 외워보시오." 하고 높다란 설법상을 가리키므로, 혜치가 그 자리에 올라앉으며 법화경을 외우는데, 둘째 권 비유품 중에 "비여장자가 유일대택"이라는 대문에 이르러 왕이 합장하고 일어서며 하는 말이, "법사스님은 참으로 거룩하십니다. 인간으로 다시 돌아가십시오. 수명은 80이상까지 늘 것입니다." 하고 두 사람에게 명령하여 돌려보내니, 혜치스님 깨어나서 병도 차차 나아

져서 수일만에 회복이 되었다.

시흥 과심사라는 절에 있으면서 법화경 외우기를 일과로 삼 았는데, 수양제 대업 십삼년 정축에 이르러 병 없이 열반에 드시니 나이 82세였다.

보살이 흰 코끼리를 타고 오다

고제 때 한 스님이 있었다.

그는 영암사에 머물러 있으면서 동쪽 숲에서 법화경을 독송하였는데 항상 정성을 다했으며 몸과 옷을 깨끗이 하고 향을 피우고 부처님을 공경예배하며 징험이 있기를 빌었다.

처음에는 큰 뱀과 꿩 노루 등이 와서 법화경을 듣다가 독송이 끝나면 흩어져 갔고 한낮이 되면 산신이 음식을 가지고 와서 스님을 공양하였다.

후에 홀연 찬란한 광명이 동산에서 내려오는데 큰 보살이 여섯 개의 이빨을 가진 흰 코끼리를 타고 많은 사람들이 보살을 호위하여 바로 스님의 앞으로 다가왔다.

스님은 광명을 바라보고 엎드려 절을 했다. 한없이 기쁘고 즐겁더니 경전의 의심 가는 구절과 탈락된 글자가 다 저절로 환히 깨달아졌는데, 다른 사람들은 다만 기이한 향내가 코를 찌름을 느꼈을 뿐이었다.

향내는 오랫동안 없어지지 않았다.

말이 스님으로 환생해도 선업은 따라다닌다

명나라 세종 때 보은사 주지스님은 말 한필을 길러 마을에 볼 일이 있으면 그 말을 타고 오고가며 항상 법화경을 독송하였다.

그 마을의 한 여인이 아이를 배었는데 하루는 꿈에 큰 말이 방으로 들어오면서, "저는 보은사 주지스님이 기르는 말인데 인간으로 태어나서 불도를 구하고자 합니다." 하였다.

얼마 후 여인은 아들을 낳았는데 전일의 꿈이 하도 이상하여 사람을 보내 알아보았더니 과연 아이를 낳던 그날 그 시간에 주지스님이 타고 다니던 말이 죽었다는 것이었다.

아이가 탈없이 잘 자란 후 여인은 주지스님에게 꿈 이야기를 하고 아들을 출가시켜 스님은 그를 상좌로 삼게 되었다.

그런데, 몇 해를 두고 가르쳐도 상좌는 머리가 둔해서 도무지 공부가 늘지를 않았다. 그래서, 스님이 "네가 전생에 축생의 업보를 받아 익힌 것이 없어서 그렇구나. 그럼 전생에 많이 들은 법화경이나 익히도록 해보자." 하면서 법화경을 가르쳐 주었더니 상좌는 단 한 번을 듣고 법화경 일곱 권을 모두 환히 외워버렸다.

스님은 다음과 같은 법구경을 설하였다.

방금 짜낸 소젖은 싱싱하듯
재에 묻힌 불씨는 그대로 있듯
지은 업은 당장은 안 나타나지만
그늘에 숨어있어 그를 따른다.

그 뒤 스님이 어떤 곳에 갔더니 호수가 있고 호숫가에서 어떤 스님이 법화경을 읽고 있는데 개구리 한 마리가 그 경 읽는 소리를 조용히 듣고 있다가 꿇어앉아 머리를 숙이고 선정에 들더니 죽어버렸다.

이에 대해 당나라의 수아 법사가 말했다.

"이는 부처님의 뜻이요 조사의 골수이며 내 마음의 경이다.
눈을 감고 명심하여 자세히 들으라.
제호의 맛이 좋아도 뱃속에 들어가면 곧 벌레다.
어찌 제호의 맛에 취하여 공부하지 않고 잠을 잘까보냐.
이치에 통달하라."

현진 스님의 독경에 신인(神人)이 허공에 머물다

현진스님은 중국 안휘성의 수춘 사람으로 영복사에서 법화경을 독송하고 있었는데 잠시도 게으름을 피우는 일이 없었다.

어느 해 가을 달이 휘영청 밝은 밤이었다. 스님은 달을 바라보며 낭랑한 목소리로 법화경을 독송하고 있었다. 제 7권의 절반쯤 이르렀을 때 옆 방에 있는 한 사문이 갑자기 일어나서 화장실에 가려고 방에서 나와 뜰에 내려서 보니 밝은 달빛에 엄청나게 큰 사람의 그림자같은 것이 마당에 비치고 있었다.

무슨 그림자인가 하고 머리를 들어 사방을 둘러보니 공중에 한 신인(神人)이 의연히 머물러 있는 것이었다. 사문은 걸음을 멈추고 똑바로 서서 우러러 보았는데, 현진스님의 법화경 독송이 끝나자 신인도 홀연히 없어졌다.

사문은 이때부터 법화경을 배워 독송하여 종신토록 게으름이 없었다고 한다.

죄의 갚음은 반드시 받아

중국 당나라 섬서성에 있는 부평현의 수리를 맡아 보는 도수 감에 딸린 하급관리인 도수소리 반과는 친구들과 함께 들로 놀러 갔다가 풀을 뜯어 먹고 있는 양을 쫓아가 잡으려고 했다. 이에 놀란 양이 큰 소리로 슬피 울므로 반과는 주인이 알까봐 양의 혀를 빼어 죽여버렸다. 그런 일이 있은 뒤 얼마 안 되어 반과는 혀에 부스럼이 났는데, 녹두알 같은 것이 가득 나서 음식도 먹을 수 없고 말도 제대로 할 수가 없었다. 별의별 약을 다 써 보았으나 아무런 효험이 없어서 마침내 벼슬도 그만두고 날마다 눈물로 세월을 보냈다.

그의 후임자 정여경이 보고, "이것은 틀림없이 저지른 죄의 갚음으로 받는 업병이니 법화경 한 질을 베껴써서 양의 명복을 빌어 보시오." 하였다.

반과는 문득 양의 혀를 빼어 죽인 일을 크게 뉘우치고 법화경 한 질을 베껴써서 양의 명복을 빌고 부처님께 나아가 진심으로 참회하였다.

그랬더니 과연 얼마 안가서 병이 차차 나아 다시 벼슬을 하고 그 후로는 더욱 부지런히 법화경을 독송하였다.

지업 스님의 유골 혀 밑에서 청련화가 솟아나다

지업이라는 스님의 속성은 양씨니 양주 장락사에 있으면서 항상 법화경을 외웠다. 그런데 수나라 대업 말년에 우문화급이 양주에 있다가 역적이 되어 수양제를 궁중에서 죽이니 천하가 크게 어지러웠다.

쌀 한 말에 백냥씩 받는 등 나라가 어지러워 굶어 죽는 백성이 부지기수였는데 그때 별원 조그만 집에서 법화경만 정성껏 외우던 지업도 난리 중 죽었으나 시체를 거둘 사람이 없었다. 그대로 방치되다가 그 집이 전복되면서 시체는 그 밑에 깔리게 되었다.

의령 초년에 난리가 평정되어 어느 정도 인심이 예전처럼 돌아올 즈음 지업이 수행하다 죽은 곳에서 한 줄기 청련화가 솟아 올랐는데 광색이 이상하여 모두가 의아해 했다.

그때 한 노승이 원인을 알고 모두에게 깨우쳐 가로되, 이 땅에 일찍이 수행하던 스님이 있어 진심으로 법화경을 외웠는데 마침 난리를 만나 봉변을 당하였으나 시체를 매장할 사람이 없었다. 지금쯤 해골이 그대로 남아 있을 터이니 이 꽃은 반드시 그 스님의 상서라 하여 사람들이 이에 꽃뿌리를 캐어 들어가니 해골 가운데 혀 밑에서 청련화가 솟아 나왔고 더군다나 혀는 생존시와 같이 조금도 상하지 않았음을 보았다.

모였던 사람들이 그 혀와 꽃을 가져다가 절 법당에 이르러

대중을 더 모으기 위해 법화경을 설하니 그 혀가 경 소리를
듣고 오히려 널름널름 하는지라, 보고 듣는 자가 감탄하여 대
승경전에 신심을 크게 내었다 한다.

법화경을 외우니 수갑 채운 것이 자연히 벗어지다

하동 땅 동웅은 어릴 때부터 불교를 크게 믿어 술과 고기를 끊고 소찬으로 수십년을 지내왔다. 정관년중에 대리승 벼슬에 있었는데 십사년 봄 역적의 죄를 뒤집어 쓰고 어사옥에 갇히고 되었다. 그때 임금은 동웅을 "역적과 공모자다"라고 하여 어사 위종을 시켜 혹독하게 다스렸는데, 당시 법관 이경현과 숙직하던 왕흔이까지 관련되어 함께 옥에 갇혀 칼을 쓰고 고랑을 차게 되었다.

동웅이 옥중에서 정신을 가다듬고 법화경 보문품을 지송하되 며칠만에 삼천번을 읽고 밤중에 홀로 다시 경을 외우는데 수갑 채운 것이 갑자기 저절로 풀려 땅에 떨어지는 것이었다. 동웅이 놀라서 옆에 있던 이경현에게 말을 하니 모두 살펴본즉 그 고랑과 열쇠가 부서지지도 않고 두어 자 길이쯤 나가 떨어져 있었다.

이에 모두 이상히 생각하거늘 동웅은 무슨 책망이나 들을까 겁이 나서 간수를 불러 다시 채워 달라 하니, 그날 감찰어사 장병일이 숙직을 하다가 이 일을 당하여 간수에게 명하여 수갑을 다시 채워주는데 촛불을 비춰 고랑과 열쇠를 자세히 살펴보니 열린 것이 아니라 자연히 벗겨진 것을 알 수 있었다. 무척 괴이하게 생각하여 수갑을 다시 채우면서는 종이로 봉하고 그 위에다 도장을 찍었다.

동웅이 다시 경을 지송하는데 오경쯤이 되어 다시 열쇠가 떨어지며 마치 사람이 여는 것과 같은 소리가 났다. 동웅이 더욱 겁을 먹어 옆의 두 사람에게 급히 깨워 말하니 이미 새벽이 되었으니 관리를 부를 것이 없다 하고 날이 샌 후 자세히 살펴보니 고랑과 열쇠가 떨어져 있는데 조금도 열리지 않았고 또 봉인한 것도 그대로 있었다.

이경현은 어릴 때부터 불법을 믿지 않았고 또 그 처가 경을 읽으면 왜 오랑캐 귀신에게 아첨을 부리느냐며 무수히 책망하여 왔는데 동웅의 일을 보고야 크게 감탄하여 가로되 "이제야 부처님 신통력이 한량 없음을 알았다. 그러나 우리 신세가 부처님 경을 배울 여가가 없게 되었으니 팔보살의 명호나 가르쳐 달라" 하고 왕흔이와 함께 팔보살 명호 삼만 번을 지송함에 대낮에도 수갑이 손에서 벗겨지는 것이 동웅의 경우와 다름이 없었다.

세 사람의 일을 본 관리들은 그들의 죄가 모두 애매하다 하여 무죄로 풀어주었다.

옥에서 풀려나온 그들은 법화경을 쓰고 팔보살 탱화를 조성하며 한 평생 부처님께 정성을 다하였다.

장님으로 눈이 없어도 능히 앞을 본 왕범행

청신사 왕범행은 중국 산동성의 낭야현 임기 사람으로 어려서 양쪽 눈이 다 멀었는데 그의 어머니가 자비로운 마음에 입으로 법화경을 가르쳐 주었다.

그의 나이 열여덟에 법화경을 통달하여 밤낮없이 열심히 일만 칠천 번을 외웠으니, 비록 눈이 멀어 보지는 못했지마는 길을 걸어도 남이 인도해 줄 필요가 없었고 또 길 가운데 구덩이가 있음을 스스로 알았으며 능히 자리를 짜고 옷을 꿰메고 편지쓰기를 오히려 눈 성한 사람보다 더 잘했더라. 그래서 사람들이 모두 신기하게 여기었다.

그가 일흔한 살의 나이로 개황 육년에 명을 마쳤는데 그의 시체를 들판에 내다놓으니 새와 짐승이 감히 가까이 가지 못하였고, 살이 다 없어진 뒤에도 백골이 남아 있어 혀가 입 밖으로 한 자쯤 나와서 빛이 연꽃과 같이 아름다웠다.

그의 아우인 혜의가 벽돌로 함을 쌓아서 넣어 두었는데 오래도록 그 혀는 썩지 않았다고 한다

하늘에 보탑이 나타나고 일곱 부처님이 출현하다

만상 스님은 옹주 만년현 사람으로 법화경을 낭송하고 그 뜻과 이치를 십여 번이나 해설하였다.

스님이 일찍이 처마 밑에서 법화경을 외우고 있노라니 흰 꿩이 홀연히 날아와서 좌우에 엎드리는지라. 스님이 손으로 잡아도 놀라서 나부대지 않고 무시로 왔다 갔다 하였다. 또 화로에 숯불이 저절로 피어나기도 하고 혹은 좌상 뒤 자리 밑에서 자주 기이한 향내가 나며 또 방 뒤의 나무위에 탑 같은데 모셔 놓는 조그마한 불상이 어느 사이에 와 있기도 하였는데, 푸른 참새 한 쌍이 양쪽에 스님을 모시는 듯 서 있다가 스님이 그 불상을 모셔 들여오니 새는 훌쩍 날아가버렸다.

또 스님이 한밤중에 조용히 앉아 있는데 홀연 비몽사몽간에 서북쪽 하늘에 굉장히 높고 아름답게 장식한 보탑이 나타나고, 동북쪽에서는 일곱 개의 별 속에서 일곱 부처님이 나오시니 금빛 찬란한 모습이 한없이 단아하고 명랑하신지라, 서로 기뻐하시고 예배 찬탄하시더니 잠시 후에 유연히 없어졌다.

만상 스님은 법화경을 사천여 번이나 외웠는데 입적할 때 제자더러 보현보살의 이름을 부르라 하더니 갑자기, 보현보살이 오셔서 내 오른쪽에 계시다고 하고는 숨을 거두니 나이는 일흔 살이었다.

독경 들은 공덕으로 꿩이 후생에 담익 스님이 되어 보현보살을 친견하다

중국 동진시대에 법지(法志)라는 스님이 있었다.

스님은 여항산에 암자를 짓고 매일같이 아침 저녁으로 법화경을 수지독송했다. 암자 옆에는 꿩 한 마리가 살았는데 스님이 경을 읽을 때면 마치 알아듣기라도 하듯 항상 그 옆에 가만히 앉아 있는 것이었다.

몇 년이 지난 어느 날이었다.

그날따라 꿩은 매우 초췌한 모습이었다.

스님은 측은한 마음이 들어 꿩에게 말했다.

"너는 비록 날개 달린 짐승이지만 7년간이나 법화경을 들었다. 그 공덕으로 내생에는 인간으로 태어날 것이다."

공교롭게도 꿩은 그 다음날 죽었다.

그날 밤 스님 꿈 속에 어린 동자가 나와 스님에게 두 번 절하고 이렇게 말했다.

"저는 스님 곁에서 법화경을 듣던 꿩입니다. 독경을 듣던 인연공덕으로 마을 왕씨 집의 아들로 태어나게 되었습니다. 혹여 저를 알아보시려거든 오른쪽 겨드랑이의 새털을 보십시오."

스님은 얼마후 왕씨네 집을 찾아 오른쪽 겨드랑이를 살펴보니 과연 꿩의 털이 있었다. 스님은 저간의 일을 일러주며 나중에 출가시킬 것을 권했다.

7살 되던 해 아이는 출가, 곧 바로 산으로 들어가 16세에 계를 받았다.

법명을 겨드랑이에 털이 있다 하여 담익(曇翼)이라고 하였다. 담익은 출가후 신기하게도 법화경을 한 자도 빼놓지 않고 줄줄 외는 것이었다.

그는 장년이 되자 회계지방의 진망산으로 들어가 암자를 짓고 법화경 공부에 진력했다.

하루는 날이 어둑어둑 저무는데 절세의 미녀가 찾아왔다.

그녀는 흰 돼지 한 마리와 마늘 두 통이 든 바구니를 들고 있었다.

"산에서 나물을 뜯다가 호랑이를 만나 여기까지 쫓겨왔습니다. 날이 어두웠으니 하룻밤만 재워주십시오."

담익은 난감했다. 그렇다고 짐승이 우글거리는 산길로 여인을 내려 보낼 수도 없었다. 할 수 없이 풀로 거적을 만들어 여인을 쉬게 하고 자신은 돌아앉아 법화경을 읽었다.

새벽녘이었다. 여인은 갑자기 배가 아프다며 나뒹굴었다. 스님은 가지고있던 비상약을 꺼내주었으나 쉽게 낫지 않았다. 여인은 담익에게 배를 좀 문질러 달라고 했다.

스님은 계를 받은 몸이라며 이를 거절했다.

"불법은 자비와 방편을 근본으로 삼는다는데 스님은 어찌 그리 냉정합니까? 계를 지키기 위해 죽어가는 사람을 감히 내버려두는 것도 부처님의 가르침이란 말입니까?"

스님은 여인의 간곡한 청을 물리칠 수 없어 석장의 수건으로 싸서 멀치감찌 앉아 배를 문질렀다. 그랬더니 여인은 조금씩 괜찮아지는지 이내 잠들었다.

밤이 지나고 아침이 밝았다. 스님은 여인이 걱정되어 초막으로 가보았다.

그런데 이게 어찌된 일인가?

여인은 깨끗한 얼굴에, 입고 있던 채색옷은 상서로운 구름으로 넘실거리고, 돼지는 흰 코끼리로, 마늘은 두 송이 연꽃으로 변한 게 아닌가?

그녀는 연꽃을 손에 들고 코끼리 등에 앉아 허공으로 올라가며 이렇게 말했다.

"착하도다, 담익이여. 나는 보현보살이다. 네가 머지 않아 내게 올 것이므로 특별히 너를 시험해본 것이다. 네 마음은 물속의 달과 같아서 더럽혀지지 않는구나."

자리에서 향기가 나고 하늘에서 보탑이 나타나다

만상 스님은 옹주 만년현 사람으로 법화경을 낭송하고 그 뜻과 이치를 십여 번이나 해설하였다.

스님이 일찍이 처마 밑에서 법화경을 외우고 있노라니 흰 꿩이 홀연히 날아와서 좌우에 엎드리는지라 스님이 손으로 잡아도 놀라서 나부대지 않고 무시로 왔다 갔다 하였다.

또 화로에 숯불이 저절로 피어나기도 하고 혹은 좌상 뒤 자리 밑에서 아주 기이한 향기가 나며 또 방 뒤의 나무 위에 탑 같은 데 모셔놓은 조그마한 불상이 어느 사이에 와 있기도 하였는데, 푸른 참새 한 쌍이 양쪽에 스님을 모시는 듯 서 있다가 스님이 그 불상을 모셔 들여오니 새는 훌쩍 날아가버렸다.

또 스님이 한밤 중에 조용히 앉아있는데 홀연 비몽사몽간에 서북쪽 하늘에 굉장히 높고 아름답게 장식한 보탑이 나타나고 동북쪽에서는 일곱 개의 별 속에서 일곱 부처님이 나오시니 금빛 찬란한 모습이 한없이 단아하고 명랑하신지라 서로 기뻐하시고 예배 찬탄하시더니 잠시 후에 사라지셨다.

만상 스님은 법화경을 사천여 번이나 외웠는데 입적하실 때 제자에게 보현보살의 이름을 부르라 하시더니 갑자기 보현보살이 오셔서 내 오른쪽에 계시다고 하고는 숨을 거두니 연세는 일흔 살이었다.

법화경 사경으로 아버지를 지옥에서 구한 범어사 스님

화상(和尙)의 성은 손씨이니, 울산 사람으로 일찍 그 아버지를 여의고

출가하여 범어사에 있었다.

하루는 꿈에 한 노승이 와서 대사를 부르므로 그 스님을 따라 함께 가다가 한 곳에 이른 즉, 깜짝할 사이에 그 노승은 간 곳이 없고 대사가 서 있는 곳은 한 절해고도(絶海孤島)로 변하여 끝도 보이지 않는 만경창파만이 오직 하늘에 닿아 출렁거릴 뿐이었다.

졸지에 대사는 올 데 갈 데가 없어 두려운 생각을 하고 있던 차에, 문득 어떤 사람이 그 앞에 와서 성명과 고향을 물으므로 대사는 사실대로 자세히 알려주었더니, 그 사람은 갑자기 길게 한 숨을 쉬면서,

"음, 그러면 너는 나의 아들이로구나. 너와 작별한지 벌써 수십 년에 유명이 달라서 도무지 만날 길이 없더니 뜻밖에 오늘 이렇게 만나게 되니 실로 이런 다행한 일이 없다."

하며 슬픔이 목에 메이는지 대성통곡을 하는 것이었다.

대사는 그것을 보고 또한 마음이 처연했으나 어릴 때 아버지를 여의어서 잘 알 수 없으므로 그 사람에게 평생에 하던 일과 사망 년월일시를 물은즉, 과연 역력히 대답하여 조금도 틀

리지 않았다.

이에 대사도 그 사람을 안고 아버지라 부르면서 한참동안 서로 통곡하더니, 그 아버지가 먼저 울음을 그치고 대사를 말리면서 이렇게 말하는 것이었다.

"애, 그만 울어라. 울면 쓸 데 있느냐. 그것보다 더 큰일이 있다. 너도 아마 이곳이 어디인 줄 잘 모를 것이다. 이곳은 다른 곳이 아니라, 염부제(閻浮提) 동쪽에 있는 요사지옥(繞蛇地獄)이다. 나는 생전에 죄를 많이 지었기 때문에 지금 무서운 고를 받고 있다. 말만 하기에도 얼마나 무서운지 몸서리가 쳐진다. 나쁜 아니라 너의 종속과 우리 마을에 살던 박문택이도 또한 이 지옥에 들어와 있다. 이 일을 어찌해야 옳으냐. 그렇지 않아도 너를 만났으면 했는데 다행히 이렇게 너를 만났으니 말이다만, 네가 나를 위하여 〈법화경〉 한 벌을 쓰고, 그 경을 다시 만 번만 읽어주면, 내가 이 고(苦)를 벗고 좋은 곳에 갈 듯하다마는…

인간 세상에 나가거든 어떻해 해서라도 나의 부탁을 들어주렴. 내가 이곳에 처음 들어올 때도 정익수라는 사람이 이 지옥에 빠져 있다가, 그 아들 태을(太乙)이 〈법화경〉 천 번을 읽은 공덕으로 그만 천상에 태어났다.

네가 내 말대로만 해주면 나 또한 의심 없이 좋은 데로 가게 될 것이다. 부디 내말을 잊지 말고 명심해 다오."

대사는 이 말에 깜짝 놀라 깨어본 즉 아직도 그 아버지가 머리맡에 서 있는 것 같이 꿈이 너무도 분명 하였다. 대사는 곧 그 어머니께 이 이야기를 하고 사경(寫經)하기를 꾀하였다.

그 어머니 또한 독실한 청신녀이므로 이 말을 듣고 곧 그 자리에서라도 일을 시작코자 하는 생각을 두었으나, 집이 워낙 가난하여 혼자서는 아무리 하여도 그 비용을 당할 도리가 없었다.

모자는 서로 의논한 결과, 모든 부처님의 본원(本願)은 무슨 일에서나 중생을 겸하여 제도하시는 데 있으니, 이 일에 있어서도 혼자서 하는 것보다도 여러 사람과 함께하는 것이 또한 좋을 것이라 생각하고 여러 단문(檀門)에 널리 보시를 청하여, 3년 만에야 비로서 사경(寫經)을 착수하게 되었다.

그런 때 이때 문득 담비 한 마리가 담위로 뛰어 올라와서 사람을 보아도 무서워하지도 아니하고 마치 가축과 같이 이리저리 배회하고 있었으니, 대사는 이것이야말로 불보살께서 불사를 조성하시기 위하여 보내주신 짐승이라 하여 그 담비의 털을 조금 베어서 붓을 만들어가지고 마침내 경을 쓰기 시작하였다. 대개 필공들의 손으로 만들어 파는 것을 쓴다면 그것은 살생을 해서 취한 털로 된 것이므로, 이러한 청정한 불사에는 적당하지 않기 때문이다.

법화경 7권을 다 쓰도록, 이 초필한 자루로만 썼을 뿐인데도, 붓끝이 별로 닳지를 않았다.

이 이야기가 전파되어 궁중에까지 들어감에, 명성황후 민씨도 또한 신심을 크게 발하여 내탕금(內帑金)을 내려 통도사에 금자(金字) 법화경을 쓰게 하였다.

지린 스님의 어머니가 지옥에서 도리천에 나다

당나라 안국사(安國寺)의 지린(志隣)스님의 어머니 왕씨가 평소에 삼보를 믿지 않으므로 어린 지린은 달아나 광주의 수솔사(修率師)에게 출가하였다.

개원(開元) 10년에 어머니를 생각하고 고향에 돌아와 보니 3년 전에 어머니가 돌아가셨으므로 산소에 가서 법화경을 독송하며 "내가 기어코 어머니 가신 곳을 알아보리라." 하였는데 그날 밤 꿈에 제석천왕이 나타나 어머니가 지옥고를 받고 있음을 알려주었다.

애원끝에 무산육왕탑에 가서 기도하라는 답을 얻고는 절로 돌아와서 4만배를 하면서 축원을 하니 어머니가 공중에서

"지린아, 네가 기도해 준 공덕으로 내가 지금 도리천에 나게 되었다."

하며 사라지셨다.

명부에서 경권은 무겁고 죄의 문서는 가벼워

유씨는 옹주 만년현 평강방 사람으로 당나라 고종 2년에 이틀동안 앓고 죽었는데, 죽은지 6일이 지나도록 그의 가슴이 따뜻하였다.

그래서 가족들은 장례 치를 준비를 마치고 날짜까지 받아놓았으나 감히 염습을 하지 못하고 있었는데, 칠일째 되던 날 새벽에 그가 갑자기 다시 살아나서 말하였다.

"내가 어떤 사람에게 붙들려 큰 성으로 들어가니 궁전과 누각이 웅장하고 주변 환경이 아름다웠다. 염라대왕 앞으로 끌려가니 바로 이때 염라대왕이 큰 목소리로 네가 세상에서 지은 공덕을 말하라 하므로, 살아있는 동안에 법화경 두 권을 읽었을 뿐이고 그 밖에는 아무런 공덕이 없다고 대답했더니, 염라대왕이 내가 지은 모든 죄를 조목조목 기록해놓은 문서를 찾아내서 법화경 두 권과 달아보고 법화경 두 권이 죄를 기록해놓은 문서보다 무겁다 하며 죄의 문서를 버리고, 이 사람은 구십 살까지 살아야 한다 하고 죄의 문서를 맡아보는 이에게 나를 석방하여 세상으로 돌려보내라고 명령하여 이제 내가 다시 살아난 것이다."

유씨는 마침내 수계를 받고 술과 고기를 먹지 않았으며, 순금으로 법화경을 정성들여 한자 한자 옮겨 써서 오래오래 공양하였다.

살생은 지옥 가는 길

송나라 수주 사람 강학사가 스무 살 때 아무 병 없이 갑자기 죽었다.

강학사가 명부에 가니 염라대왕이 말하기를,

"너는 전생에 착한 일을 많이 하여 금생에는 여든 두 살의 명을 타고났는데 진사가 되어 소를 잡아먹은 죄로 네 명과 복을 줄인다.

너는 해주에서 뇌성 폭우에 벼락 맞아 죽은 사람들을 보지 아니하였느냐? 그 사람들의 죄는 모두 여섯 가지 가축인 소, 말, 돼지, 양, 개, 닭을

죽인 죄이니라.

너는 횡사하는 사람을 보지 못하였느냐? 그들은 다 소를 잡아먹은 죄이니라."하고 꾸짖었다.

강학사는 대답할 말이 없었다.

이때 한 관리가 "너는 개과천선하면 곧 인간에 돌아가게 할 것인데 지옥에 들어가면 나올 기약이 없게 된다."라고 하였다.

잠자코 처분을 기다리고 있노라니 한 관리가 다시 말하기를,

"명부에는 글 잘하는 사람을 공경하므로 법화경이나 금강경을 독송하면 감응하여 죄를 용서해줄 것이다. 네가 발심하여 일심으로 경전을 독송하겠다면 죄를 용서해 줄 것이로되 그렇지 않으면 지옥으로 가야 한다"고 하였다.

이에 강학사가 "돌려보내 주신다면 진심으로 저의 허물을 참회하고 일심으로 경전을 베껴쓰겠습니다."하였더니 염라대왕이 돌려보내 주었다.

다시 살아난 강학사는 명부에서의 일을 명심하여 불법에 힘쓰고 법화경을 베껴쓰고 남에게도 베껴쓰게 하였으며 부모에게 효도하고 가족끼리 화목하여 집안이 편안하고 살림이 윤택해졌다.

그는 또 학문을 열심히 하여 과거에 급제하고 순조롭게 승진하여 높은 벼슬을 얻었다.

지엄 스님이 향을 피우자 경에서 사리가 흘러나오다

수당 때의 고승으로 성은 진씨요, 화엄종의 제2조인 지엄 스님은 중국 섬서성에 있는 동주 사람이다.

나이 열 세살 때 범승을 만나서 출가하여 계법사에서 법화경, 유마경, 반야경 등을 배워서 그 깊은 뜻을 구명하여 마침내 통달하고 말과 행동이 다 뛰어난 고결한 법사가 되었다.

현경(서기 656-660) 3년에 하북성에 있는 태주 선장현의 여러 스님과 속인들이 지엄 스님을 영선사로 청하여 법화경을 강설해 달라고 하였다.

이에 스님은 이 절의 환향 스님의 방에 거처하게 되어 첫날 밤에 법화경을 책상 위에 펴놓고 한 대문을 찾아서 독송하려고 하였다.

환향 스님과 시자 세 사람이 한 자리에 있었는데 지엄 스님이 향을 피우자마자 홀연 법화경의 '부처 불(佛)'자에서 세 개의 사리가 나와 오색 광명이 경 위에 찬란히 퍼지고 사리가 이리저리 흘러다녀 한 곳에 머물러 있지 아니함을 보았다.

환향 스님이 곧 절의 다른 여러 스님들에게도 알려 모두 와서 예배하고 함께 사리를 거두어 모시려고 하니 사리는 도로 '부처 불'자로 흘러 들어갔다.

이에 스님들이 슬피 울며 예배한 다음 향을 피우고 다시 진

용 뵙기를 발원하니 사리가 다시 '부처 불'자 가운데서 나와 흘러 다니다가 잠시 후에 다른 '부처 불'자로 들어가 차례로 없어졌다.

이렇듯 지엄 스님은 법화경을 수십 번을 강설하여 영험을 느끼고 상서로움을 얻은 일이 이루 다 말할 수 없이 많았다.

스님은 입적하시기 며칠 전부터 여러 곳을 돌아다니며 여러 스님과 아는 사람들을 한 사람 한 사람 찾아보고 작별인사를 하고는 홀연 어느날 아침에 정원을 깨끗이 조제한 다음 단정히 앉아 선정에 들어가서 그대로 입적하였다. 기이한 향기와 기운이 온 집에 가득 차서 칠일이 지나도록 남아있었고 그 혀는 입적하고서도 몇 해 후까지 썩지 않고 머리털이 두 치나 자랐으며, 얼굴 빛이 생전과 같아 식견 있는 사람들은 다 그는 득도하였다고 하였다.

혜초 스님이 묘(妙)자를 쓸 적에 제자가 환생하다

수나라 개황 연중에 혜초라는 스님이 계셨는데 언제나 착실히 수행을 하셨다. 항상 법화경을 독송하였는데 한번은 데리고 있던 제자 한 명이 나이 이십이 되어 병들어 죽기에 이를 무척 애석하게 여기셨다.

그러던 어느날 혜초 스님이 비몽사몽 간에 태산부군묘에 이르게 되어 태산부군에게 여쭈되, "일전에 제자 한 명이 일찍 죽었사온데 지금 어느 곳에 있습니까?" 하니, 태산부군이 대답하여 가로되, "그 사람은 죄와 복이 모두 없는 까닭에 아직 미결로 이곳에 있노라" 하는 것이었다.

이에 혜초 스님이 만나 보기를 청하니 곧 응낙하여 사자 한 명의 안내로 동쪽으로 수십 보를 걸어가다가 이윽고 그 제자를 만나게 되었는데, 혜초 스님이 반가워하며 "고와 낙이 어떠하냐?" 묻기에 제자가 대답하되, "다만 얽매어 있어 자유로운 행동을 못할 뿐이고 고와 낙이라는 것은 아무 감상도 없습니다. 어느 곳에 태어나고자 하나 아직 결정되지 않고 있으니 스님께서 제도하여 주시옵소서"라고 하였다.

이에 스승이 "어떤 공덕을 지어야 하겠는가?" 하니 제자가, "법화경 한 벌을 조성하시고 회향재로 일백 명 스님들께 만발 공양 시켜 주소서" 하고 간곡히 청하니, 혜초가 승낙하였는데 문득 깨어보니 꿈이었다.

이에 혜초 스님은 꿈에서 약속한 대로 법화경 한 벌을 쓰고 수행하는 스님 일백 명에게 공양하여 마치기를 다한 후 다시 꿈을 얻어 태산부군을 만나게 되었다. 그리고 그동안 경을 쓰고 재를 올린 사연을 말씀드리니 태산부군이 하는 말씀이, "잘 하였소. 그대의 제자는 스님이 경을 쓸 적에 묘법연화경의 묘자를 막 쓰고 나자마자 좋은 곳에 태어났습니다. 제군이라는 땅에 사는 왕무라는 사람의 집에 남자로 태어났으니 세 살 먹거든 한번 찾아 보시오."라고 하는 것이었다.

그 꿈을 얻은 후 삼년이 지난 뒤에 혜초 스님은 왕씨 집을 찾아가 지난 사연을 설명하고 어린 것을 보여 달라 한 즉, 그 부모가 이상하게 생각하여 어린 것을 안고 나와 보이는데, 갑자기 어린 것이 혜초대사의 품으로 달려들며 슬피 울거늘 모두가 기이하다 여겼다.

혜초가 그 부모에게 잘 양육하여 줄 것을 부탁하고 돌아왔는데 그 아이가 장성하여서는 스스로 출가하기를 원하여 다시 혜초 대사를 섬겼다 한다.

독송용 묘법연화경과 영험록

1판 1쇄 펴낸 날 2021년 4월 22일
한역 구마라집 **편역** 각근사
발행인 김재경 **편집** 허만항 **디자인** 김성우 **제작** 경희정보인쇄
펴낸곳 도서출판 비움과소통
　　　　경기 평택시 목천로 65-15 송탄역서희스타힐스 102동 601호
　　　　전화 031-667-8739 팩스 0505-115-2068
홈페이지 blog.daum.net/kudoyukjung **이메일** buddhapia5@daum.net
출판등록 2010년 6월 18일 제318-2010-000092호

＊ 잘못된 책은 서점에서 바꾸어 드립니다
＊ 전법을 위한 법보시용 불서는 저렴하게 제작 · 보급해 드립니다